广东惠州环大亚湾新区发展总体规划研究

王一鸣　等著

中国建筑工业出版社

图书在版编目（CIP）数据

广东惠州环大亚湾新区发展总体规划研究/王一鸣等著. —北京：
中国建筑工业出版社，2013.9
ISBN 978-7-112-15699-3

Ⅰ.①广… Ⅱ.①王… Ⅲ.①区域经济发展-经济规划-研究报告-
惠州市 Ⅳ.①F127.653

中国版本图书馆CIP数据核字（2013）第183704号

责任编辑：胡明安
责任校对：王雪竹 刘梦然

广东惠州环大亚湾新区发展总体规划研究
王一鸣 等著

*
中国建筑工业出版社出版、发行（北京海淀三里河路9号）
各地新华书店、建筑书店经销
北京嘉泰利德公司制版
北京中科印刷有限公司印刷
*
开本：787×1092毫米 1/16 印张：16 字数：329千字
2017年9月第一版 2017年9月第一次印刷
定价：85.00元
ISBN 978-7-112-15699-3
　　　（24512）

编　委　会

课题负责人： 王一鸣

课题组成员（按姓氏笔画排列）：

王海峰　尹　震　卢　伟　付保宗　任旺兵　刘一飞

李　军　肖林兴　吴晓华　汪阳红　欧阳慧　罗　萍

顾　严　高世宪　黄汉权

前 言

为贯彻落实《珠江三角洲改革发展规划纲要》，2011年惠州市第十次党代会将建设环大亚湾经济带列为今后五年要突出抓好的"三件大事"之首。2013年初，中共中央政治局委员、广东省委书记胡春华同志在惠州调研时指出，惠州要加快经济社会发展，努力跻身珠三角第二梯队。为加快环大亚湾经济带开发建设，高标准构建惠州跻身珠三角第二梯队的重大战略平台，打造广东更具活力的新兴增长极，广东省发展和改革委员会、惠州市人民政府联合委托国家发展和改革委员会宏观经济研究院开展《广东惠州环大亚湾新区发展总体规划研究》工作。

课题于2012年6月启动，历时一年，2013年5月完成。本书是在课题研究成果基础上编辑完成的。王一鸣负责课题总体框架设计。总论部分是课题总报告，由王一鸣负责并牵头与课题组成员共同完成。分论部分是课题专题报告，共14个专题，各专题执笔人分别是：专题一汪阳红，专题二欧阳慧，专题三高世宪，专题四和专题十罗萍、尹震，专题五付保宗，专题六任旺兵，专题七和专题八卢伟，专题九黄汉权，专题十一顾严，专题十二王海峰，专题十三吴晓华，专题十四尹震。黄汉权、刘一飞、肖林兴对课题资料收集、调研安排和本书的最终出版做了大量具体工作。

课题研究得到了广东省发展和改革委员会、惠州市四大班子领导，以及惠州市发展和改革局、大亚湾经济技术开发区、惠阳区、惠东县等区县领导和有关部门的大力支持和帮助，在此一并表示衷心感谢！

限于我们的研究水平和工作深度，书中难免有不当和错漏之处，敬请读者批评指正。

课题组

2013年7月29日

目 录

总 论
广东惠州环大亚湾新区发展总体规划研究

分　论

总 论

广东惠州环大亚湾新区发展总体规划研究

广东惠州环大亚湾新区（以下简称环大亚湾新区）西毗深圳、东莞，东接汕尾，面向大亚湾，背靠广大后方区域，是珠江口东岸地区正在崛起的具有巨大开发潜力的战略性区块。20 世纪 90 年代初期以来，以大亚湾经济技术开发区为依托，这一带状区域加快推进开发建设和对外开放，基础设施逐步完善，重大项目建设取得突破性进展，独具特色的产业发展格局初步形成，经济社会发展进入快车道，为大规模开发建设奠定了坚实基础。2011 年惠州市第十次党代会将建设环大亚湾经济带列为今后 5 年要突出抓好的"三件大事"之首。2013 年初，中共中央政治局委员、广东省委书记胡春华同志在惠州调研时发表重要讲话，要求惠州加快经济社会发展，努力跻身珠三角第二梯队。加快环大亚湾新区开发建设，高标准构建惠州跻身珠三角发展第二梯队的重大战略平台，大手笔打造广东更具活力的新兴增长极，对推动广东实现经济社会发展再上新台阶具有重大战略意义。

当前，国内外环境发生广泛深刻变化，广东正处在努力实现"三个定位、两个率先"的关键时期。制定《广东惠州环大亚湾新区发展总体规划纲要》，明确战略功能定位，突破行政区划约束，整合大亚湾开发区、惠阳区和惠东县的资源要素优势，强化产业分工合作，促进优势互补，提高综合开发建设效益，实现再造一个新惠州的战略目标，不仅有利于在珠三角东岸地区构建新的战略平台，而且有利于深化实施《珠江三角洲改革发展规划纲要》和《广东省海洋经济综合试验区发展规划》，提升深莞惠一体化发展水平，在推动广东实现"三个定位、两个率先"目标中发挥更大的战略性支撑作用。

本规划范围包括大亚湾开发区澳头、西区、霞涌 3 个街道办事处，惠阳区的淡水、秋长 2 个街道办事处、1 个经济开发区和沙田、新墟、镇隆、永湖、良井、平潭 6 个镇，以及惠东县的稔山、铁涌、平海、吉隆、黄埠、白花 6 个镇和巽寮、港口 2 个旅游管理区，共 5 个街道办事处、1 个经济开发区、12 个镇和 2 个旅游管理区（图 0-1）。规划期，近期至 2015 年，中期至 2020 年，远期展望至 2030 年。本规划是加快环大亚湾新区经济社会发展和改革开放的行动纲领，是编制环大亚湾新区城市总体规划、土地利用规划和各类专项规划的基本依据。

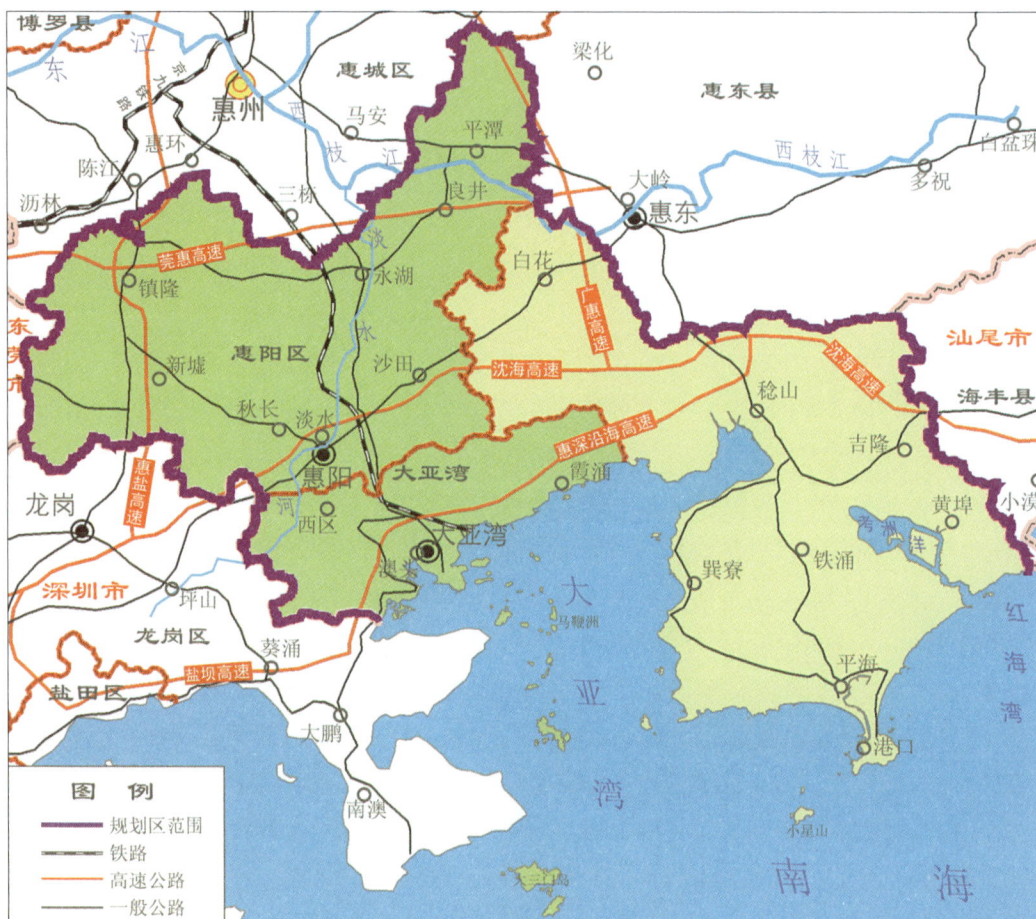

图0-1 环大亚湾新区规划范围图

一、基础条件和重大意义

（一）基础条件

环大亚湾新区包括大亚湾开发区、惠阳区和惠东县广汕公路以南的地区，规划区陆域面积2168平方公里，2011年户籍人口80.2万人，分别占惠州市的19.2%和23.4%；常住人口约115.8万人，地区生产总值795.8亿元，分别占惠州市的25%和37.9%。环大亚湾新区是惠州向南向海发展的战略拓展区域，是惠州跻身珠三角第二梯队的重大战略平台，是珠三角东岸地区独具优势的战略性区块，是广东具有巨大发展潜力的新兴增长极，加快开发建设具有诸多有利条件。

区位条件优越。环大亚湾新区位于香港辐射粤东地区的枢纽地带，陆路距香港60公里，海路距香港47海里，往西与经济发达的深圳、东莞相接，随着沿海铁路、珠三角

4

城际轨道网等高速铁路网的建设,与香港、澳门以及珠江口湾区、珠三角西岸的联系更加便捷,将成为承接香港产业转移的前沿地带和深圳经济发展的外延空间。往东通过厦深沿海铁路和沿海高速公路与我国东南沿海主要经济区域相连,是珠三角联系粤东、海峡西岸经济区和长三角经济区的前沿地带。往北通过京九铁路、国道205连通粤北及内陆地区,是粤北及赣南的重要出海口。往南面向大亚湾,与辽阔的南中国海相连,具有建设海上对外通道和交通枢纽的有利条件(图0-2)。

图0-2 环大亚湾新区区位图

海洋资源丰富。环大亚湾新区大陆海岸线长281.4公里,海域面积4520平方公里,岛屿140多个,优越的自然岸线、岛屿、海湾、海洋生物等资源,为发展海上交通、滨海旅游、海水养殖和临海工业创造了条件。建港条件优越,海域宽、航道短、淤积少,具有建设天然深水良港的条件。旅游资源丰富,是南海重要的红树林生态系统分布区和海洋牧场示范区,大亚湾东部稔平半岛和大亚湾开发区的旅游岸线,拥有诸多著名旅游景点,可建设滨海旅游和休闲度假区。海域生态环境优良,大亚湾近岸海域水质总体达到一类、二类标准。

交通优势明显。环大亚湾新区已初步形成铁路、公路、水路(港口)、航空(惠州机场)、管道五种运输方式构成的立体交通运输网络。现已拥有沈海高速、深惠沿海高速、潮莞高速惠东至东莞段、惠深盐田高速和广惠高速等 5 条高速公路。厦深铁路即将竣工，深惠城际轨道正在规划建设，与深圳、港澳将形成 1 小时乃至半小时交通圈。惠州机场已经取得国务院和中央军委关于军民合用机场的批复，正在加快复航准备。惠州港于 1993 年 4 月经国务院批准正式对外开放，为国家一类口岸，包括荃湾、东马和惠东等 3 大沿海港区，至 2011 年底拥有生产性泊位 36 个，其中万吨级以上深水泊位 17 个，设计年吞吐能力 9200 万吨，2011 年港口吞吐量 5014 万吨，正在向打造亿吨大港目标迈进。惠大铁路进港线全面贯通，并与京九铁路和广梅汕铁路在惠州境内交会，为实现海铁联运、辐射内地创造了条件。

产业初具规模。环大亚湾新区现代产业发展从石化产业起步，现已形成中海油 1200 万吨炼油、中海壳牌 95 万吨乙烯生产能力，是中海油在国内最大的炼化一体化生产基地，2011 年石化产业实现工业总产值 1140.1 亿元。电子信息、汽车零部件等先进制造业初具规模，2011 年分别实现工业总产值 358.1 亿元和 42.3 亿元。生物医药、清洁能源等战略性新兴产业取得突破，商贸流通和现代物流产业迅速崛起，正在成为珠江口东岸地区重要的先进制造业基地。

开发潜力巨大。环大亚湾新区已开发面积仅占总面积的十分之一，开发强度较低，除建成区和基本农田之外，大部分地区为可开发的丘陵和滨海平原地区，岸线地区除石化基地、港区和稔平半岛部分旅游景区之外，尚有开发空间。随着深圳大鹏湾岸线周边地区开发强度接近极限，环大亚湾新区土地和岸线资源优势正在逐步显现出来，有条件成为深港大都市圈的外延成长空间，成为珠三角打造亚太地区最具活力和国际竞争力城市群的战略性区块。

与此同时，环大亚湾新区开发建设也受到多种因素制约。区域开发功能定位有待提升，产业结构单一，石化产业一业独大，电子信息、汽车零部件产业规模偏小，战略性新兴产业尚处于起步阶段，现代服务业发展水平偏低，产业发展路径依赖基本形成，短期内很难改变，产业发展与城市建设缺乏统筹协调。科技创新能力不强，高端人才和高技能人才缺乏，经济转型升级步伐不快。港口综合服务能力偏弱，以石化专用码头为主，缺乏大型集装箱码头，腹地资源不足，集疏运体系有待完善。空间管制薄弱，岸线开发缺乏整体规划设计，现有岸线大部分被分割占据，进一步开发受到较大制约。新区涉及的两区一县之间缺乏统筹协调，各镇街间尚未形成明确的功能定位和分工，管理体制和运行机制有待进一步理顺和完善。

（二）机遇和挑战

加快环大亚湾新区开发建设面临重大战略机遇。一是国际金融危机后，我国经济发展位势上升，国际产业向我国转移的规模有所变化，但资本、技术、人才等继续聚焦我国市场的总体态势没有根本改变，环大亚湾新区作为珠江口东岸具有巨大发展潜力和明显优势的战略性区块，有利于吸纳国际中高端产业转移和生产要素聚集。二是我国改革进入攻坚克难阶段，广东作为我国改革开放前沿地区，习近平总书记明确要求广东成为发展中国特色社会主义的排头兵、深化改革开放的先行地、探索科学发展的实验区，率先全面建成小康社会、率先基本实现社会主义现代化，为环大亚湾新区创新开发建设模式，在广东实现"三个定位、两个率先"进程中发挥更大作用创造了有利环境。三是国务院批复的《广东省海洋经济综合试验区发展规划》，把惠州临港产业集聚区列为全省重点发展的七大临港产业集聚区之一，依托惠州港，重点发展石化、港口物流、能源等临港产业，推动滨海旅游、海水综合利用等产业发展，为环大亚湾新区发挥海洋资源和产业优势创造了条件。四是在珠三角东岸发展空间和资源环境约束加剧、深圳加快拓展新的发展空间的背景下，环大亚湾新区有条件成为深圳先进制造业和现代服务业转移的前沿地带，为在高起点高水平上开发建设提供了机遇。五是经过近 20 年的开发建设，以大亚湾开发区为依托，环大亚湾新区基础设施日臻完善，石化、电子、汽车和滨海休闲度假旅游业已初具规模，综合经济实力明显提升，2011 年地区生产总值占惠州市的 37.9%，比 2006 年上升了 9 个百分点。加强规划协调，加快整体开发，提升功能定位，势必能将环大亚湾新区打造成为推动惠州跻身珠三角第二梯队的重要战略平台和广东更具活力的新兴增长极。

与此同时，我们要看到，环大亚湾新区开发建设也面临许多新的挑战。一是世界经济形势依然复杂严峻、充满变数。国际金融危机引发全球增长方式、供需关系和市场结构深刻调整，世界经济由危机前的快速发展期转入深度转型调整期，全球经济增长持续低迷，市场扩张速度明显放慢，贸易保护主义重新抬头，不稳定不确定因素明显增多，环大亚湾新区在吸引国际产业转移和要素聚集等方面将面临新的制约。二是我国经济增速放缓，"东快西慢"的区域增长格局发生变化，劳动力成本进入上升通道，能源资源要素价格上涨，土地资源供给难度加大，区域开发成本不断提高，产能过剩压力增大，对环大亚湾新区在加快转型升级中创新开发建设模式提出了更高要求。三是珠三角各区块正在推进新一轮开发建设，广州南沙新区、深圳前海地区、珠海横琴新区、中山翠亨新区、东莞松山湖高新区等加速崛起，新的增长极不断涌现，工业化和城镇化更趋融合，区域竞争更加激烈，环大亚湾新区面临不进则退的巨大外部竞争压力。四是快速铁路网建设正在改变城市间相对区位和物流走向，惠州既有的交通优势条件有可能发生新的变化，对增强区域功能，提升分工定位，吸纳产业转移都将产生重要影响。五是环大亚湾新区依托重化工业的发展路径已经形成，随着中海油二期和三期项目、120 万吨／年和130 万吨／年烯烃项目、惠州 LNG 电厂二期和平海电厂二期项目建设，重化工业规模不断扩大，产业转型升级和生态环境保护的任务十分艰巨。

综观国际国内形势，环大亚湾新区开发建设机遇与挑战并存，希望与困难同在，总体上仍处于加快开发建设的黄金期。只有不断抢抓机遇，增强忧患意识，变压力为动力，才能在新一轮竞争中脱颖而出，赢得先机，成为广东更具活力的新兴增长极。

（三）战略意义

紧紧抓住重大战略机遇，高起点高水平推进环大亚湾新区开发建设，既是惠州保持经济持续较快增长势头、实现经济发展再上新台阶、跻身珠三角第二梯队的重大战略选择，也是珠三角东岸拓展新的发展空间和实现转型升级，为广东省实现"三个定位、两个率先"目标提供动力的总体战略要求。

加快环大亚湾新区开发建设，有利于惠州增强发展活力和动力，在加快转型升级中推进经济社会发展再上新台阶，实现再造一个新惠州、跻身珠三角第二梯队的目标；有利于惠州发挥毗邻深圳和香港的区位优势，融入深港大都市圈，积极承接高端制造业和现代服务业转移，吸引高端资源要素聚集，打造珠三角对外开放新门户；有利于促进深莞惠一体化发展，在珠江口东岸地区构建新的战略平台，提高珠江口东岸地区整体发展水平，形成优势互补、良性互动的区域发展新格局；有利于拓展惠州与粤东地区的经济联系，构建横贯东西的战略通道，形成西融北接的区域合作格局，辐射和带动粤东和粤北的经济发展；有利于惠州构建现代海洋产业体系，打造海洋经济创新发展示范区，完善广东沿海经济布局，推进海洋经济强省建设。

二、总体思路和发展目标

（一）指导思想

高举中国特色社会主义伟大旗帜，以邓小平理论、"三个代表"重要思想、科学发展观为指导，解放思想，凝聚力量，兴现代产业、建绿色湾区、筑战略平台，实施"以业兴区"、"向南向海"和"打造平台"总体战略，以世界眼光谋划发展，以国际标准推进开发，以绿色湾区彰显特色，按照"石化为基、多元发展、高端为本、创新引领"的产业发展路径和"产业—城镇—海域"联动开发建设模式，统筹新型工业化和新型城镇化，统筹新区建设和主城区发展，统筹陆域发展和海洋开发，加强体制机制创新，深化对内对外开放，合理安排开发时序、开发重点和开发方式，高标准构建惠州跻身珠三角第二梯队的重大战略平台，大手笔打造西融深港、东连粤东、辐射粤北的新兴增长极，把环大亚湾新区建设成为开放引领、创新驱动、富有魅力的现代化绿色生态湾区，在广东实现"三个定位、两个率先"目标中发挥更大的战略性支撑作用。

（二）基本原则

——坚持科学开发。加强规划指导，强化空间管理，实现资源要素统筹配置，基础设施统筹建设，现代产业统筹发展，公共服务统筹安排，功能区块统筹联动，生态环境统筹保护，陆域海洋统筹开发，形成集约高效、协调有序的科学开发新格局。

——坚持产业兴区。打造世界级生态型石化产业基地，做大做强先进制造业，培育发展战略性新兴产业，发展与深港对接、分工错位的现代服务业，推进优质高效特色农业建设，构建现代海洋产业体系，提升产业价值链和产品附加值，实现产业转型升级的战略性突破。

——坚持创新引领。着力培育创新环境，促进科技要素向企业流动，引导创新资源向企业集聚，建设企业研发平台，建设科技创新高地。加大体制创新力度，建立精简高效的新型管理体制和开发建设推进机制，用新思路、新体制、新机制推动新区持续提高综合实力、创新能力和国际竞争力。

——坚持绿色低碳。坚持有序有度有限开发，把绿色低碳理念贯穿到开发建设全过程，加强石化、电力等产业的清洁生产和资源循环利用，加强陆海生态系统保护和岸线资源管理，形成节约资源和保护环境的产业结构、生产方式和空间格局，努力建设生产发展、生活富裕、生态良好的现代化绿色生态湾区。

（三）战略定位

——广东省重要的综合交通枢纽。适应珠三角建设世界级城市群、深莞惠一体化和惠州跻身珠三角第二梯队的要求，提升惠州港地位，拓展国际航运和物流功能，建设亿吨大港，加快惠州机场复航，推进航空物流园建设，建设珠三角特色空港和重要的航空物流中心，构建内外一体化的快速交通网，加强综合交通枢纽功能建设，把环大亚湾新区建设成为广东省重要的综合交通枢纽和现代化物流枢纽功能区。

——世界级生态型石化产业基地。充分发挥港口、区位和石化产业规模化综合发展优势，依托现有龙头企业和炼化一体化后续建设项目，延伸发展中下游产业链，提高精细化工率，提升产业价值链和产品附加值。以乙烯原料轻质化优质化为方向，高标准构建资源循环利用和清洁生产模式，促进石化产业基地化、园区化、高端化和一体化发展，建设大型石化产业集群。建立石化园区绿色隔离走廊，控制石化项目岸线使用，做精做细滨海石化工业景观，打造规模水平世界居前、环保技术国际一流的世界级生态型石化产业基地。

——粤港澳滨海休闲度假旅游区。依托大亚湾和稔平半岛滨海旅游和海岛特色资源优势，面向粤港澳台和海内外高端客源，重点发展休闲度假、商务会议等高端旅游项目，延伸发展生态体验、游艇邮轮和离岸购物等高端生活性服务项目，构建以高端旅游为龙头的生活性服务全价值链，创建产品丰富、市场活跃、服务一流、环境优美的现代化国际化滨海休闲度假旅游区，打造"百里国际滨海旅游长廊"。

——珠三角现代化高端制造基地。坚持高端发展战略取向，积极引进和培育重大项目和龙头企业，发展新型显示、移动通信、数字装备等新一代信息技术产业，集聚发展汽车和零部件、高端装备制造等先进制造业，培育发展新材料、生物医药、新能源、节能环保等战略性新兴产业，打造有国际竞争力的产业集群和世界级企业，构建富有活力的技术创新和人才支撑体系，把环大亚湾新区建设成为珠三角科技成果转化基地和特色鲜明的现代化高端制造基地。

——珠江口东岸现代服务业功能区。发挥毗邻深圳、东莞的区位优势，大力发展现代物流、商贸会展、研发设计、供应链管理、文化创意等面向深莞惠大规模制造业的生产性服务业，构建生产性服务全价值链，推进环大亚湾新区产业转型升级。加快建设淡水现代服务业核心区，打造工业商谷和现代物流城，提升对珠三角地区的综合服务能力。深化深莞惠服务业合作，创新合作机制，促进错位发展，实现互利共赢。

——辐射带动粤东粤北发展的新兴增长极。加强与粤东、粤北周边区域的合作，构建以环大亚湾新区为核心的优势互补、产业关联、梯度发展的多层次产业圈，形成与汕尾、河源等周边区域分工合作、互动多赢的发展格局，全面提升环大亚湾新区的资源集聚能力、辐射带动能力和国际竞争力，将环大亚湾新区建设成为辐射带动周边区域发展的强大引擎和新兴增长极。

——富有活力的现代化绿色生态湾区。依托大亚湾石化产业区、惠阳中心服务区和巽寮湾滨海旅游区等功能区，发展高端生活性和生产性服务业，形成珠三角东岸重要的现代服务中心和休闲度假旅游中心。建设快速交通体系，重点发展以轨道交通和快速公交系统为主体的高等级城市快速通道，支撑环大亚湾新区人流、物流便捷流动。利用山、海、岛、滩等生态资源的空间组合，建设协调融合的海—业—城生态人文景观，将环大亚湾新区打造成为宜业宜居、富有活力的现代化绿色生态湾区。

（四）开发战略

围绕建设现代化绿色生态湾区的战略目标，实施"以业兴区"、"向南向海"、"打造平台"战略，展开环大亚湾新区开发建设的战略布局。

——"以业兴区"战略。现代产业是支撑环大亚湾新区发展的基石，是构建新兴增长极的关键。按照"石化为基、多元发展、高端为本、创新引领"的产业发展路径，以发展石油化工、电子信息、汽车零部件、装备制造、商贸物流和高端旅游为重点，培育发展有国际竞争力的产业集群，以发展现代产业推动环大亚湾新区开发建设战略性突破。

　　——"向南向海"战略。向南向海是惠州空间开发的战略方向，是环大亚湾新区开发建设的重要条件。以惠州城市空间向南发展为导向，加快城市建设重心南移，拉开惠州城市建设总体框架。加快南北主轴开发建设，构建连接主城区与新区的南北向大通道，形成南北呼应联动发展格局。加快港口建设、临海产业发展、海洋资源综合利用和湾岛联动开发，把环大亚湾新区建设成为陆海统筹的现代化绿色生态湾区。

　　——"打造平台"战略。战略平台是推动惠州跻身珠三角第二梯队的保障，是打造新兴增长极的载体。按照"产业—城镇—海域"联动开发建设模式，以产业发展引领开发，以城镇建设构建载体，以陆海统筹彰显特色，高标准、全方位、大手笔推进重点功能区建设，打造惠州跻身珠三角第二梯队的大平台。

（五）发展目标

　　有序推进环大亚湾新区开发建设，在优化结构、提高质量和绿色低碳的基础上，实现"五年经济总量翻番，七年再造一个新惠州，十年成为新兴增长极，二十年建成现代化绿色生态湾区"的发展目标。

　　第一步，到 2015 年，开发建设全面展开，经济总量总体翻番。交通基础设施框架基本形成，初步实现对外交通快速化和对内交通便捷化，港口吞吐量突破 1 亿吨，惠州机场民用航空全面复航。石化产业稳步发展，电子信息、汽车零部件和战略性新兴产业规模扩大，海洋经济和特色农业水平提升，现代服务业活力显著增强，三次产业比例由2011 年的 3.4∶74.0∶22.6 调整为 2015 年的 3∶70∶27。城乡差距明显缩小，城镇化水平达到 70% 左右。居民收入水平明显提高，基本公共服务均等化基本实现。综合经济实力显著增强，2015 年地区生产总值达到 1400 亿元，比 2010 年翻一番，人均地区生产总值 10 万元以上，超过珠三角地区平均水平。

　　第二步，到 2017 年，开发建设取得重大进展，实现再造一个新惠州的目标。交通基础设施基本适应经济社会发展需要，综合运输能力明显提高，港口吞吐量突破 1.2 亿吨，空港建设取得重大进展。石化产业转型升级步伐加快，世界级生态型石化产业基地初步形成，电子信息、汽车零部件和战略性新兴产业明显提升，现代服务业辐射带动能力增强，三次产业比例调整为 2017 年的 3∶68∶29。城乡发展更趋协调，城镇化水平达到 75% 左右。2017 年地区生产总值超过 2000 亿元，实现再造一个新惠州的目标。

　　第三步，到 2020 年，现代化绿色生态湾区框架初步形成，成为辐射带动周边区域的新兴增长极。交通基础设施支撑经济社会发展的能力全面提升，形成通畅安全的综合交通运输体系，与深莞两市共同形成珠三角东岸地区便捷高效的客流和物流中心。世界级生态型石化产业基地和珠三角高端制造基地基本建成，粤港澳滨海休闲度假旅游区和珠江口东岸现代服务业功能区地位基本确立，人民生活明显改善。三次产业比例调整为

2：60：38，城镇化水平达到 80% 以上。2020 年地区生产总值超过 3000 亿元，对粤东、粤北地区的辐射带动作用进一步显现。

第四步，到 2030 年，开发建设模式形成特色，现代化绿色生态湾区基本建成。全面建成现代化综合交通运输体系，形成以现代服务业和先进制造业为主体的产业结构，形成国内领先的科技创新能力，形成开放型多功能现代化的城市功能，成为高端产业聚集区、科技创新引领区、改革开放先行区和绿色低碳示范区。

三、空间结构和功能区建设

立足全域，着眼长远，合理构建空间开发总体框架，优化城镇体系，突出重点功能区建设，规范空间开发秩序，强化岸线开发管制，加快形成有序有度有限的空间开发格局。

（一）构建"一带一轴三组团"空间格局

充分利用靠山面海的地理优势，以绿色生态为本底、交通廊道和滨海湾区为轴带，打破行政区划，整合资源，按照"拥湾发展、轴带集聚"的空间策略，突出湾区的整体形象，构建"一带一轴三组团"的空间格局，建设空间集约、海陆统筹、宜业宜居的现代化绿色生态湾区。

——滨海发展带。依托环大亚湾滨海公路、沙清高速、沈海高速、厦深沿海铁路等快速通道，构建连接大亚湾开发区、惠阳城区及稔平半岛等横跨东西的综合发展带。充分发挥交通廊道作用，强化西与深圳、东与粤东地区的轴向联系。坚持生态优先，充分考虑自然生态环境的承载能力，因地制宜发展滨海旅游和现代服务业，集聚发展石化产业和先进制造业。围绕滨海湾区，以滨海绿色廊道、滨海精品景区建设为主体，塑造特色鲜明、绚丽多彩的滨海景观，打造展现环大亚湾新区"滨海、活力、生态"特色的标志性地带和绿色生态湾区。

——南北发展轴。依托惠澳高速和惠深城际，强化环大亚湾新区与惠城区的空间联系，构建连接惠城区、惠阳经济开发区、惠阳城区、大亚湾开发区、港口等重要功能板块的南北发展轴。进一步增强交通集散输运功能，强化惠城区与惠阳区、大亚湾开发区的快速交通联系。依托现有产业功能区和空港海港，集聚发展先进制造业和战略性新兴产业，大力发展物流配送、商贸商务等现代服务业，建设联动南北、带动周边、支撑惠州向南向海发展战略的核心轴带。

——东部组团。以稔平半岛、霞涌及海岛为主体，突破行政区划限制，整合空间资源，高标准谋划、高水平建设，在尊重自然和保护生态环境的基础上，以高端休闲旅游开发为龙头，大力发展滨海旅游，建设精品旅游景观岸线和精品旅游景区，完善道路等相关设施，打造以滨海休闲旅游为特色的标志性组团。

——西部组团。加强惠阳城区与大亚湾开发区的空间整合，聚合惠阳中心城区、大亚湾西部综合产业区、大亚湾石油化工区、港口物流区等空间发展单元，集聚发展石油化工、港口物流、商贸商务等产业，建设环大亚湾新区大石化、大制造、大物流的主要载体。

——北部组团。以惠阳区为主体，以电子信息、汽车及零部件、装备制造、新材料、生物医药为重点，积极培育重点骨干企业，集中力量抓好一批投资大、效益好、影响长远的重大高端制造项目，加强与惠城、惠东等周边地区的空间融合，建设环大亚湾新区高端制造业功能组团。

环大亚湾新区空间结构示意图，见图0-3。

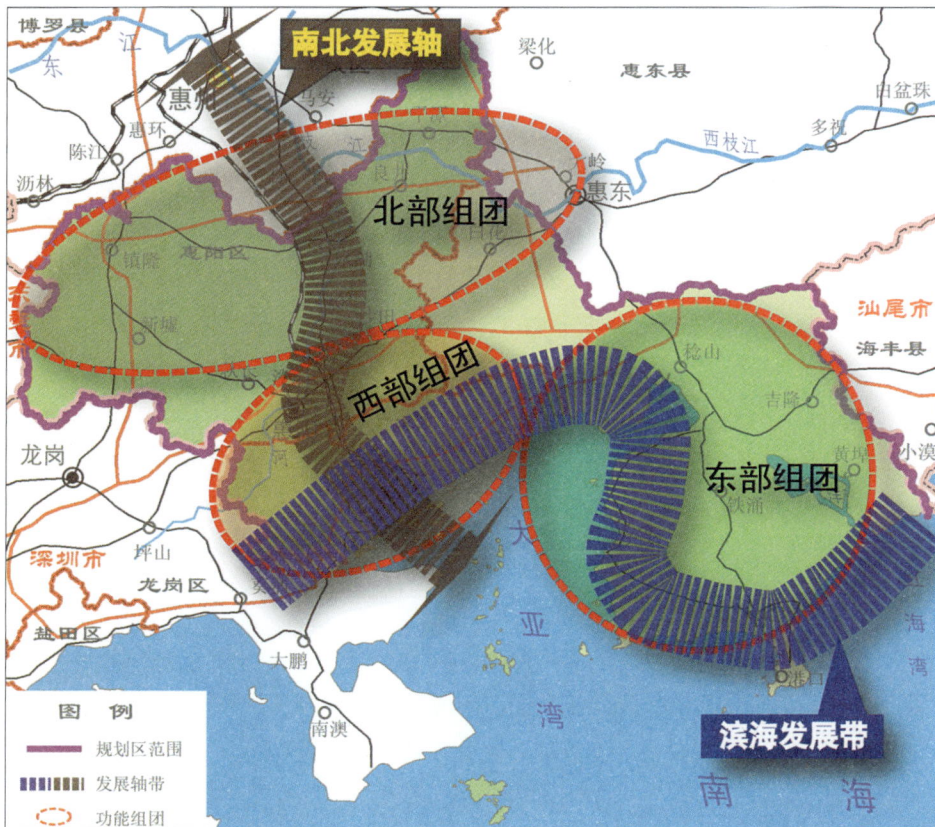

图0-3 环大亚湾新区空间结构示意图

（二）优化城镇体系

坚持以人为本，宜居优先，加快调整城镇空间布局，优化资源配置环境，构建特色互补城镇体系，形成城乡一体发展格局，建设我国新型城镇化示范区。

——新区中心城区。包括惠阳城区和大亚湾开发区，加强统一规划，整合资源，合理配置基础设施和公共服务设施，大力发展生产性服务业，合力打造珠三角东岸的副中心城区。拓展惠阳城区空间范围，将沙田镇纳入惠阳城区统一规划建设，在聚合强化商务、金融和商贸服务功能的基础上，建设文化馆、市民广场、海洋生物科技博物馆等达到国际标准的基础设施和服务设施，不断完善城市功能，辐射带动周边地区发展。着力加强惠阳城区与大亚湾开发区的经济融合，推动惠阳城区与大亚湾西区南北贯通的 11 条城市主、次干道的规划建设，启动东华南路与大亚湾龙山五路对接工程建设。

——重点镇。发挥新墟镇、镇隆镇、平潭镇、稔山镇、吉隆镇、黄埠镇、白花镇等区位条件和产业基础较好的优势，建设环大亚湾新区中心镇，成为新区开发的重要支撑点。加强统筹规划，壮大城镇规模，完善基础设施，促进产城融合，增强集聚能力，提高城镇发展水平。新墟镇、镇隆镇、白花镇重点发展电子信息等高端制造业和生活性服务业，建设特色产业基地；吉隆镇、黄埠镇以女鞋基地为重点，建设集创意、制造、营销为一体的世界女鞋之都；平潭镇以空港建设和临港产业为重点，建设空港物流产业园区；稔山镇进一步增强旅游、商务会展等城市功能，打造滨海旅游名镇。

——特色镇。充分利用优越的滨海旅游资源，完善旅游设施，将旅游发展与城镇建设有机结合起来，把巽寮、港口旅游管理区和平海镇、铁涌镇、霞涌街道建设成为滨海旅游特色镇（区、街）。充分利用现有产业基础，把特色产业发展与城镇建设结合起来，把永湖镇、良井镇建设成为电子信息和汽车零部件制造特色镇。完善基础设施和配套服务设施，增强要素集聚和服务能力，提升特色镇的可持续发展能力和核心竞争力。

环大亚湾新区城镇体系规划布局示意图见图 0-4。

（三）打造重点功能区

重点建设交通区位优、基础条件好、开发潜力大的 16 个功能区，加快开发进度，提高开发质量，形成一批引领环大亚湾新区开发建设的功能区块。

——大亚湾石化产业区。依托大亚湾石化区，以大炼油、大乙烯项目为龙头，以发展石化深加工和精细化工高端产品为主线，积极引进、培育和发展具有国际竞争力的品牌企业和名牌产品，建设规模世界居前、创新活力强大、环保技术一流的世界级生态型石化产业基地。

图0-4　环大亚湾新区城镇体系规划布局示意图

　　——大亚湾高端制造区。依托大亚湾开发区西区，以汽车及零部件、装备制造、新材料、生物医药为重点，积极培育重点骨干企业，集中力量抓好一批重大高端制造项目，建设高端制造业和战略性新兴产业集聚区。

　　——大亚湾海港物流区。发挥深水大港优势，积极推动以石化物流为先导的港口物流业发展，大力支持惠州港与国际大型港航企业合作，加快集装箱码头建设进度，吸引国内外大型物流企业入驻，适时启动综合保税区建设，进一步完善功能，强化服务，建设以大宗干散货接卸、液体化工品、集装箱运输为主的港区和大宗货物集散交易中心。

　　——惠阳工业商谷。沿淡水河，围绕淡水、永湖、秋长三镇交界区域等70平方公里核心区块，面向深莞惠大规模制造业转型升级和生产性服务需求，大力发展商贸物流、创意设计、金融商务、中介信息等现代生产性服务业，打造珠江口东岸的工业商谷。

——惠阳科技创新区。依托惠阳经济开发区、中央科技区等，以技术研发、科技服务、人才培养、科技转化为重点，围绕周边的电子信息、生物医药、新能源、新材料等高新技术产业，大力引进相关高校及科研院所，集中建设企业孵化器、加速器、创业园、中试检测等公共技术服务平台，打造珠三角产业转型升级新引擎。

——镇（隆）新（墟）新兴产业区。依托镇隆镇和新墟镇，在推进现有产业转型升级的同时，集聚发展新一代电子信息、新能源汽车、生物医药等新兴产业，加快完善配套设施，建设新兴产业集聚区。

——坪新清低碳产业区。依托深圳市坪地街道、惠州市新墟镇、东莞市清溪镇接壤地带，大力承接国际绿色低碳产业转移，积极主动推进与深圳的对接与合作，创新合作机制，打造低碳产业发展示范区。

——良井电子信息产业区。依托良井镇和周边地区，积极吸引深圳和东莞电子信息产业的外延转移，重点培育发展新一代移动通信、汽车电子、新型电池、数码显示设备等电子制造业，建设电子信息产业基地。

——平潭空港物流区。依托惠州机场，重点发展航空指向性的物流产业，带动周边航空运输指向性的加工制造业和相关服务业发展，建设珠三角东岸地区重要的航空物流基地。

——稔山商务旅游区。依托稔山镇，以五星级酒店和高端娱乐休闲设施为建设重点，进一步强化商务会议、旅游服务等功能，突出现代滨海城镇景观形象，打造高端商务和休闲度假品牌，建设特色鲜明、景观优美、设施完备的滨海商务旅游区。

——巽寮湾旅游度假区。依托巽寮旅游管理区，进一步加强整体景观设计，高标准建设旅游设施，完善公共基础设施，增强旅游服务配套能力，建设游艇基地，打造以休闲度假、文化娱乐、海洋运动等为特色功能的旅游度假区。

——双月湾文化生态旅游区。彰显古城文化和生态特色，以"绿道网"和多层次的生态绿地系统为依托，充分挖掘古城文化、海洋景观和生态资源，以平海古城、南门海、双月湾、海龟湾为重点区块，打造以自然景观、历史文化和海洋生态体验为特色功能的文化生态旅游区。

——黄（埠）吉（隆）世界女鞋基地。依托黄埠镇、吉隆镇，围绕现有产业基础，重点发展制鞋产业的设计、研发、制造、营销等环节，培育国际一流品牌，打造世界女鞋之都。

——考洲洋生态体验区。加强考洲洋沿岸水域的红树林和鸟类保护，加快湿地生态系统建设，引导养殖业有序退出，建设以红树林原生态为特色的滨海生态体验区。

——白花加工制造区。依托白花工业走廊，发挥现有工业基础优势，加快与惠东县城的一体化发展，大力承接产业转移，重点发展电子电器、金属制品、精细化工等加工制造业，建设成为产业转移的重要承接地和惠东县城的功能拓展区。

——海岛综合开发区。强化海岛分类管理，科学保护海岛及其周边海域生态系统，推进海岛特色产业发展。加快芝麻洲、麻洲、狗虱洲、黄鸡洲等岛屿开发利用和马鞭洲原油码头建设，为石化产业发展提供拓展空间。依托大辣甲岛、小辣甲岛、坪峙岛、三角洲、小星山岛、大三门岛等岛屿，加快旅游设施建设，大力发展海洋海岛旅游业和海洋渔业。

环大亚湾新区功能片区分布示意图见图0-5。

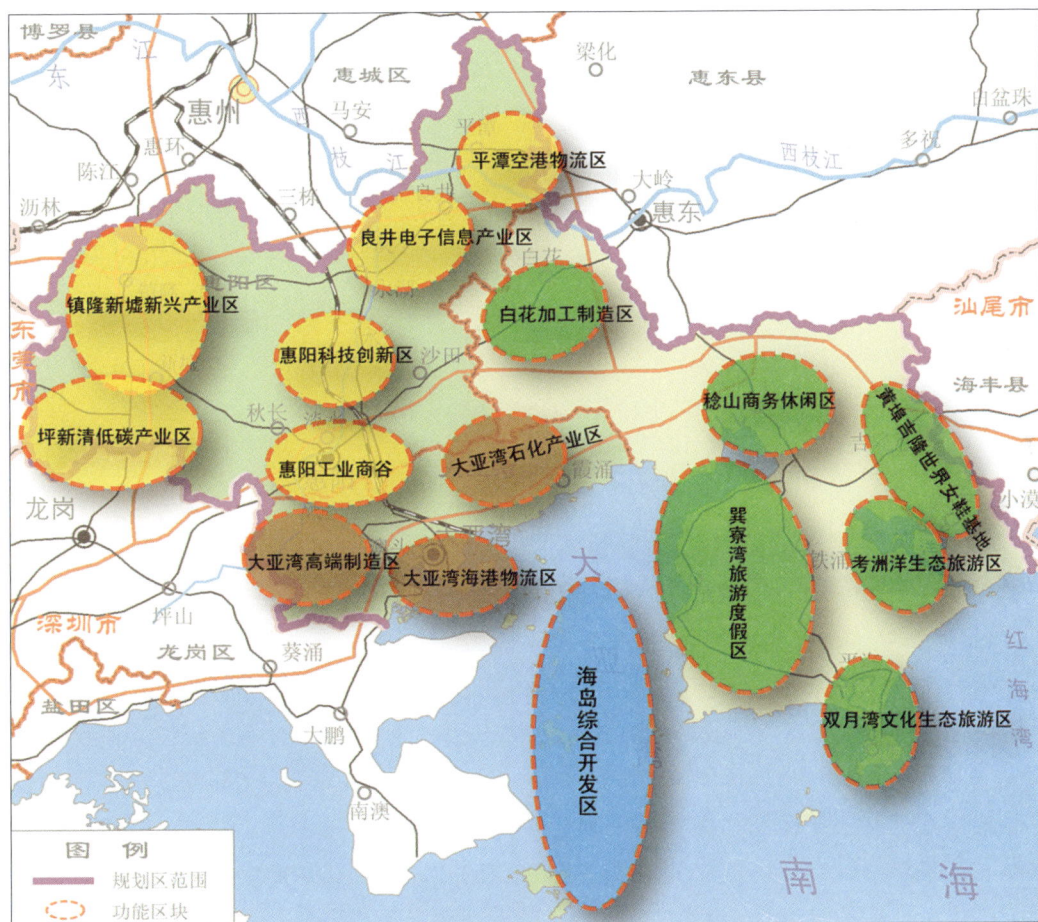

图0-5 环大亚湾新区功能片区分布示意图

（四）加强空间开发管制

统筹布局生产、生活、生态空间，明确禁止开发和适度开发区域，强化岸线开发管制，规范开发秩序，加快形成有序有度有限的空间开发格局。

——明确禁止开发和适度开发区域。贯彻落实国家和省的主体功能区规划，根据环大亚湾新区内各区域资源环境承载能力和生态保护的要求，明确禁止和适度开发区域。将自然保护区、风景名胜区、森林公园、饮用水源一级保护区等具有重要生态价值的自然景区和自然保护地带列为禁止开发区域，实行强制性保护，控制人为因素对自然生态的干扰，严格用途管制，原则上不得进行与生态保护无关的工程建设。将中心城区、工业区、港区等重点功能区和禁止开发区以外的所有地区列为适度开发区域，坚持生态优先、适度开发、可持续发展的原则，进一步加大生态环境保护力度，大力培育以休闲旅游、绿色农业为主的生态型产业，根据资源环境条件划分控制等级，科学合理引导开发建设行为，避免大规模的工业和城市建设项目布局。

——严格岸线开发管制。坚持深水深用、浅水浅用、利用与治理相结合、科学集约开发的原则，处理好开发与保护的关系，合理划分生产、生活、生态岸线，实行岸线开发功能分段管制，制定相应管制保障措施，引导岸线合理有序开发利用。对各类保护区岸线划定为禁止开发岸线，保护岸线的自然属性，严禁任何开发行为。对限制性开发岸线，要加强开发利用活动的管控，根据岸线资源条件，实行开发强度控制。对预留开发岸线，原则上实行严格保护，待开发时机成熟时，有条件有节制地开发利用。

四、建设世界级生态型石化产业基地

充分发挥港口、区位和石化产业综合优势，按照基地化、园区化和一体化的布局原则，依托现有龙头企业和炼化一体化后续建设项目，以乙烯原料轻质化和优质化为方向，上游带动中下游，延伸发展中下游产业链，提高精细化工产业比重，建设大型石化产业集群，到2020年建成技术领先、环保一流的世界级生态型石化产业基地。

（一）提高石化产业规模经济水平

紧紧抓住国内外经济转型和国际石化产业东移的历史机遇，以大炼油、大乙烯项目为龙头，加快建设中海油二期1000万吨／年炼油及120万吨／年乙烯项目，积极推动中海油三期项目的实施，推进中卡LPG制烯烃项目，实现乙烯原料轻质化优质化，降低生产成本，为延伸中下游产业链提供原料保障，全面提升石化产业规模化和现代化水平，形成世界级大型石化产业集群。

到2015年左右，石油炼制、乙烯和芳烃生产能力分别达到2200万吨、220万吨和100万吨，规模进入世界30强行列，世界级生态型石化产业基地初步形成。到2020年，石油炼制、乙烯和芳烃生产能力分别达到4000万吨、350万吨和200万吨，进入世界石化行业10强行列，建成世界级生态型石化产业基地。

石化上游产业链重点建设项目

中海油二期 1000 万吨／年炼油项目主要装置包括：1000 万吨／年常减压蒸馏装置、200 万吨／年轻烃回收装置、480 万吨／年催化裂化装置、70 万吨／年气体分馏装置、370 万吨／年渣油加氢装置、300 万吨／年蜡油加氢装置、80 万吨／年航煤加氢装置、340 万吨／年柴油加氢装置、240 万吨／年催化汽油脱硫装置、180 万吨／年催化重整装置、30 万吨／年硫磺回收装置、14 万吨／年 MTBE 装置以及煤气化制氢联合装置。

中海油二期 120 万吨／年乙烯项目主要装置包括：120 万吨／年乙烯装置、8/38 万吨／年环氧乙烷／乙二醇装置、40 万吨／年高密度聚乙烯装置、30 万吨／年全密度聚乙烯装置、70 万吨／年聚丙烯装置、25 万吨／年丁辛醇装置、35 万吨／年苯酚丙酮装置、16 万吨／年丁二烯抽提装置、65 万吨／年裂解汽油加氢装置、10/3 万吨／年 MTBE／丁烯 −1 装置。

中卡 LPG 为原料 135 万吨／年烯烃项目。

（二）提升石化产业价值链

有效发挥石化上游原料优势，延伸发展石化产业链，注重提高下游高附加值精细化工产品比重。完善乙烯下游系列产品、丙烯下游系列产品、C4 下游系列产品、芳烃下游系列产品四条产业链，形成上下游一体化、资源合理配置、多种系列产品并重的石化下游深加工产业集群。

依托石化下游深加工产品及生物质、海洋资源等为原料和中间体，发展高端精细化工和化工新材料产业，逐步提高石化产业的精细化工率。

推动为石化产业配套的公用工程、仓储物流、安全预警、信息服务、研发检测、教育培训、投融资交易等现代服务业形成产业集群；依托大石化、大港口，大力推进大型物流园区建设，培育为石化产业服务的生产性服务业。

石化下游产业链重点建设项目

重点实施 30 万吨／年醋酸乙烯项目、10 万吨／年聚乙烯醇项目、5 万吨／年聚醋酸乙烯乳液项目、20 万吨／年醋酸乙烯 − 乙烯共聚树脂（EVA）、10 万吨／年醋酸乙烯 −乙烯共聚乳液（VAE）、6 万吨／年三元乙丙橡胶项目、3/6 万吨／年乙醇胺／乙醇胺项目、2 万吨／年 SIS 弹性体项目、2 万吨／年超高分子量聚乙烯（分子量在 300 万以上）项目、2 万吨／年丙醛/1.2 万吨／年丙酸/1 万吨／年丙醇系列产品项目等乙烯下游系列产业链项目；忠信化工公司改造工程、东莞盛和化工项目、中海油能源发展丙烯酸树脂项目、中海油能源发展乙丙橡胶项目等丙烯下游系列产业链项目，以及德国巴斯夫丁苯胶乳项目、中海乐金 ABS 项目、惠州李长荣项目等 C4 下游系列产业链项目。忠信化工公司改造工程、中海乐金 ABS 项目、惠州李长荣丁苯橡胶项目、德国巴斯夫丁苯胶乳项目、东莞盛和化工生产苯酐、增塑剂和顺酐项目、仁信聚苯乙烯项目等芳烃下游系列产业链项目。

（三）建设生态型石化园区

把结构调整作为推进生态型石化园区建设的重点任务。积极探索采用 LPG—石脑油混合原料和 LPG 单一原料的乙烯生产路线，鼓励发展低消耗、低污染、高附加值的化工新材料和高端精细化工，壮大为化工新材料产业配套的化工原材料产业规模；培育发展物流、供应链管理等生产性服务企业，进一步完善石化产业服务体系。

把科技创新作为推进生态型石化园区建设的中心环节。着力完善科技创新服务体系，建立健全科技成果转化、科研奖励、融资等体制机制，建立与各大高等院校、科研机构的研发联盟，加强新技术、新产品、新工艺的研发应用，加强技术集成和营销模式创新，进一步提升石化产业竞争力。

把绿色低碳作为推进生态型石化园区建设的重要途径。推广石化产业能源、资源有效利用，排放集中治理等先进生产方式，实现废弃物减量化和资源化，构建循环经济产业链，推动产业清洁低碳化发展。加强环境保护与环境综合整治，建设生态型石化园区。

（四）优化石化产业布局

加强大亚湾石化产业园区项目建设空间管理，园区范围控制在 65 平方公里以内，新建项目必须进入园区，空间布局重点向北拓展，园区外围建立绿色隔离走廊，严格控制新扩建石化项目占用岸线。按照循环经济和资源利用效益最大化原则，合理配置上中下游建设项目，优化基础设施和公用工程布局，加强污染物集中治理。以完善产业链为导向，逐步形成以中海油一期、二期和三期主体项目为核心，以石化下游深加工产业集群、高端精细化工产业集群，以及公用工程、仓储物流、研发检测等石化服务产业集群为支撑的"一核心三集群"产业布局。

加快惠阳鸿海精细化工基地转型升级，提高基地集聚化程度，严格污染物排放控制，形成以中高档涂料、合成树脂、日用化学品和电子化学品为主的现代化工基地。

适时启动惠东白花精细化工园区建设，优先发展芳烃下游产业链、C2 下游产业链、C3 下游产业链、C4 下游产业链，以及炼化副产品综合利用和精细化工专用化学品，建设清洁生产的现代化工基地。

环大亚湾新区石化产业布局示意图见图0-6。

图0-6　环大亚湾新区石化产业布局示意图

五、建设粤港澳滨海休闲度假旅游区

依托稔平半岛、大亚湾滨海旅游资源及海岛、陆地特色资源，面向粤港澳台和海内外高端客源，重点发展商务休闲度假旅游，建设国际知名的滨海休闲度假胜地和综合性旅游服务特色功能区，打造"百里国际滨海旅游长廊"。

（一）发展特色鲜明的高端旅游

发挥环大亚湾新区滨海旅游资源丰富、环境景观优美、湾区特色鲜明的优势，重点发展休闲度假旅游、会议商务旅游和生态文化旅游。

——主打商务休闲度假品牌。立足发展中高端旅游服务功能，加快建设相关配套设施,大力发展商务会议、康体健身、休闲度假等旅游业态。加强滨海景区差异化功能设计,形成整体优势明显、功能特色各异的度假旅游功能区。打造影响力大、辐射面广、美誉度高的品牌优势。

——着力开发高端旅游客源市场。有重点、多形式开展形象鲜明的目的地整体营销活动,以开发高端客源市场,满足高品质服务需求为重点,着力开发适合粤港澳台客源需求的休闲度假产品。开通直达香港、澳门航线航班,探索建立与台湾海上直航,开辟连接深圳大鹏半岛、大鹏湾、大亚湾诸岛海上旅游航线,谋划厦深高铁开通后旅游营销方案,吸引东向客源市场,形成东西相聚、南北相汇的市场推动格局。

——统筹开发陆岛旅游资源。在推进滨海优势资源开发的同时,积极推动海岛与陆地旅游资源开发。根据资源禀赋与岛屿特色,差异配置三角洲、辣甲、五洲、三门等岛屿旅游开发功能,建设观音山宗教文化旅游区和沙田温泉休闲疗养区,形成与滨海旅游产品、特色景区互动发展格局,统筹配置海岛、陆地和滨海景区旅游线路及基础设施建设,统筹协调各类景区管理。

——构建区域旅游合作开发网络。推动不同区块旅游线路和产品间的互动合作,加快环大亚湾滨海旅游开发和罗浮山－南昆山－龙门温泉旅游开发的一体化建设。鼓励景点之间的联合开发与营销合作,避免重复性开发带来的资源浪费与环境破坏,建立区域旅游综合性服务系统。加强与惠州其他景区、深圳大鹏湾海滨度假区的合作,共同构建区域性商务休闲度假旅游协作网络。

(二)打造"百里国际滨海旅游长廊"

以大亚湾环线为廊道,以稔平半岛、大亚湾为重点,选取资源组合状况好、发展潜力大的区块进行整体开发,建设品质高、功能强、市场影响力大的精品景区,形成以线串点、以廊连区的滨海旅游长廊。

——巽寮湾景区。强化岸线景观设计,加强旅游设施配套与环境整治。推进滨海文化休闲中心、中西特色餐饮基地、海上运动中心、游艇基地等一批重大旅游项目建设,优化项目建设布局,打造集住宿、餐饮、文化娱乐和海洋运动于一体、文化氛围浓厚、休闲特色鲜明的生态型旅游景区。

——双月湾景区。以平海古城、南门海、双月湾、海龟湾为重点区块,着力开发古城文化、海洋景观和生态资源,打造以自然景观、历史文化和海洋生态体验为特色功能的文化休闲观光景区。

——霞涌景区。依托乌山头良好的地形条件和临海优势,着力打造珠三角地区的高档商务会议及休闲疗养基地,形成以商务会议、康复疗养、健身娱乐等为特色功能的商务会议疗养度假景区。

——范和湾景区。结合红树林生态保育与海环境综合治理，加大范和湾景观设计与规划建设力度。在分级控制红树林湿地资源的基础上，发展红树林保育、一般种植、育苗培养、湿地养殖等教育科研服务，适度发展休闲娱乐度假旅游产业，把范和湾湿地打造成国内一流、国际知名的海洋生态公园。

——考洲洋景区。加大考洲洋水环境综合治理力度，制定分阶段整治海水养殖计划，大规模营造人工红树林景观，将考洲洋列入国家级红树林生态公园保护计划。以考洲洋红树林生态观赏旅游产品开发为导向，结合新农村建设，推进盐洲岛综合开发建设，将其打造成为特色鲜明的海洋生物观赏休闲岛。

（三）建设一批高端旅游项目

以高品位、特色化、需求潜力大、组合效应好为原则，着眼于增强会议培训、商务休闲、疗养度假、生态体验、海上运动五大重点领域，建设一批与其定位和需求相适应的高端旅游项目。

——建设滨海文化休闲中心。以巽寮湾景区为依托，建设文艺汇演中心和民间非物质文化遗产展示中心，汇聚包括惠州特色餐饮在内的中国优质菜肴和客家山歌、平海渔歌、平海舞鲤鱼、平海楹联、平海古城方言军声、大亚湾区渔家婚俗等在内的民族精品文艺，展示民间非物质文化工艺，为会议、商务休闲、疗养度假增添文化魅力，提高旅游品位和服务质量。

——建设中医疗养保健培训中心。以霞涌度假区为依托，建设设施一流的中医疗养保健和科研培训中心，吸引国内知名中医机构和资深专家以各种形式开展疗养保健服务，打造面向粤港澳台高端客源的中医保健疗养基地。

——建设区域性大型会议中心。依托霞涌度假区，建设功能齐全、设施先进、服务一流的区域性会议中心，承接珠三角特别是珠江口东岸地区政府部门、公司企业、社会组织等各类机构的大型会议，构建服务珠三角地区的大型会议中心。

——建设珠江口东岸海上运动中心。依托巽寮湾景区，统筹规划建设海上运动基础设施，发展潜水、游艇、帆船帆板等海上运动项目，完善海上运动服务产业链，建设国内一流的海上运动基地。

——建设文化生态体验基地。依托双月湾景区，提升民俗民风民趣品位，完善港口海龟国家自然保护区观光体验设施，建立生态农业观光基地，增强古城文化、海龟自然保护区、生态农业等景点的休闲体验功能，建设特色鲜明的文化生态体验基地。

——建设红树林及珍稀鸟类观赏基地。依托考洲洋和范和湾红树林资源，拓展海洋湿地保护空间，建设寓保护和观赏于一体的红树林景观生态。结合海洋珍稀鸟类保护，构筑人与资源和谐共生、集海洋生态保护与海洋资源开发于一体、特色鲜明、规模位于我国前列的红树林及珍稀鸟类保护基地。

——建设海岛高端商务会所休闲示范基地。发挥海岛区位条件独特、环境优美宁静的优势，选择规模适度、地形条件适宜、沿岸游艇码头建设条件优越的岛屿，打造配套设施一流、集高端会务、养生健身、体育娱乐等于一体的国际高端休闲商务岛，开辟岛屿高端旅游新模式，探索岛屿经济发展新模式。

（四）加强旅游资源保护

把滨海旅游资源开发与加强资源保护结合起来，提高资源管理和保护水平。

——促进滨海旅游资源规模化开发。坚持整体规划开发，提升协调层次，突破行政区划约束，杜绝各自为政、分散开发，提高滨海旅游资源特别是岸线开发的规模化效益。

——强化滨海旅游资源开发管制。加强滨海岸线资源的统一规划与管理，取缔侵占公共海滩行为。提高行业进入门槛，防止低质量、低水平开发，加强现有景区与景点的建设与整治，促进景区景点建设沿着高标准、高水平、高品质方向发展。

——加强旅游资源和环境保护。进一步明确旅游景区的主体功能定位，严格按照主体功能推进旅游资源的集中集约开发。严格环境保护和污染排放标准，严格限制高污染、高排放企业布点。

环大亚湾新区旅游规划布局示意图见图0-7。

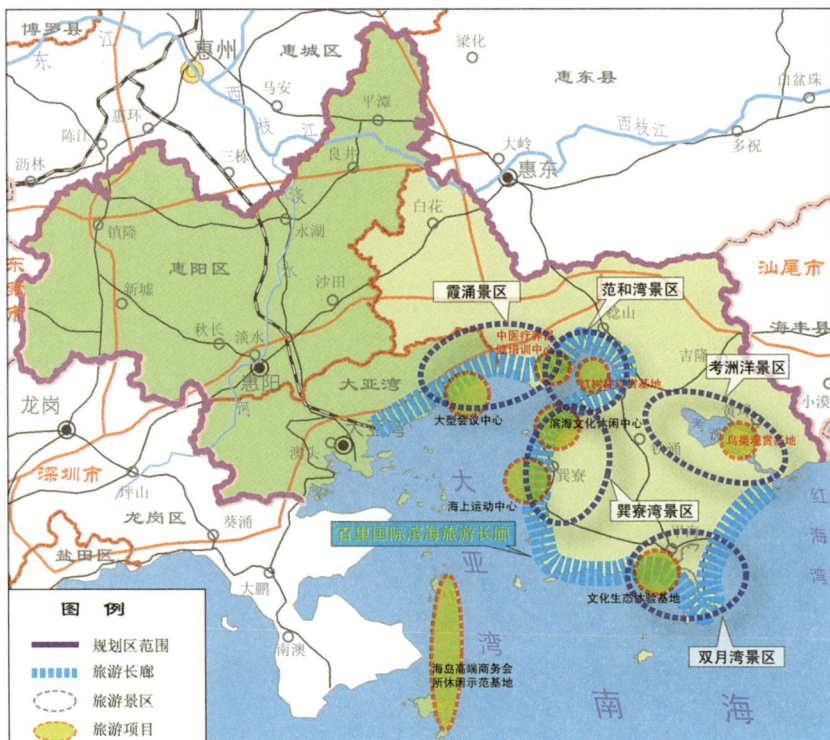

图0-7 环大亚湾新区旅游规划布局示意图

六、建设广东省重要交通枢纽

适应珠三角建设世界级城市群、深莞惠一体化和惠州跻身珠三角第二梯队的要求，以建设"双港一网"为核心，统筹规划，适度超前，调整结构，优化布局，加快海空两港建设，构建内外一体化的快速交通网，加强综合交通枢纽功能建设，推进油品管道建设，加快形成广东省重要交通枢纽，为建设现代化绿色生态湾区提供支撑。

（一）加快建设亿吨大港

按照产业支撑、物流提升、差异发展、功能完善的总体要求，以临港工业为依托，大力拓展腹地空间，全面提升港口现代物流和综合服务水平，增强港口综合竞争力和资源配置能力，把惠州港建设成为珠江口东岸重要的港口和现代化物流基地。到2017年，港口吞吐能力达到1.5亿吨，吞吐量1.2亿吨；2020年港口吞吐能力达到1.8亿吨，吞吐量1.5亿吨。

——加快建设东马石化专业化港区。依托大亚湾世界级生态型石化产业基地优势，重点推进马鞭洲30万吨级航道、华瀛30万吨级原料油泊位，以及中海油、欧德油储等一批液体化工品泊位建设，构建大规模石化专业化泊位群。拓展石化保税物流，建设石化交易平台，做大做强石化物流产业，把东马港区打造成为国内规模居前、技术领先、环保一流的石化专业化港区。

——大力发展荃湾综合性公共服务港区。积极承接深港产业转移，大力发展粮油加工、重型装备制造等临港产业，扩展粤北及内陆腹地空间，优势发展、合作发展、错位发展。大力推进用海规划审批和港区成片围填工程建设，以集装箱和散货泊位为重点，加快5万吨级集装箱、7万吨级深能煤炭、5万吨级LPG、7万吨级通用散杂货等一批泊位建设，配套建设荃湾10万吨级以上航道、锚地及港口支持保障系统，完善涉港铁路、公路、管廊等集疏运体系和铁海联运系统，把荃湾港区建设成为设施完备、功能强大、生态环保的现代化综合性公共服务港区。

——积极调整惠东港区功能。围绕建设"百里国际滨海旅游长廊"，调整完善港区功能，严格岸线管理，由货运为主转向以客运旅游为主，把惠东港区建设成为设施先进、环境优美的客运旅游专用港区。优化碧甲作业区煤炭运输码头的流程管理，实行煤炭筒仓储存，加强环保配套设施建设。统筹海岛资源开发，完善陆岛交通基础设施建设和航线航班配置，重点发展海岛客运、旅游，建设独具大亚湾风情的海岛客运旅游中心。大力发展城市服务性游艇等港口休闲产业，建设"游艇会"，规划建设邮轮挂靠港。

——发展现代港口物流功能。统筹港口和周边物流园区发展，积极引进国内外大型物流企业集团，大力发展储运、加工、分拨、配送等增值服务，开展金融保险、交易结算、电子商务、信息等现代物流服务，打造现代化综合性的港口物流平台，全面提升港口综合服务水平，实现区港联动、物流兴港。建设石化产品交易市场，做强做精石化物流。强化与大型物流企业和货主的战略合作，有序布局内陆港，大力发展铁海联运功能，做优做大集装箱物流和干散货物流。积极拓展石化、集装箱等保税功能，适时申报综合保税区。

（二）大力推进惠州空港建设

强化与珠三角五大机场的差异化分工，推进深惠机场合作，发展旅游目的地航运业务，积极拓展通用航空业务，探索与港澳开展跨界直升机航运业务，将惠州机场打造成为珠江口东岸及粤东地区的重要航空港、重要的旅游目的地机场和广东省重要的通用航空发展基地。

——推动机场复航和建设。近期对惠州机场飞行区按照 4C 标准扩建改造，尽快实现复航，主动接受深圳机场的溢出需求，拓展国内航线，重点发展旅游航线或季节性包机等航运业务。适时推进惠州机场整体改扩建工程，完善机场地面交通体系建设，大力发展空港经济，加快提升综合服务水平和辐射能力，打造深莞惠经济圈第二机场。

——积极拓展通用航空业务。大力发展私人航空、工业航空、农业航空、航空体育运动、飞行训练等通用航空业务，将惠州机场打造成为广东省重要的通用航空发展基地。统筹规划建设大亚湾开发区直升机机场，发展中海油东部海域海上直升机服务；规划建设巽寮度假区直升机机场，探索与港澳开展跨界直升机航运业务，发展高端旅游航空服务。

——积极发展空港物流。构建和延伸空港产业链，积极引进国内外航空物流和服务企业，积极推动深惠机场合作，促进深惠航空物流联动发展，为临港产业提供支撑。

（三）强化对外通道建设

按照"西融、东拓、北连"的战略方向，加快建设对外大通道，推进深莞惠一体化发展，融入珠三角高速交通网，增强对粤东、粤北及内陆地区的辐射能力，拓展腹地空间。

——西融。推进莞惠、深惠运输走廊建设，续建厦深沿海铁路，改扩建长深高速公路惠盐段、国道 205 陈江至深圳市界和大亚湾开发区龙海一路和石化区北环路快速路工程，新建惠阳—龙岗城际轨道、莞惠城际轨道和沙田—清溪高速公路、仁深高速公路博深段等工程，规划惠阳至东莞城际轨道，构建半小时至一小时交通圈。加快城际公共交通体系建设，提高路网规模化水平，推进深莞惠公交运营一体化，加快融入深港交通圈。

——东拓。加快东部通道建设，续建厦深沿海铁路，改扩建国道 324 和长深高速公路惠汕段，新建广汕铁路惠州段和潮莞高速公路惠东段，拓展粤东地区的腹地空间，使环大亚湾新区成为珠三角辐射带动粤东地区发展的重要战略支点。

——北连。新建北京—深圳客专惠州段，改扩建国道 205 惠州段和惠大铁路，扩建长深高速公路惠河段，新建仁深高速公路龙博段、惠城至龙门和莞惠河高速公路，拓展向北联系通道和腹地空间，使环大亚湾新区成为粤北及内陆地区新的重要出海口。

（四）着力构建新区快速交通网

围绕惠阳区、大亚湾开发区、惠东稔平半岛休闲度假旅游区和惠城区，以高快公路和城际轨道为主体，密切组团之间交通联系，建设惠城—惠阳—大亚湾开发区快速交通通道、环大亚湾快速交通通道和惠城—惠东—稔平东部快速交通通道，打造"△"型快速交通网，实现环大亚湾新区半小时交通圈。

——惠城—惠阳—大亚湾开发区快速交通通道。新建惠城—惠阳—大亚湾城市轻轨，续建惠澳高速公路，新建疏港大道，改扩建惠南大道惠阳段及淡澳路快速路工程，适时推动惠大铁路扩能改造。预留快速公交系统走廊，发展快速公交系统，逐步形成以城市轻轨和快速公交为主体的客运运输系统、以惠大铁路和高速公路为主体的货运运输系统。

——环大亚湾快速交通通道。新建惠阳—惠东城市轻轨，规划稔山—巽寮度假区城市轻轨，新建广惠高速公路东延线。按照滨海景观与快速路融为一体的要求，建设环大亚湾公路环线，新建小桂至澳头、石化区海滨路、霞涌海滨路、范和湾海滨路、稔平半岛海滨路、港口至盐洲公路，改扩建县道 210 和 213、碧甲出口公路等工程。借鉴国内外旅游度假区先进经验，推进稔平半岛旅游交通运营体系、应急拥堵反应机制和停车场布局优化等公共交通服务系统建设。

——惠城—惠东—稔平东部快速交通通道。新建广汕铁路、惠城—机场—惠东城市轨道，规划惠东—稔山城市轨道衔接线，扩建广惠高速公路，改扩建国道 324、县道121、211 和新建巽寮至铁涌公路等工程。

（五）积极推进交通枢纽建设

按照客运"零距离换乘"、货运"无缝衔接"的服务理念，加快环大亚湾新区站场布局和功能调整，重点加强"两客、两货"交通枢纽建设，构建现代化多功能的综合交通枢纽。

——"两客"。新建惠阳火车南站客运枢纽和惠州机场客运枢纽，建设服务功能强、辐射范围广、具有岭南特色的综合客运枢纽，提升在珠三角客运体系中的地位。

——"两货"。建设大亚湾国际物流园，新建中铁石化物流产业园和大亚湾危险品货运站，发展港口物流服务功能，形成以港口为主体的综合货运枢纽；新建惠阳公铁物流园，利用惠阳便利的交通网络，形成以公铁联运为主体的综合货运枢纽，将环大亚湾新区建设成为珠江口东岸地区重要的物流中心。

（六）打造城市绿色交通系统

贯彻绿色交通理念，加大公共交通投入，完善公共交通网络，提高公共交通出行分担比率，鼓励发展步行、自行车等慢行交通系统。完善公交换乘站点布局，加强惠阳、大亚湾、稔山等轨道交通、地面公交之间以及与对外交通的衔接，实现便捷、合理换乘。支持惠阳、大亚湾开发区加快绕城快速公路及综合枢纽周边道路的建设，缓解出入口和枢纽附近交通压力。进一步完善通村公路网，推进农村公共交通普遍服务，加快农村客运站点同步建设，扩大农村客运网络，逐步实现城乡交通一体化。

（七）推动油品管道建设

加快完善珠三角成品油管道网，建设面向粤东地区的成品油输送干线，启动惠州炼厂至河源成品油管道和惠州至汕尾成品油管道项目，构建以大亚湾为中心、辐射周边地区的油品管道网。

环大亚湾新区综合交通运输规划布局示意图见图0-8。

图0-8 环大亚湾新区综合交通运输规划布局示意图

七、建设珠三角现代化高端制造基地

打造具有国际影响力的产业集群，培育竞争力强的优势企业和产业园区，构建富有活力的技术创新和人才支撑体系，培育发展高端电子信息产业、先进制造业和战略性新兴产业，着力建设珠三角现代化高端制造基地。

（一）打造具有国际影响力的产业集群

——提升发展高端电子信息产业。依托大亚湾西部综合产业区、镇隆—新墟新兴产业区、坪山—惠阳（秀水）经济合作区，利用毗邻深港的区位条件和要素低成本优势，引进深圳电子及通信设备制造产业转移和外延协作项目，建设新兴高端电子信息制造业集聚区。借助深港技术和人才溢出效应，培育发展软件和信息服务、集成电路设计、数字家庭、高端消费电子等新一代信息技术成果转化和产业化项目，积极发展物联网、三网融合、网络增值服务等新型业态，打造新一代信息技术产业化基地。

——大力发展先进制造业。依托大亚湾开发区和惠阳现有的汽车零部件产业，围绕深圳、广州等周边地区整车生产配套需求，加快发展汽车电子、轮胎、动力系统等汽车零部件产业，适时引进轿车和客车整车项目。进一步增强新能源汽车零部件配套能力，积极引进新能源汽车整车制造项目，构建较完整的新能源汽车产业链。借助深圳技术和产业的辐射带动作用，引进各类数字化装备、专用设备制造业转移和外延协作项目。依托大亚湾深水大港和区位优势，积极承接高端和重型装备制造业转移，聚集一批高端装备整机设计和总成龙头企业，关联发展一批上下游关键配套企业。推动吉隆、黄埔女鞋产业转型升级，引导企业规模化生产，加强产业链整合延伸和自主品牌建设，打造世界级女鞋产业基地。改造提升纺织服装、建材等传统产业，提高制造和研发设计水平，强化产业特色和集群优势。

——培育发展战略性新兴产业。加快大亚湾开发区 LED 产业园建设，推进关键技术研发，形成完整产业链，打造 LED 产业集群和示范基地。依托大亚湾石化产业项目，积极发展有机高分子材料及其他新材料产业。在大亚湾开发区和惠阳高起点规划建设战略性新兴产业园区，推进与深圳战略性合作，探索多种形式的协作分工机制，引进深圳龙头企业、上市公司的生产制造外延项目，力争在新能源、生物工程、节能环保等领域取得突破，形成"深圳研发—大亚湾制造"的互动发展格局。不断完善新区技术创新体系，增强战略性新兴产业自主孵化能力。

（二）培育竞争力强的优势企业和产业园区

——引进和培育龙头企业和重大项目。以龙头企业和重大项目为主体，不断提高制造业规模和效益水平。高起点、高标准确定新区产业准入门槛，选择性引进一批重大产业项目，吸引世界 500 强企业及跨国公司实现高端产业转移，引导国内重点企业和行业龙头企业设立制造基地、研发中心、采购中心、营销中心和管理总部。培育和壮大一批高增长、高技术、高效益的本地企业，支持优势骨干企业跨地区、跨行业优化配置资源，鼓励企业开展联合重组、兼并收购、产业延伸和协作配套，打造一批拥有自主知识产权、品牌优势明显、核心竞争力强的百亿级企业集团。

——建设专业化特色产业园区。以重点产业园区为载体，不断提高制造业专业化和集聚化水平。推进大亚湾西部综合产业区建设，提升基础设施配套和公共服务能力，发挥港口交通优势，重点发展 LED、汽车及零部件、新材料、生物医药和高端装备制造业。进一步完善惠阳经济开发区等省级园区的软硬件环境，优化整合惠阳区"一区二城五园"，强化园区间协作与分工，突出园区主导产业特色，做大做强电子信息、汽车及零部件产业；推进坪山—惠阳（秀山）经济合作区等园区建设，不断创新与深港的产业协作对接机制，培育先进制造和战略性新兴产业基地。积极引导惠东区块女鞋等传统工业集中区向专业化发展，建设面向深港和国际的高端制造产业转移园，做优做专特色优势产业。

——着力打造区域产业品牌。依托骨干企业和产业集群，不断提升区域产业品牌形象和影响力。支持专业镇和产业集群特色化发展，以制鞋、纺织服装、建材等传统优势行业为突破口，着力打造"中国女鞋生产基地"等一批区域性产业品牌。鼓励有条件的优势企业创建自主品牌、加强品牌经营，围绕电子信息、汽车及零部件、高端装备等产业领域，扶持一批具有自主知识产权的知名企业和产品品牌。加快完善坪山—惠阳（秀山）经济合作区等园区创新创业环境，聚集高端技术和人才资源，全力打造"华南智谷"等地域品牌。

（三）建设珠三角科技成果转化基地

——完善科技成果转化服务体系。以石油化工、电子信息、汽车及零部件、装备制造、新材料、新能源、生物医药等为重点领域，搭建技术创新综合信息服务平台、知识产权服务与技术合同登记服务平台，积极组织国家重点科技成果推介对接活动，培育重大科技成果转化示范企业，形成面向全国的科技成果转化新格局。以大亚湾开发区科技创新园、新兴产业园和惠阳经济实验区等科技园区为载体，强化与深港和国际合作，建设产业共性技术创新中心，完善科技信息服务、产品检验检测、技术推广应用、投融资支持、人才培训等公共服务功能，加强企业孵化器和加速器建设，提高科技成果转化支撑能力。

——创新科技成果转化机制。以培育企业技术中心和工程技术研究开发中心为重点，不断促进产学研结合，加快提高科技成果转化效率。支持有条件的大中型企业与高等学校、科研院所联合建设研究开发院、科技研发中心、博士后工作站，提升大亚湾石油化工技术研究院等创新平台的支撑能力和创新能力，培育电子信息、汽车零部件、装备制造、新材料、新能源等企业创新平台。推动企业通过联营、参股等多种形式，与高等学校和科研机构组建产学研创新联盟，实现产学研深度合作。

——强化科技成果转化的人才支撑。以项目建设支持人才培养，通过实施重大产业项目和科技计划项目，促进重点学科带头人和优秀人才团队以及各类复合型人才的成长。建设博士后科研工作站、留学人员创业园、博士创业园和其他科技创新平台，培育创新能力突出的科研团队。创新人才引进方式，以产业发展集聚高层次人才，出台吸引领军人才和创新团队的支持政策，解决人才引进培养中住房、配偶工作、子女入学、创新创业扶持等实际问题，为引进高层次高技能紧缺人才开辟绿色通道。

环大亚湾新区制造业规划布局示意图见图0-9。

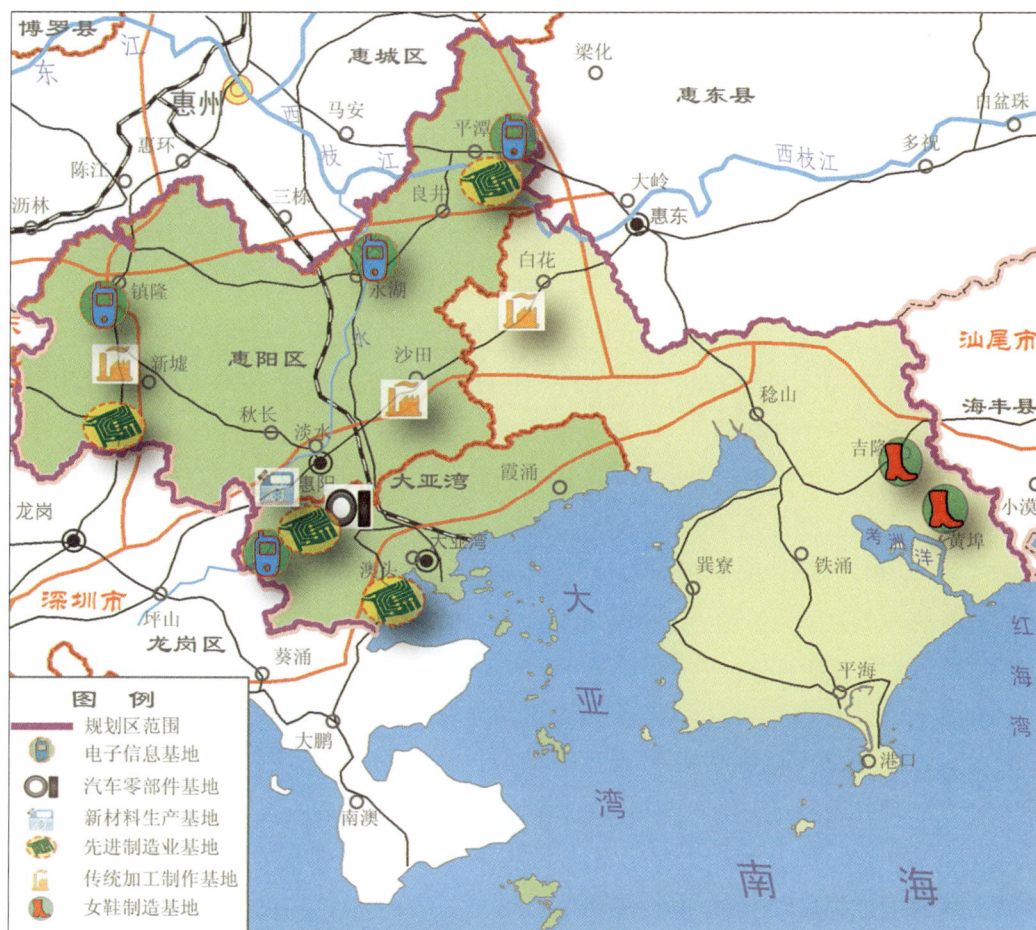

图0-9 环大亚湾新区制造业规划布局示意图

八、建设珠江口东岸现代服务业功能区

发挥毗邻香港、深圳优势，深化深惠、港惠服务业合作，在大力发展现代制造业的同时，着力强化现代物流、现代商贸、产品展示与设计、服务外包、文化创意、后台服务等功能，提升惠州在珠江口东岸地区的综合服务能力。

（一）强化优势特色功能

——积极发展现代物流业。发挥港口、铁路、公路和机场等物流设施优势，以石化物流发展为先导，培育和发展具有国际竞争力的现代物流龙头企业，打造辐射周边的区域性现代物流基地。推进惠州亿吨大港及惠阳东城（国际）物流园、大亚湾太东财富港国际物流园、中海油物流园（基地）和大亚湾华瀛燃料油调和配送中心等项目建设，推进物流信息化发展，积极发展物联网，促进运输、仓储、货代、装卸、批发企业的功能整合和服务延伸，鼓励和引导物流企业向社会化、专业化的第三方物流发展。

——大力推进现代商贸业发展。以淡水、黄埔、吉隆等镇为重点，面向珠三角商贸服务需求，高标准规划建设大容量、多功能商贸中心，培育有竞争力的大型骨干商贸流通企业，支持大型连锁企业发展加盟业务。吸引大型电子商务企业，建设面向珠江口东岸地区的大型货物配送中心。积极与惠州产品网上展销平台对接，提升商贸、物流的电子商务应用水平。推进石化、电子、汽车零部件等大型专业批发市场建设。

——建设珠江口东岸服务外包基地。抓住 CEPA 深度推进和服务业领域外资加快进入珠三角的有利时机，加快环大亚湾新区服务外包基地建设。引进一批国内外知名的会计结算、信息咨询、人力资源、物流寻呼、科技中介、标准检测、产品设计与营销等服务企业，抢占服务外包制高点，使环大亚湾新区成为服务外包企业聚集地。

——培育发展文化创意产业。以滨海旅游文化建设和挖掘现代文化创意为主导方向，加强民俗文化、古城文化、红色文化资源保护、整理与开发。结合打造"百里国际滨海旅游长廊"，着力培育滨海文化旅游业，大力引进文化创意产业，建设功能、特色各异的文化产业园与创意创作基地。推进文化与科技融合，运用高新技术和现代生产方式，提高文化产品和服务的科技含量。

（二）建设现代服务业聚集区

以促进现代服务业聚集发展为手段，培育优势特色服务功能为目标，在惠阳、惠东、大亚湾开发区布局若干个区域特色明显、发展潜力大、功能差异化、综合作用强的现代服务业聚集区。

——惠阳现代物流信息服务聚集区。以推进亿吨大港建设及惠州机场、惠州南站开

通为契机，建设惠阳现代物流信息园，汇聚惠州港口物流、空港物流、铁路物流及陆路物流综合信息，培育形成惠州物流信息管理枢纽功能，统筹惠州各物流园区的综合物流信息管理，构建珠三角东岸区域核心物流信息平台，增强物流服务珠江口东岸乃至珠三角地区的能力，提升惠州作为粤东重要物流基地作用。

——惠阳创意产业聚集区。发挥毗邻"创意城市"深圳的区位优势和土地等资源要素低成本优势，开辟深惠创意产业发展新平台，吸引电子、汽车、石化等产业创意企业进驻惠阳，从融资、土地、税收等方面给创意企业以政策支持。建设创意产业园，结合淡水河景观改造和城市公园建设，配套建设创意人才生活休闲基地。培育和引进大型文化创意企业，着力培育品牌化、市场潜力大的文化产品，开拓文化产业发展空间，提升文化产业在环大亚湾新区中的地位。

——惠阳现代商贸餐饮服务聚集区。以五星级酒店、大型综合购物中心、高档特色餐饮品牌系列与街区建设为依托，整合提升各类低端商贸资源，高标准规划建设综合配套设施好、服务环境水准高、服务要素组合特色鲜明、区域影响力强、集商贸餐饮商务酒店于一体的现代服务业活力区。

——惠阳产品展示营销设计服务聚集区。利用珠三角工业产品全、新产品创新步伐加快、创新人才聚集、行业协会多的有利条件，建设新产品展示与推广中心，为新产品产业化提供融资担保、宣传推广、招商融资、商标登记等系列化服务。建立行业协会组织聚集基地，发挥行业协会在信息发布、产品标准化和市场营销等方面的作用，推动展示营销设计服务的聚集与整体功能的提升。

——大亚湾研发设计服务聚集区。以支撑大石化、服务大制造为目标，培育和引进研发设计服务企业，引进研发设计团队和人才，通过建立科技创新园区、组建研发中心等形式，以优质的工作与生活配套服务，期权、知识产权入股等制度创新举措，汇聚相关创新要素，大力发展各类科技服务，建立适应研发设计需要的现代研发服务体系。

——惠东女鞋创意设计与商务服务聚集区。以进一步提升女鞋基地综合素质和影响力为目标，加强女鞋新产品设计与品牌建设，强化与知名女鞋设计机构和品牌推广商的合作，引进女鞋创意设计人才，建立省级乃至国家级女鞋创意设计基地。搭建服务女鞋制造公共服务平台，建立集女鞋创意设计、新品展示、知识产权保护登记、产品质量检测、鞋类信息发布、产品营销于一体的综合性女鞋产前、产中、产后商务服务中心。

（三）优化服务业发展空间布局

——全面提升惠阳片区。重点发展商务服务、商贸物流、服务外包、餐饮文化娱乐等行业，进一步完善和优化现代服务业发展政策环境，提高惠阳城区的城市品位，增强对现代服务企业进驻的吸引力。积极推进各类专业服务镇和特色服务功能区建设，努力将惠阳打造成珠江口东岸现代服务业发展活力区。

——优化发展大亚湾开发区片区。着力强化现代物流、科技研发、工业设计等生产性服务，东西两端适度发展度假商务旅游、文化产业等生活性服务，加强商务性楼宇开发。加强港口物流基地、研发设计基地、小桂湾中国（惠州）国际文化产业基地和霞涌会议商务特色功能区建设。

——加快发展惠东片区。建设面向粤港澳台市场、集会议商务疗养健身于一体的一流休闲度假旅游基地。加快范和湾、巽寮湾、双月湾、考洲洋等优质滨海区块与资源的开发力度，按照世界级景区建设标准，差异化发展各具特色的旅游休闲度假产品，塑造稔平半岛滨海度假胜地形象，成为国际化的旅游半岛。依托世界女鞋生产基地，加快鞋业信息服务平台和专业批发市场建设，构建国际化的女鞋商贸服务中心。

环大亚湾新区服务业集聚区规划布局示意图，见图0-10。

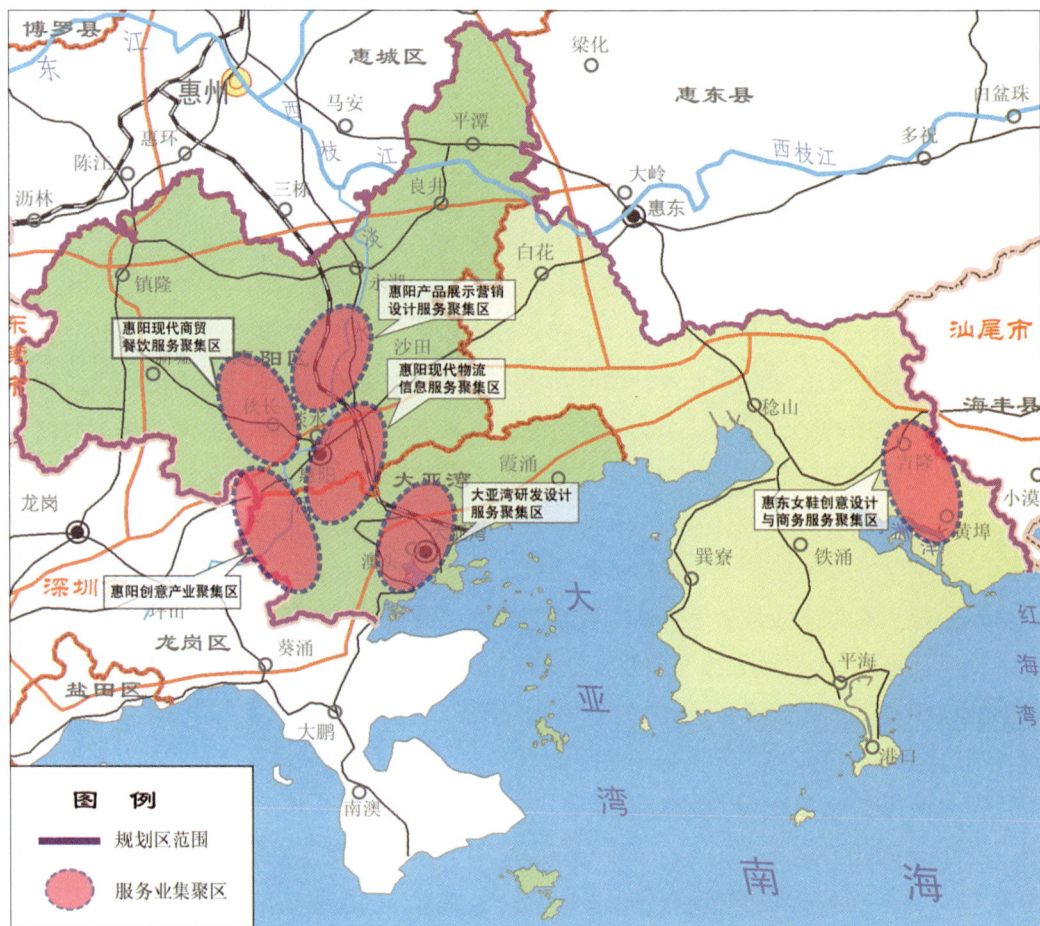

图0-10　环大亚湾新区服务业集聚区规划布局示意图

34

九、建设绿色生态湾区

集约节约利用资源，发展资源节约型、环境友好型产业，有效提升环境质量，建设协调融合的海—业—城生态景观，把环大亚湾新区打造成为天蓝地绿、山清水秀的绿色生态湾区。

（一）集约节约利用资源

——集约节约利用土地资源。加快湾区盐田、鱼塘、盐碱荒滩地整理，推进未利用土地集约化开发。建立闲置土地和建设用地监测监管机制，对逾期不开发、长期闲置的土地依法收回。采取"三旧"改造、基础设施用地合理配置等措施增加土地供应，提高基础设施建设用地效率。对新增工业用地设定单位面积土地产出强度等集约节约利用标准，加强园区用地监管与考核。

——推动重点领域能源节约。以石油、化工、电力、建材等高耗能行业为重点，加快推动技术改造和创新，淘汰落后产能。完成对既有建筑的节能改造，强化新建建筑节能标准执行全过程监管，积极推广绿色建材、智能围护结构、低能耗环境控制系统等绿色适用技术，引导建设被动式住宅，减少建材中水泥的使用。加强公共交通和非机动车出行交通体系建设，推广清洁燃料汽车等节能型交通工具。

（二）发展"两型"产业

——构建"两型"产业链。大力推进传统优势产业向资源节约型、环境友好型产业延伸转型。加大化工新材料制品研发力度，提升绿色材料制品比重，拓展精细化工产品深加工，形成基础石化原料—绿色中间产品—精细与日用化工品的化工产业链。促进电子信息和装备制造业可拆解循环利用设计和绿色制造。

——全面深化企业清洁生产。积极推广绿色化学技术、无毒电镀技术等清洁生产技术，开发清洁汽油生产技术和芳构化、催化重整、加氢裂化等深加工技术，鼓励企业进行 ISO14001 环境管理体系认证，促进清洁生产与环境管理体系有机结合。

——大力发展循环经济。建立炼化行业废料循环利用系统，重点建设大亚湾石化区资源综合利用项目，积极发展串级使用、硫磺回收、汽提净化水回用以及双膜污水处理等技术。在大亚湾石化区大力发展园区内热电联供工程。提高工业用水重复率，鼓励和提倡中水回用技术，2020 年工业用水重复率达到 80% 以上，大亚湾开发区中心区污水处理厂及石化区的中水回用率达到 10% 以上。

（三）有效提升环境质量

——加快城乡环保基础设施建设。推动各镇建设完善污水处理设施及配套管网，在主要港区建设含油废水和生活污水处理厂。积极提升大亚湾开发区石化区和中心区污水处理厂处理能力。加快大亚湾石化区第二条排污管线建设。以危险化工废物、电子废物和惠东鞋材废料等的安全处置及城市生活污水处理厂污泥处理处置为重点，统筹规划固体废物处理处置基础设施建设。

——有效改善水环境质量。在惠阳区新墟镇、淡水街道洋纳工业园全面推进重金属污染综合防治。对淡水、秋长、沙田、永湖、新墟等城镇禁止审批化工、石化、印染等重污染项目，在淡水河水质达标前，暂停审批酸洗、磷化、表面处理等水污染高排放型项目。全面消除养殖业对淡水河的污染，控制农业面源污染。

——逐步提升大气环境质量。加强对石化、化工及相关产品制造企业挥发性有机化合物排放的全过程控制。继续加大电力行业脱硫工程建设力度，综合脱硫率达到95%以上。全面实施电力行业降氮脱硝，在役燃煤火电机组全部建成降氮脱硝设施，脱硝效率达到80%以上。

（四）建设协调融合的海—业—城生态景观

——建设环大亚湾海洋生态景观。建设稔山蟹洲红树林海洋生态园，扩大红树林种植面积，整治养殖秩序，调整养殖布局，打造滨海湿地公园。逐步清理规范考洲洋围海养殖，建立红树林自然保护区，完善考洲洋污水处理厂和吉隆、黄埠的污水收集配套管网，减少污废水排放量，把盐洲岛建设成为生态滨海旅游岛。

——构建石化区工业生态景观。建设以簇群模式发展的植被系统和以人工湿地为主的生态基础设施，形成以小层面的植被斑块与迷你公园为依托的生态踏脚石系统，塑造石化园区与生态栖地共存理念，构建石化区工业与生态景观相融合的空间格局。

——打造淡水河绿色景观带。建设滨水广场、步行系统、生态驳岸和洋纳湿地公园，融运动项目、场地设计与滨水景观设计于一体，打造特色鲜明的人性化生活岸线，建设城市滨水景观长廊。

——形成国际化旅游城市景观。建设标志性建筑和城市雕塑，对巽寮、平海、港口等旅游发展重点镇区建筑形象进行统一设计、改造和包装，提升旅游城市形象。在主要旅游景区和道路设置外文标识系统。依托滨海绿道，构筑环大亚湾滨海观光长廊。推进绿道网、城市景观林、公共绿地和绿化带建设。

环大亚湾新区生态环境保护规划示意图见图0-11。

图0-11　环大亚湾新区生态环境保护规划示意图

十、推动海洋经济创新发展

大力发展海洋产业，发展陆岛一体化经济，构建永续发展的粤东黄金海岸，加强海洋生态建设，打造蓝色增长引擎，把环大亚湾新区建设成为我国海洋经济创新发展示范区和海洋生态文明示范区。

（一）大力发展海洋产业

——加快海洋渔业转型升级。建立一批深水网箱养殖和工厂化养殖基地，提高海洋渔业科技水平。有效保护海洋渔业资源，提高海洋生物的人工增殖水平，建设海洋牧场，加大现代渔港建设力度，培育海洋渔业新的经济增长点。

——扩大海洋生物产业规模。集成创新海产品加工技术，优化生产工艺和设备，提高大宗海洋低值鱼类、海珍品精深加工和综合利用水平。加大海洋生物新产品研发力度，开发市场前景广阔、附加值高的新型水产品、海洋功能食品和生物制品。

——积极发展游艇产业。大力引进国内外游艇制造企业，积极发展游艇制造、艇用发动机、艇用通信导航和控制设备等产业，在澳头打造集游艇制造、产品研发为一体的游艇产业基地，构建游艇研发设计、生产制造和旅游服务的全产业链。

——培育海水综合利用产业。积极利用电厂余热发展海水淡化，在高耗水产业项目中推广海水冷却和循环利用。推广浓海水制盐技术，推进海水提取钾、溴、镁等系列产品及深加工品规模化生产，配套开发海洋精细化工产品，建立海水利用和海水资源综合开发产业链。

——建设海洋能源产业示范项目。合理开发沿海陆上风能，加快推进东山海上风电等项目建设。积极参与海洋油气资源开发，推进海洋油气资源勘探开发后勤基地建设。在平海湾海域规划建设潮汐能、潮流能、波浪能、海洋生物质能等海洋新能源和可再生能源发电示范项目，加快海洋能的开发利用步伐。

（二）发展陆岛一体化经济

——发展陆岛一体化港区物流。依托荃湾港区，整合开发黄毛洲、纯洲、合卵洲、沙鱼洲、鸡心岛陆域，发展以储运、中转和增值服务为主的现代港口物流业。依托东马港区，通过连岛栈桥连接芒洲和锅盖洲，建设石化化工原料码头，重点发展油品中转和储运。

——开辟湾岛一体化旅游线路。推进海岛组团式开发，积极发展大亚湾中央列岛、辣甲列岛和沱泞列岛岛群旅游，以海洋主题旅游为特色，打造一批海岛旅游品牌。对无居民海岛限制环境容量，开发以满足中、高端旅游消费为主的旅游产品。

——建设海洋科研基地。在考洲洋盐洲岛建设海水养殖新品种研发基地，推进海洋生物基因资源的保护、研究与开发利用。在小辣甲、印洲仔等海岛开展海岛典型生态系统和物种多样性保护科学研究，建设小辣甲生态建设实验基地。

（三）打造永续发展的粤东黄金海岸

——优化协调岸线生产—生活—生态功能。以海洋功能区划为依据，合理适度有序利用岸线资源，改变岸线的粗放型开发模式，提升岸线的生态、景观和人文价值。有序推动考洲洋渔业养殖岸线逐步转化为自然生态和旅游岸线，适度控制小桂湾、巽寮湾、双月湾房地产业占用岸线比重，增加小径湾、范和湾自然生态岸线比重。

——合理调控生产性岸线开发强度和时序。科学分段评估岸线开发价值，对已划定开发用途的生产性岸线，合理调控投资强度，提高岸线利用效率。科学确定生产性岸线开发优先顺序，严禁无序占用岸线，切实提高生产性岸线开发的经济、社会和生态效益。

——构建多元共享开放的生活性岸线。结合不同区段生活性岸线利用情况，采用"点—线—面"结合的方式，提高生活性岸线的利用效率。丰富生活性岸线的多元特征，建设公共服务和配套设施，提高生活性岸线的共享性和开放性。

——严格保护自然生态岸线和预留岸线。合理划定生态岸线，严格保护小桂保留区、港口海洋保护区等自然生态岸线，保持充足的生态空间。有效控制东角头—大地岭段、莲花山西—葫芦墩段预留岸线的开发利用。制定海岛岸线开发、利用、保护方案，合理利用海岛岸线资源。

——建立岸线使用退出机制。制定海水质量、岸线保护、环境安全等方面的审核标准，建立岸线使用的年度审核机制，对不符合标准的予以警告、整顿和停业退出。

（四）加强海洋生态建设

——实现海洋资源集约节约开发。推行海洋表层、中层、底层立体开发方式，提高海洋资源综合利用效率，重点建设纯洲等集中集约用海区。严格执行对考洲洋、范和港、平海湾、纯洲的围填海计划，限制顺岸平推式围填海，提高围填海造地利用效率。强化海岛分类分区管理，建立有居民海岛综合协调管理机制，规范无居民海岛开发利用。

——加强近岸海域入海污染控制。逐步实施大亚湾等重点海域入海污染物排放总量控制制度，建立海洋环境容量"以海定陆"的保护模式，严格执行相关环境保护法规和条例。加强港区环境污染治理，力争实现进港船舶油类污染物"零排放"，港区污水排放全面达标。

——修复和保护海洋海岛生态系统。加强重点渔港海湾、入海河流、港口码头和主要海水养殖区的海洋生态系统综合整治，推进考洲洋、范和港等海洋生态系统修复及示范工程建设，保护和恢复海岛、滨海湿地、红树林、珊瑚礁、海草床等典型生态系统。实施海岸防护林建设工程。做好惠东港口国家级海龟自然保护区和大亚湾省级水产资源自然保护区的强制性保护。

——建立健全海域污染防控体系。建设赤潮灾害预警系统、海洋灾害风险评估系统、渔港实时监控系统、海上渔业安全应急救助指挥系统、溢油和危险品泄漏等海上突发事件应急响应决策系统。配套制定港口危险品储运应急预案，建立健全事故应急系统和快速反应机制。

环大亚湾新区海洋产业规划布局示意图见图 0-12。

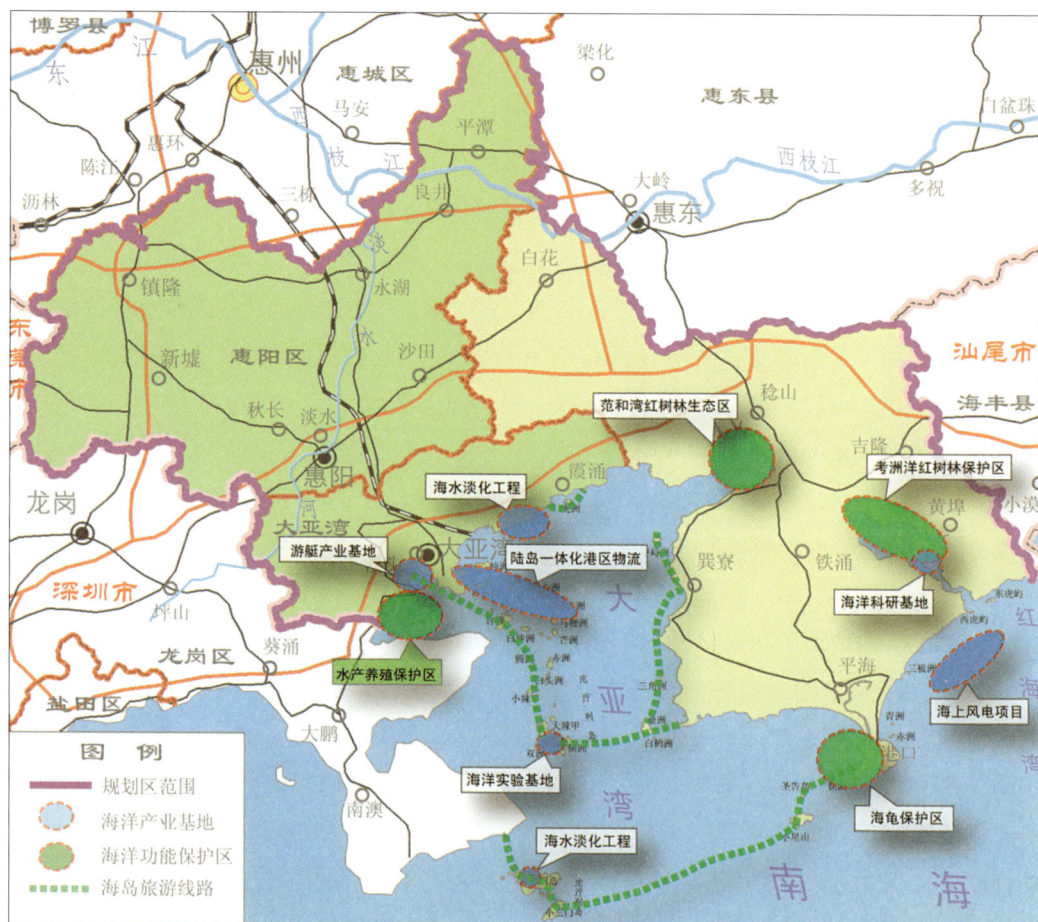

图0-12　环大亚湾新区海洋产业规划布局示意图

十一、培育发展特色农业

面向港澳和珠三角市场需求，以优质、高效、安全、生态为方向，调整优化农业结构，做优做精绿色生态种植业、优质高效畜牧业、现代海洋渔业、休闲观光农业等四大特色产业，完善现代农业支撑体系，加快构建"三区四基地"的农业发展新格局，建设面向港澳、服务深莞惠的农产品生产供应基地。

（一）做优做精四大特色产业

——绿色生态种植业。实施优质粮食产业工程，建设高标准基本农田，以优质稻谷、甜玉米和冬种马铃薯为重点，打造全国知名的甜玉米和冬种马铃薯生产基地。建设供港优质蔬菜生产基地，以菜心、淮山、梅菜、大顶苦瓜等特色蔬菜为重点，培育种植大户、专业村和专业镇，增大对港澳市场的供应能力。培育发展园艺产业，加强优质品种引进选育，建设标准化荔枝、龙眼果园和园艺花卉生产基地，满足市场对园艺产品的需求。

——优质高效畜牧业。按照规模化、标准化、专业化、规范化生产的要求，重点发展以瘦肉型猪为主的生猪养殖业和以黄鸡为主的家禽养殖业，建设现代畜禽养殖基地。大力推进标准化规模养殖，建设一批设施完备、技术先进、质量安全、环境友好的现代化养殖场。完善畜产品质量安全检验体系，建立产品可追溯制度，提高畜产品质量安全水平。

——现代海洋渔业。依托靠海优势，合理利用海洋资源，大力发展现代渔业。推进沿海渔民转产转业，降低近海捕捞强度，减轻近海渔业资源压力。优化渔业养殖结构，发展鲍鱼、多宝鱼、金鲳、牡蛎等高质高效名贵鱼类养殖。加快转变传统养殖方式，适度控制浅海养殖，重点发展深水网箱养殖和工厂化养殖，大力推进标准化池塘改造。积极发展渔业养殖专业合作组织，完善"龙头企业＋合作社＋养殖户"等产业化经营方式，提高渔业养殖组织化程度。支持和培育水产品加工龙头企业，努力提高深加工水平，推进渔业生产、加工、销售一体化经营，建设珠三角重要的现代海洋渔业生产基地。

——休闲观光农业。结合旅游业发展和名镇名村建设，进一步挖掘农业的生态涵养、观光休闲、科普教育和文化传承等功能，拓展农业发展空间。依托农业、森林、渔场等资源优势，大力开发农家乐、农耕文化体验、田园风光游、森林生态游、滨海休闲渔场等生态休闲观光农业旅游项目。以特色马铃薯观光园和荔枝、龙眼采摘园为重点，建设一批集中连片、特色鲜明的休闲农业示范区。依托特色主导产业，发展创意农业，深度挖掘农业的文化价值。

（二）着力夯实特色农业的五大支撑

——改善农业基础设施和装备条件。加大投入力度，大规模改造中低产田，建设旱涝保收高标准农田。继续实施畜禽水产良种工程，推进规模化养殖场（小区）标准化改造。加快推进农业机械化，着力提高水稻栽插收割机械化水平，大力发展高效植保机械，积极推进养殖业、园艺业机械化。加快构建监测预警、应变防灾等防灾减灾体系，提高农业防灾减灾能力。

——强化农业科技和人才支撑。支持农业新品种新技术转化应用，加快优质超级稻、超甜玉米、高产马铃薯等新品种推广，积极推动精准作业、智能控制、灾害预警、物联网等现代技术在农业的应用。加强农业科研和推广人才培养，培育一批种养业能手、农机作业能手、科技带头人等新型农民。积极发展现代农作物种业，建设标准化规模化集约化机械化的良种繁育和生产基地。

——推进农业产业化和规模化经营。培育壮大农业产业化龙头企业，鼓励和支持龙头企业采取参股、合作等方式，与农户建立紧密型利益联结关系。大力发展农民专业合作社组织，支持其从事农业生产、农产品加工和市场开拓，提高服务带动能力。完善土地承包经营权流转市场，引导土地承包经营权向种养大户、家庭农场、农民合作社等新型生产经营主体集中，发展多种形式的规模化专业化生产经营。

——发展农业社会化服务。健全农业公益性服务体系，不断提升各级农业技术推广、动植物疫病防控、农产品质量监管等公共服务机构的服务能力。培育壮大专业服务公司、专业技术协会、农民经纪人、龙头企业等各类社会化服务主体，提高农业社会化服务水平。

——提升农业对外开放水平。发挥毗邻香港的优势，建设高水平的农产品出口基地，建立与国际接轨的农产品质量标准、认证和检测体系，健全出口农产品质量预警系统和应急预案，着力提升出口农产品质量。加大农产品对外推介和宣传力度，打造知名农产品品牌，加快构建面向港澳和东南亚的农产品销售网络，拓展农产品出口市场空间。

（三）推进形成"三区四基地"农业发展格局

——着力打造"三区"。按照因地制宜、分类指导的原则，鼓励和支持主要农产品生产向优势产区集中，发展供港农产品产区、生态观光农业区、海洋渔业养殖区等三大特色农业区。供港农产品产业区以惠阳平潭、良井、沙田、永湖，惠东白花和大亚湾开发区西区为主，重点发展面向港澳市场需求的优质特色蔬菜生产和肉猪、禽类养殖。生态观光农业区以稔平半岛为主，结合冬种马铃薯、优质水稻、大顶苦瓜等农产品生产，建设若干农业休闲观光和农耕文化体验园，发展休闲观光农业。海洋渔业养殖区以大亚湾澳头、辣甲岛和三门岛为主，加快推广深水网箱养殖和工厂化养殖，重点发展鱼、虾、贝类养殖。

——加快建设"四基地"。按照专业化、规模化、标准化的要求，以港澳市场需求为导向，加快建设特色蔬菜、甜玉米、冬种马铃薯和优质荔枝等四大生产基地。特色蔬菜生产基地以惠阳良井、沙田、永湖和惠东白花为主，重点发展菜心、淮山、大顶苦瓜、梅菜等特色优质蔬菜。甜玉米生产基地以惠阳平潭、良井为主，加大优良新品种推广，调整优化品种结构，稳步提高甜玉米产量。冬种马铃薯生产基地以惠东稔山、铁涌、平海为主，结合稔山镇国家级万亩马铃薯高产创建示范点建设，提高规模化集约化经营水平。优质荔枝生产基地以惠阳镇隆为主，重点提高产品质量，发展精品果业。

环大亚湾新区农业规划布局示意图，见图0-13。

图0-13　环大亚湾新区农业规划布局示意图

十二、建设重要基础设施

以供水、能源、信息等为重点，加强基础设施建设，保障优质安全供水，提高能源供应保障能力，积极打造智慧新区。

（一）保障优质安全供水

积极加强水源工程建设，完善供水、排水系统，推进水资源全面节约、高效利用和合理配置，建设优质水源地和安全供水体系。

——加强供水工程建设。严格保护水源地，积极调整水源布局，优化现有供水系统，因地制宜建设东江、西枝江引水等工程，进一步完善以本地水资源和江库引水为重点的供水水源系统，形成江库联通、相互补给、灵活调度的多层次供水网络，提高供水能力

43

和水资源开发利用效率。进一步协调东江水资源分配方案，积极推进大亚湾开发区东江饮水二期工程、惠阳区东江饮水工程、稔平半岛引水工程和白花供水管道等工程建设。建设惠阳区鲤鱼寨和龙衣窝，大亚湾开发区厚福径、蕉子园和白水寨，惠东县南坑、森木坑等一批水库工程。推动发展海水淡化、中水回用和雨水利用等项目。按照"以集中供水为主、分散供水为辅"的模式，加大供水厂网建设改造力度，实现城乡供水管网一体联通，保障城乡供水安全。

——推进淡水河流域防洪工程建设。按照防洪治水与营造生态景观相结合的要求，重点推进淡水河流域和淡澳分洪河综合整治，建设沿河水闸及排涝站，打造集防洪、水环境治理、市政建设、旅游观光等功能于一体的城市滨水景观长廊。

（二）提高能源供应保障能力

调整优化能源结构，加快推进电源和电网设施建设，因地制宜发展新能源，保障环大亚湾新区能源安全稳定供应。

——调整优化电源结构。全面完成平海电厂一期、国华热电联供二期工程，适时推进平海电厂二期和核电项目建设。大力发展清洁能源，重点建设惠州LNG电厂二期、东山海风力发电项目，因地制宜发展太阳能发电、沼气发电、余热发电。到2015年，电力总装机容量达到600万千瓦，成为广东省重要的清洁能源输出地。

——加强输配电设施建设。加快大亚湾500千伏输变电工程和祯州站扩建工程建设，新建惠阳维布、莲塘、惠东埔仔、大亚湾区西部和绿湾等220千伏变电站工程，新建、扩建一批配套110千伏变电站，打造安全可靠、经济灵活、技术先进的区域现代化电网。

——建设天然气管网工程。按照广东省天然气"全省一张网"的建设部署，重点推进西气东输三线惠州段、广东省天然气管网三期惠州段等项目建设，加快新区燃气主干管网、加气站的建设，形成内外联通、多源保障、统一调配的天然气供应网络。

（三）积极打造智慧新区

整合资源，加大投入，提升基础网络能力，以"移动网＋互联网"为主骨架，全方位推进无线网络和光纤网络建设，为建设"智慧新区"提供支撑。到2015年，互联网普及率和无线宽带普及率均达到85%，2017年实现全覆盖。

——推进"三网融合"建设。借鉴深圳等试点城市"三网融合"经验，建设有线无线相结合、全程全网、三维立体、互联互通、可管可控的下一代宽带信息网络，推进通信网、广播电视网和互联网的高速互联及业务应用的融合发展，建设数字社区和数字家庭。

——推动光网新区建设。加快宽带光纤接入，全面提升宽带网络速率。政企商务楼宇和城市新建楼盘全面实施光缆进楼入户，现有商业楼宇和住宅小区实施光缆进楼入户整体改造,逐步实现光纤进楼入户全覆盖。在信息化基础条件较好的镇村实现村村通光纤,家家通宽带。

——加强无线新区建设。优化提升通信网络,推动以第三代移动通信技术(3G)为主的覆盖全区的无线宽带基础网络建设,构建无线宽带应用平台,实现人口密集区3G速率提升。加强政府机构、事业单位和学校的WiFi覆盖,提高无线宽带普及率。完成移动多媒体广播电视和地面数字电视的网络覆盖,开展无线、移动数字电视服务。

——提升公共信息服务水平。加快推进电子政务建设,建立以信息共享、业务协同为核心的统一的电子政务应用平台,推动实施网上政府一站式服务。联合搭建区域"医疗通"、社会保障卡"一卡通"、公共交通"一卡通"等民生公共服务平台,推进公共服务在线化。建设便捷、高效的商务电子化公共平台,推进"物联网"建设。完善人口、交通、地理空间、科教、卫生等基础性信息资源共享平台。

环大亚湾新区重大基础设施规划布局示意图见图0-14。

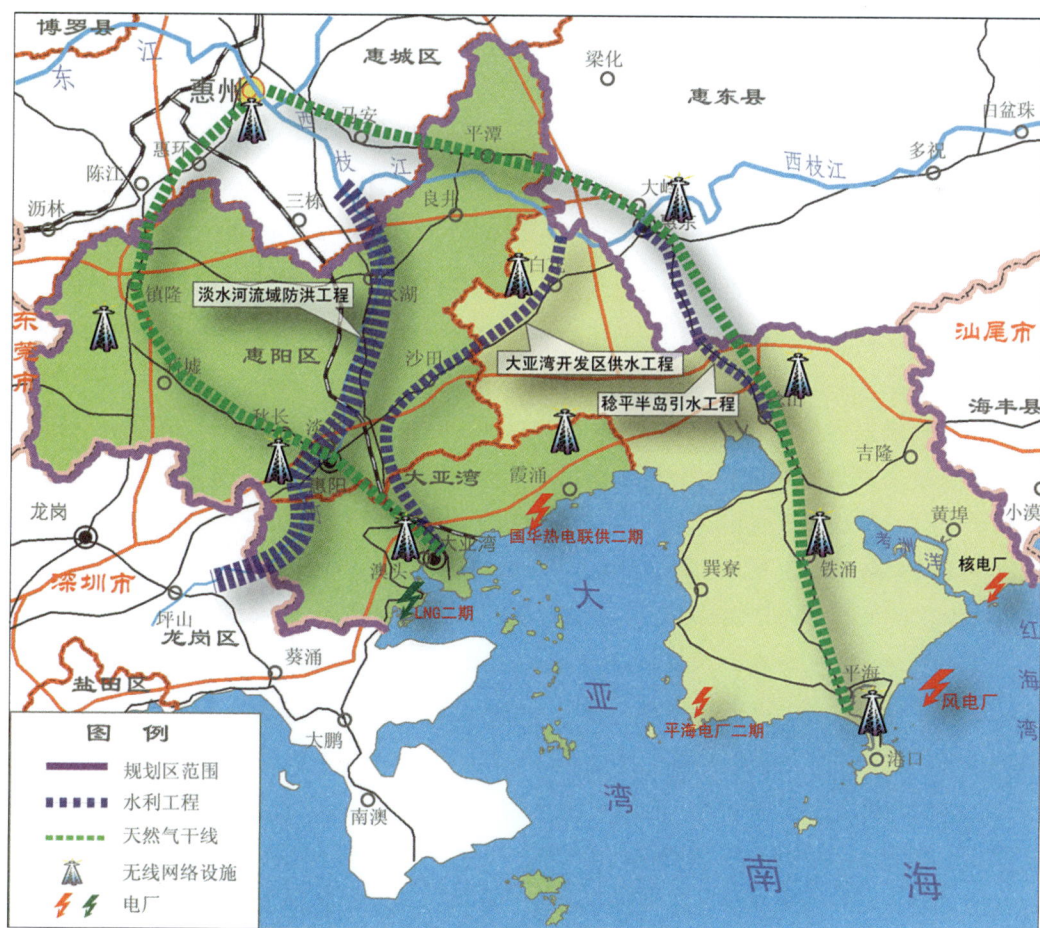

图0-14　环大亚湾新区重大基础设施规划布局示意图

十三、建设优质均衡公共服务体系

坚持新型城镇化与公共服务均等化互促共进、产业发展与民生保障互惠共赢，统一城乡公共服务制度，创新公共服务管理模式，打造高素质劳动者队伍，提升新区生活品质，在全省率先实现基本公共服务城乡一体、区域均等和常住人口全覆盖，争创珠三角城乡协调发展和公共服务均等化示范区。

（一）统一城乡公共服务制度

——推进公共教育均等化。实行统一的公共教育学校建设标准和生均公用经费标准，健全"县管校用"教师动态管理机制，在全部镇街达到省教育强镇标准的基础上，率先实现城乡义务教育学校一体化管理，创建广东省教育现代化先进地区。加快普及政府主导的学前教育，重点支持乡镇规范化中心园建设，探索多种办园模式，提高学前教育毛入学率和优质幼儿园比例。推进小学至高中12年免费教育，实现普通高中教育优质特色发展。健全完善异地务工人员随迁子女就读民办学校（幼儿园）财政补贴机制，探索随迁子女平等接受高中阶段教育新机制。

——整合城乡社会保障体系。统一城乡基本养老保险制度，建立健全衔接机制，加快推进覆盖异地务工常住人口。统一城乡低保标准，推行专项社会救助、优抚安置、农村"五保"供养、城镇"三无"人员基本生活保障和孤残儿童最低养育标准与城乡低保同步提高机制，确保在全省处于领先水平。建立以公共租赁住房为主体的新型住房保障制度，将农村安居工程、整村改造和住房困难渔民纳入保障性住房体系，统一规划、建设和管理。健全残疾人和儿童福利制度，推进实现适度普惠。

——促进人力资源市场一体化。打破不同人群之间的就业制度分割，消除歧视性规定，健全就业公共服务体系和服务平台，提高就业服务的普惠性。用好全民创业专项基金，扩大创业政策覆盖范围，向技能人才、农村实用人才和返乡创业人员倾斜，争创省级和国家级创业带动就业孵化基地。积极稳妥推进工资集体协商，规范劳务派遣用工行为，为实现劳动收入正常增长和同工同酬创造良好政策环境。

——统筹医疗卫生服务。巩固城乡三项基本医疗保险一体化制度，适度缩小居民医保与职工医保的待遇差距。积极推进新区公立医院建设，深化与中山大学惠亚医院等机构的合作，打造2～3家按三甲标准建设和管理的综合医院。实施镇村卫生服务一体化管理，在村卫生站实行基本药物制度和普通门诊统筹。引导优质医疗卫生资源向薄弱地区倾斜，建立城乡之间、公立医院与基层医疗卫生机构间的人员定期交流机制，开展流动式服务及山区、海岛巡诊。深化计生工作综合改革，积极推动流动人口均等化享有计生公共服务。

（二）创新公共服务管理模式

——整体推进公共服务建设。结合广东省社会建设评价和惠州市基本公共服务均等化改革试点工作，建立新区公共服务高层次统筹协调机制，合理分工，科学考评，分析研究重大事项，督导推动重点项目和改革措施。建立健全公共服务财政统筹机制，统筹发展和整合利用新区内跨部门、跨行政区、跨行政层级的公共服务资源，大幅提升优质资源的综合利用效率和辐射带动效应。

——多元化提供公共服务。在政府保障基本民生的前提下，充分发挥市场机制作用，灵活采用购买服务、特许经营、管理外包等方式，推广电子公共教育券试点经验，促进公共服务供给主体多元化。吸引社会力量举办学前教育和职业培训机构，参与医疗卫生服务和公立医院改制，推动养老服务和社会福利建设。

——探索推进公共服务民主管理。坚持问需于民，建立公共服务需求定期调查和专项调查制度，及时了解群众需求和满意度，不断改进公共服务政策。实行公共服务重点建设项目民主监督制度，坚持项目方案和工程预算公开、项目资金使用情况公开、项目综合测评结果公开，接受社会监督。建立健全重大决策和重大项目的社会稳定风险评估机制，切实保障新区和谐稳定。

（三）打造高素质劳动者队伍

——优化职业教育布局。根据产业发展需求，合理调整职教专业设置，重点发展石油化工、新材料、电子信息、汽车工程、生物医药、商贸物流、旅游管理、商务会展等专业。建设中等职业教育高水平"双师型"队伍，大幅提高教师待遇，逐步实现补贴政策覆盖外来务工人员子女，创建 2～3 所国家级重点校。广泛推行工学结合、校企合作和顶岗实习，实现从学校到工作岗位的顺畅对接。加强新区中职学校与城区职教机构的合作共建，实现优势互补和联动发展，贯通高、中等职业教育，形成一体化的现代职教体系，培养一大批高技能人才。

——实现高等教育突破发展。加强与惠州学院、香港科技大学及世界一流大学的合作，吸引领军机构投资办学，探索创建分校区、开展定向委托与联合培养，依托高等教育新突破形成人才培养和集聚新优势。

——加强劳动者技能培训。通过税费减免返还、以奖代补等方式，引导企业足额提取并专项用于职工教育培训经费。紧密结合重点功能区建设，打造国家级和省级实训基地、技能大师工作室以及农村劳动力转移就业技能培训示范区。健全职业培训公共服务，加快形成以订单式培养为主的服务模式，面向农村转移劳动力和异地务工人员开设新市民城市融入方面的课程。

——开展大规模干部培训。采取在职教育、脱产培训、集体学习、远程教育等多种形式，以各级党政领导干部和基层公务员为重点，全面开展国内外发展动态、高新技术应用、新区发展政策、外国语言文化交流、公共服务和社会管理创新等方面的教育培训，打造一支具有国际视野、精通政策法规、专业素质过硬的干部队伍。

（四）提升新区生活品质

——构建半小时公共服务圈。夯实基层公共服务载体，实施社区标准化建设工程，实现劳动就业、文化体育、健康计生、基本养老等公共服务纵向到底和方便可及。加快实行社区无缝隙化服务，重点加强城乡结合部、城中村、大型企业所在地、新建住宅区、流动人口聚居地和渔民集中居住区的服务站点建设。

——提高公共服务信息化水平。加强社保"一卡通"、住房保障信息联网、农村劳动力转移对接信息系统、公共卫生应急信息联动、各级各类医疗机构"病历一本通"、城乡学校信息化管理、文化信息共享和图书馆数字化工程、行政村公共服务信息网络等建设，加快整合新区公共信息平台，融入全市公共服务信息网络，逐步实现公共服务事项网上办理，显著提升居民享有公共服务的便捷程度。

——丰富群众文化生活。推进文化设施城乡社区全覆盖，形成城镇"十分钟文化圈"和农村"十里文化圈"。发展文艺组织和文艺创作，搭建文化艺术资源流通和共享平台。广泛开展民俗文化巡游、民间节庆巡演、红色文化宣教等活动，提升品位和知名度，推进特色化、品牌化、普惠化发展。发放文化消费卡，为困难群体和符合条件的异地务工人员提供基本文化消费补贴。扩大文化下乡惠及范围，改善农村电影服务和图书借阅条件。巩固广播电视"村村通"，加快实现"户户通"、"渔船通"。

——创造健康生活条件。组织开展适宜群众参与的各类体育赛事和公益性体育活动，努力打造绿道体育等全民健身精品。发展基层体育协会组织和专兼职体育指导员队伍，引导科学健身和倡导健康生活方式。积极开拓广场体育、滨海体育、社区体育、工间体育等适宜形式，显著增强城乡居民体质和健康水平。

十四、扩大对内对外开放

加强与惠州主城区互动发展，积极参与深莞惠一体化，主动融入大珠三角经济圈，创新对外开放方式，培育国际合作新平台，全面提升区域的国际竞争力。

（一）加强"南北互动"

——推动与惠城区互动发展。以惠城区、惠阳区、大亚湾开发区等为重点区块，建设快速连接通道。深化环大亚湾新区与惠城区的产业分工和合作。发挥惠城区现代服务业和人才集聚优势,为环大亚湾新区发展高端制造、新兴产业和现代旅游业提供服务保障。发挥环大亚湾新区体制和政策优势,先行先试,创造和积累新经验,为推动惠城区和全市转型发展提供支撑。

——加强两大平台合作发展。把环大亚湾新区和仲恺高新区作为惠州跻身珠三角第二梯队的重大战略平台,加强两大平台的经济技术合作。加强与仲恺高新区的合作和分工,充分利用仲恺高新区在电子信息、新能源和光机电一体化等领域的品牌、技术和人才优势,推动企业间开展技术合作和产业对接,加强人才交流互动,形成优势互补、联动发展新格局。

——全方位推进旅游业联动发展。围绕惠州三大旅游体系、五大旅游品牌和十条精品线路,重点推动环大亚湾滨海旅游开发和罗浮山—南昆山—象头山—龙门温泉旅游开发的一体化建设,推进旅游市场整体营销和旅游品牌统一推广,实现全市旅游业发展的整体提升。

(二)积极参与深莞惠一体化

——推进基础设施软硬件一体化。高起点编制深圳龙岗、东莞清溪、惠阳新墟与惠州大亚湾西区基础设施一体化规划,加快深莞惠相邻地区基础设施高标准对接,加强在路网规划、征地拆迁、站场对接、建设标准、管理方式等方面的一体化建设,积极做好厦深沿海铁路配套工程建设,推进深莞惠城际线等快速骨干交通通道建设,加强惠州港和深圳港、惠州机场和深圳机场的分工合作。

——积极推进"坪新清"产业示范区建设。共建"坪新清"创新科技服务平台,利用深莞惠的产业基础,着力引进和培育研发、设计、检测、鉴定、认证、培训等生产性服务环节,积极配合深圳国际低碳城建设,引进一批配套项目,打造立足惠州、服务珠三角、辐射全国的创新服务平台。

——共建环大亚湾滨海休闲度假旅游基地。以大亚湾、大鹏湾和红海湾为载体,全面整合深莞惠旅游资源,培育精品旅游线路,打造特色旅游品牌。将环大亚湾区域旅游开发作为深莞惠旅游合作的重要内容,统一规划旅游路线,统一旅游服务标准,主动引入深圳和东莞的旅游企业,鼓励旅游交通服务业的跨区域集团化发展、网络化经营,共同开发旅游市场。

(三)全面融入大珠三角经济圈

——积极利用粤港合作平台。主动参与由粤港两地政府联合在香港举办的粤港经济技术贸易合作交流会、中小企业国际市场推广日、香港春季电子产品展、国际信息科技博览会等,加强与香港在服务、物流、金融等领域的合作,推进资金、技术、人员、信息双向流动。积极参加粤港—欧洲经贸合作交流会、粤港—澳大利亚经贸合作交流会、粤港—印度经济技术贸易合作交流会、粤港—波兰经济技术贸易合作交流会等，提升环大亚湾新区参与粤港国际经贸合作能力。引导企业利用粤港网络平台开拓市场，参加由广东省外经贸厅与香港贸发局联手共建的"粤港国际商贸通"平台、"广东出口产品专区"，通过各种电子商务平台进一步拓展国际市场。

——充实惠港合作内容。利用惠州与香港世联顾问签署的《合作招商协议》，将环大亚湾新区作为新的合作平台，提高招商引资的质量和水平。利用与香港贸发局签署的《战略合作框架协议》，引导和组织企业参加香港贸发局举办的专业展览会和"区域品牌"推广计划，利用贸发局展会、刊物和电子商务"三合一"的全方位推广平台，将环大亚湾新区作为"区域品牌"推广。利用与香港生产力促进局签署的《推进惠州市加工贸易企业转型升级合作协议》，积极参与加工贸易企业转型升级辅导平台。利用各种机会加强与香港投资推广署、香港工业总会、香港中华总商会等机构的联系，建立长期友好合作关系，深化惠港两地经贸合作。

——全面参与服务领域合作。发挥惠州港区位特点和发展空间，通过优化口岸联检，充分利用香港国际航线资源，推进惠州港拓展国际航运业务。利用《惠港旅游紧密合作框架协议》，加强惠港澳三地在信息共享、市场开拓、业务互助、开设分支机构方面的合作，全面提升旅游服务标准和质量。积极推进与香港医疗卫生合作体社区医护联盟合作，稳步推进惠港两地全科医师培训制度。争取香港高等教育机构（大学）与内地知名大学在环大亚湾新区联合办学、独立办学或设立研究院。试点引入香港职业教育培训机构，为珠三角产业转型升级培训专业人才。

（四）创新对外开放方式

——全面提升利用外资水平。把承接国外先进制造业转移和产业转型升级结合起来，加大对美欧企业的招商引资力度，积极引导外资投向高新技术、先进制造、节能环保、现代农业、新能源和新材料等产业，鼓励外商投资现代物流、信息技术、工程咨询、商务服务、旅游服务、科技服务等现代服务业，鼓励外资以参股、并购等方式参与当地企业兼并重组，促进外资股权投资和创业投资发展。

——促进加工贸易转型升级。通过市场、技术、品牌等多种方式推动加工贸易转型升级，促进加工贸易向产业链高端拓展，增强加工贸易对技术创新的依赖和需求。鼓励中小企业抱团发展，加强行业自律，避免恶性竞争，共同打造自主品牌，通过各种形式的展销会、推介会、贸促会，提高"惠州企业"、"惠州品牌"和"惠州制造"在国内外的知名度，建立自己的营销网络，开拓国内外市场。

——提升国际物流水平和综合服务能力。在荃湾港区附近划出 0.8 平方公里地块申报综合保税区，开展保税物流，重点发展石化产品离岸交易、期货交割、汽车零部件和电子产品配送、展示、检测和维修等国际业务及相关配套服务。统一规划游艇会所设施，尽快申报游艇码头口岸。依托石化基地和专业码头，申请设立华南地区成品油保税仓、原油和 LNG 国际期货交割仓，提升大亚湾石化基地国际化水平。

十五、推进体制机制创新

进一步解放思想，更新观念，开拓创新，先行先试，从更高层面创新符合新区区情和发展要求的体制机制，为环大亚湾新区开发建设提供强大动力和有效保障。

（一）创新投融资体制

——拓展投融资渠道。鼓励引导银行、证券、期货、保险、信托、金融租赁等金融机构在环大亚湾新区设立分支机构，加大对重点基础设施和重点企业的支持力度。创造条件鼓励发展产业投资基金，吸引产业投资基金支持产业发展。规范发展民间金融，合理引导民间资金流向，推动民间金融的正规化合法化，拓宽民间资本投资渠道。鼓励开展建设—经营—移交（BOT）、融资租赁等多种形式的项目融资。

——创新融资方式。大力开展担保方式创新，拓宽贷款担保物范围，积极开展应收账款质押贷款业务，探索开展土地使用权、林权和海域使用权抵押及股权、专利权质押融资试点。支持在战略性新兴产业、小微企业自主创新和技术改造等领域开展小微企业集合信托债权基金试点工作。

——优化金融生态环境。综合运用行政、经济和法律手段，加强宣传舆论监督，建立和完善社会信用的正向激励和逆向惩戒机制。建立健全征信体系，广泛开展企业信用评级和信用企业建设，营造重信用、讲诚信的社会风气。健全中小企业多层次信用担保体系及信用担保风险补偿机制，推进区域性再担保试点。

（二）构建城乡一体化发展体制机制

——推进城乡土地市场统一。推动农村集体建设用地使用权流转，加快推进城乡统一的建设用地市场，逐步实现集体建设用地与国有土地同地同价。

——加快户籍制度改革。进一步放宽环大亚湾新区进城落户条件，鼓励具备一定条件的外来务工人员落户，享受与本地居民同等待遇。

——完善城乡基本公共服务均等化制度。建立健全促进城乡基本公共服务均等化的资金投入保障机制、均衡配置机制、多元参与供给机制和考核监督评价机制，提高城乡基本公共服务均等化水平。

（三）营造公平竞争的市场环境

——鼓励中小企业和非公经济发展。确保中小企业及非公有制企业在市场准入、财政税收、信用担保和投融资等方面，与国有企业享受同等待遇。大力实施企业成长计划，推进重点产业集群建设。

——深化国有企业改革。进一步完善国有资产监督管理制度，加快国有资产资本化进程，规范国有产权交易，确保国有资产保值增值，更好地发挥国有资本在产业发展、基础设施建设中的引导和带动作用。推进市政公用事业改革，扩大供水供气、污水和垃圾处理等特许经营范围。

（四）健全基层社会管理体制

——完善村民自治制度。探索村民自治组织与集体经济组织相分离，实行"职能、资产、财务、机构、人员"五分开，推动村居委会和农村"两委"主要职责转向公共服务、社会管理和维护社会稳定。探索非户籍常住人口参与城乡社区自治的途径。

——促进社会力量参与基层社会管理。大力发展城乡社区社会组织，推进社区社会工作者和志愿者服务队伍建设，在承接公共服务、调处化解社会矛盾、维护居民合法权益等方面发挥更大的作用。

（五）优化与深港合作机制

——设立与深港合作专项引导资金。在市财政预算中专门安排与深港合作引导资金，支持环大亚湾新区与深港的基础设施对接，推动与深港的经济技术合作。

——建立与深圳公共服务合作机制。推进与深圳的公共就业服务待遇互认，加强两地在教育、科技、卫生、文化体育、社会福利、社会救助和公共安全保障等领域的合作，探索两地在社会公共服务设施上的共享机制，有效提高当地居民享有的公共服务水平。

——落实环保联防机制。以规划为先导，以推进坪山河、淡澳河综合整治为突破口，健全流域联合管理机制。构建大气污染综合防治体系，切实改善大气环境质量。共建对接环境基础设施，建立完整的区域生态安全体系，建立统一的环境信息披露、跨区域联合执法、环境事故应急处理协调联动机制，提升区域环境监测预警与应急能力。

（六）创新土地和海洋资源管理体制

——创新土地利用管理模式。在严格保护耕地和节约集约用地的前提下，鼓励新区开发利用未利用土地，合理调整基本农田保护任务和布局，将新区建设用地指标纳入惠州市新一轮土地利用总体规划。

——建立岸线保护机制。按照"利用者补偿、开发者保护、破坏者恢复、污染者付费"的原则，在合理划分生产、生活、生态和旅游四类岸线的基础上，建立对禁止开发和限制开发类岸线的生态补偿机制和对破坏岸线行为的惩罚机制，积极推进岸线资源资产化管理。

——完善海洋资源开发利用机制。健全海域使用权登记管理制度，积极探索建立海域使用权储备交易平台，开展海域使用权"招拍挂"制度试点。对列入国家和省重点的建设项目，开辟用海审批绿色通道。推进建立海域使用并联审核机制，加强项目用海的海域使用论证和环境影响评价。

十六、重大战略性工程

加快环大亚湾新区开发建设，打造惠州跻身珠三角第二梯队的重大战略平台，要集中力量，整合资源，突出重点，着力推进十大战略性工程建设。

（一）世界级生态型石化产业基地建设工程

以大亚湾石化产业园区为核心，以中海油炼化一体化项目为重点，以提升石化产业价值链为导向，以加强生态环保建设为手段，全力推进世界级生态型石化产业基地建设。加快建设中海油二期 1000 万吨／年炼油和 120 万吨／年乙烯项目，推进中海油炼化一体化三期项目和中卡 130 万吨／年 LPG 制烯烃项目建设。严格标准，优选入区企业，完善乙烯、丙烯、C4、芳烃四条下游产业链，发展高端精细化工和化工新材料产业。开发利用国际一流的资源循环利用和环境保护技术，推动产业清洁低碳发展，加强环境保护与综合整治。

（二）"百里国际滨海旅游长廊"建设工程

以稔平半岛、霞涌滨海旅游资源和特色岛屿资源为依托，重点发展商务休闲度假旅游，强化滨海旅游资源开发管制和生态环境建设，建设巽寮湾、双月湾、范和湾、考洲洋、霞涌等一批精品景区，打造"百里国际滨海旅游长廊"。加快推进霞涌海滨路、范和湾海滨路、稔平半岛海滨路、港口至盐洲公路、县道 210 和 213 改扩建等工程建设，形成百里滨海景观廊道。

（三）两港枢纽建设工程

重点推进东马港区马鞭洲 30 万吨级航道、华瀛 30 万吨级原料油泊位，以及中海油、欧德油储等一批液体化工品泊位建设。加快荃湾港区 5 万吨级集装箱、7 万吨级深能煤炭、5 万吨级 LPG、7 万吨级通用散杂货等一批公用泊位建设，配套建设荃湾 10 万吨级以上航道、锚地及港口支持保障系统。完善惠东港区陆岛交通基础设施建设和航线航班配置，大力建设"游艇会"，规划研究发展邮轮挂靠港。完善涉港集疏运体系和铁海联运系统，有序布局内陆港，适时申报综合保税区。按照 4C 标准改扩建惠州机场，积极拓展通用航空业务，统筹规划建设大亚湾开发区和巽寮旅游管理区直升机机场。

（四）快速交通网建设工程

以高速公路、城际轨道为主体，加快建设"西融、东拓、北连"对外大通道。续建厦深沿海铁路，改扩建沈海高速惠州段、长深高速惠河段和惠盐段、国道 205 陈江至深圳市界和国道 324 惠州段，新建潮莞高速公路惠东段、沙田—清溪高速公路、仁深高速公路龙博—博深段、惠城至龙门和莞惠河高速公路、北京—深圳客专惠州段、广汕铁路惠州段、惠阳—龙岗城际轨道、莞惠城际轨道，规划建设惠阳至东莞城际轨道。以构建环大亚湾新区半小时交通圈为目标，续建惠澳高速公路，新建惠城—惠阳—大亚湾城市轻轨、惠城—机场—惠东城市轨道、惠阳—惠东城市轻轨、广惠高速公路东延线、巽寮至铁涌快速路，改扩建惠大铁路、惠南大道惠阳段及淡澳路快速路、国道 324、县道 121和 211，规划建设惠东—稔山城市轨道衔接线和稔山—巽寮城市轻轨。

（五）珠三角高端制造基地建设工程

按照高端化、集聚化原则，优化提升传统优势产业和培育壮大新兴产业相结合，大力发展高端电子信息、先进制造业和战略性新兴产业，打造高端电子信息、汽车及零部件、先进装备制造等具有国际影响力的产业集群。建设一批专业化特色产业园区，培育壮大一批具有核心竞争力的本地企业，打造一批百亿级企业集团，扶持一批具有自主知识产权的知名企业和产品品牌。以大亚湾开发区科技创新园、新兴产业园和惠阳经济实验区等科技园区为载体，加强企业孵化器和加速器建设，培育重大科技成果转化示范企业，构建富有活力的技术创新和人才支撑体系，建设珠三角科技成果转化基地。

（六）惠阳现代服务业发展工程

以淡水河流域为重点，以构建生产性服务全价值链为核心，大力推进深惠、港惠服务业合作，着力引进一批现代服务业重大项目，培育壮大一批现代服务企业，打造工业商谷和现代物流城，着力构建现代物流信息、创意产业、现代商贸服务三大服务业聚集区。结合淡水河流域综合整治，加快建设滨水广场、步行系统、生态驳岸和洋纳湿地公园等一批优化服务环境的生态景观工程。

（七）海—业—城绿色生态湾区建设工程

集约节约利用资源能源，有效提升环境质量和加强环境保护，重点推进环大亚湾海洋生态景观、石化区工业生态景观、淡水河绿色沿河景观带和国际化旅游城市景观工程建设，构建协调融合的海—业—城生态体系，打造天蓝、地绿、海碧、河清的绿色生态湾区。

（八）海洋经济综合试验区建设工程

按照集约化、生态化的原则，统筹陆岛一体化开发，以大力提升传统优势海洋产业为基础，以培育发展海洋生物、海水淡化等新兴产业为支撑，以集约发展游艇装备制造、海洋能源等高端临海产业为重点，打造湾区战略性蓝色增长引擎，建设具有国际竞争力的现代海洋产业体系。

（九）特色农产品生产供应基地建设工程

以优质、高效、安全、生态为方向，以惠阳和惠东为主，做优做精绿色生态种植业、优质高效畜牧业、现代海洋渔业、休闲观光农业等四大特色产业，建设面向港澳、服务深莞惠的特色农产品生产供应基地。以现代农业园区为平台，加快建设万亩大顶苦瓜、青椒、淮山等特色蔬菜现代农业示范基地；以白花、稔山等镇绿色生态畜牧养殖基地为依托，以瘦肉型猪、黄鸡为重点，大力推进畜禽标准化规模养殖。加快建设惠东稔山、铁涌、平海等镇一批万亩冬种马铃薯生产基地和惠阳秋长、平潭等镇一批万亩连片甜玉米生产基地。以大亚湾澳头、辣甲岛和三门岛为重点，加快建设深水网箱养殖和工厂化养殖基地。

（十）优质均衡公共服务体系建设工程

加快统筹城乡公共服务制度，统一新区范围内社会保障标准，构建互联互通的人力资源市场信息平台，高标准建设具备三级甲等医院设施条件的综合性医院，打造职业教育特色品牌专业和国家级重点校，在基本公共服务网络覆盖全域的基础上，推进优质公共服务逐步惠及全体城乡居民。重点加快普及政府主导的学前教育，推进小学至高中12年免费教育，健全完善异地务工人员随迁子女就读民办学校（幼儿园）财政补贴机制，探索随迁子女平等接受高中阶段教育新机制。积极推进新区公立医院建设，深化与中山大学惠亚医院等机构的合作，打造2～3家按三甲标准建设和管理的综合医院。

环大亚湾新区战略工程规划布局示意图见图0-15。

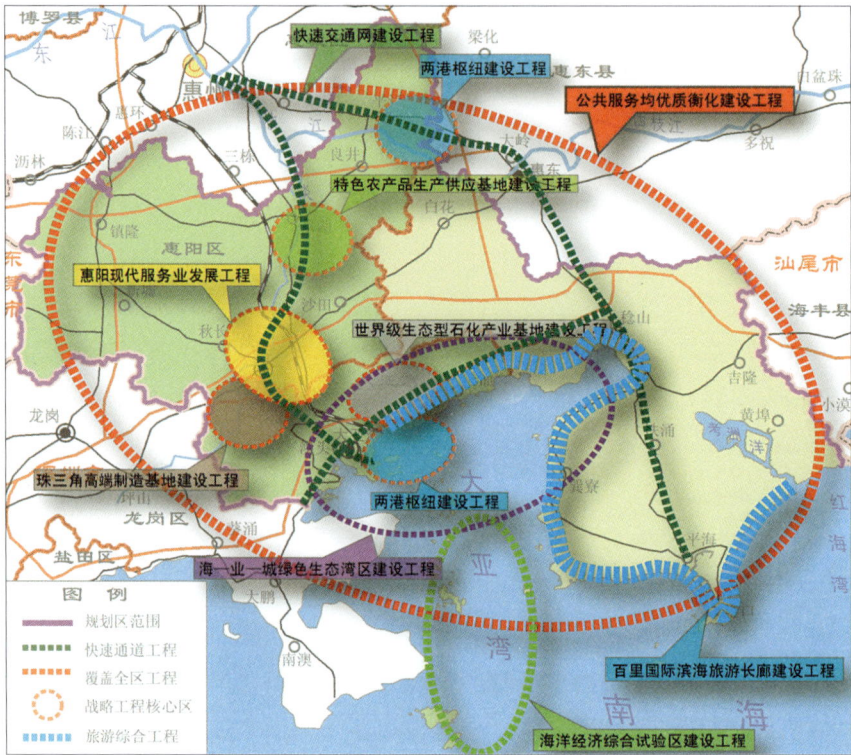

图0-15　环大亚湾新区战略工程规划布局示意图

十七、保障措施

充分发挥规划纲要对环大亚湾新区建设的指导作用，加强对规划实施的组织领导，强化规划实施的保障机制，加大资金和要素投入，确保规划有效实施。

（一）加强组织领导

——建立环大亚湾新区开发建设领导协调机制。建立由惠州市政府主要领导担任组长、市直有关部门参加的广东惠州环大亚湾新区开发建设领导小组，根据省委省政府、市委市政府的决策部署，研究决定并领导协调开发建设的重大事项。

——设立环大亚湾新区开发建设领导小组办公室。办公室的主要职责是根据领导小组的决策部署，负责组织实施环大亚湾新区规划，协调市内各部门在新区建设中的职责，整合惠阳区、惠东县、大亚湾开发区的资源优势，形成开发建设合力。

（二）加强统筹协调

——加强部门间统筹协调。市直有关部门要结合各自职能，加强对规划纲要实施的指导，制定本部门支持环大亚湾新区开发建设的具体政策措施，在有关规划编制、政策实施、项目安排、体制创新等方面给予积极支持。加强部门间统筹协调，解决规划纲要实施过程中遇到的实际困难和重大问题。

——推进行政体制改革。按照"理顺关系、权责一致、执行顺畅、提高效能"的原则，科学有序推进新区行政管理体制改革，逐步完善行政职能，提高行政效能。

（三）加大投入力度

——加大财政性建设资金投入。重点支持区域内重大基础设施、生态环境保护等项目建设。在发行地方市政债券时，优先安排一定比例资金支持环大亚湾新区建设。

——推动金融体制创新。采用市政债券、银团贷款、BOT、BT 等方式，解决重大建设项目资金缺口，鼓励设立产业投资基金和创业投资基金。

——鼓励建设主体多样化。积极组织协调有关中央企业以各种方式参与环大亚湾新区开发建设，以股份合作形式建立共同的开发建设主体和利益共同体。

——保障土地资源供给。土地管理部门对新区建设用地指标实行单列并予以倾斜，根据发展规划需要优先确保建设用地。创新土地管理方式，通过增减挂钩、土地置换、土地盘整、"三旧"改造和低丘山坡地改造，满足新区用地需要。

——加大人才引进力度。创新人才引进机制，充分用好和留住外部人才资源，对有突出贡献的人才进行表彰奖励。引进国内外知名大学，培养专业技术人才，集聚创新性人才资源。

（四）强化规划实施

——实施规划目标责任制。市政府各部门和大亚湾开发区、惠阳区、惠东县及所辖的 5 个街道办事处、1 个经济开发区、12 个镇和 2 个旅游管理区，要明确工作分工，落实工作责任，完善工作机制，形成推进规划实施的强大合力。要在规划纲要指导下，抓紧编制控制性详细规划并保障经费。

——完善考核评估机制。环大亚湾新区开发建设领导小组办公室要会同有关部门，加强对规划实施情况的跟踪分析，做好项目建设和政策措施落实的督促检查工作。建立年度考核和评估制度，检查规划落实情况，分析规划实施效果，提出规划实施对策建议。

——鼓励社会公众监督。采取多种形式多种渠道，加强规划宣传，增进政府与公众的沟通互动，及时公开规划实施的相关信息，接受全社会监督。

推进环大亚湾新区开发建设，意义重大，任务艰巨，时间紧迫，今后 5 ~ 7 年尤为关键。要以实施规划为契机，动员广大干部群众，解放思想，振奋精神，凝聚力量，勇于拼搏，努力实现"五年经济总量翻番、七年再造一个新惠州、十年成为新兴增长极，二十年建成现代化绿色生态湾区"的奋斗目标。

分 论

专题一

环大亚湾新区开发的基础条件和重大意义

制定环大亚湾新区未来发展规划，必须对其自身具备的基础条件进行客观的分析和评价，在其基础上才能提出切实可行的未来发展方向，促进区域实现全面协调可持续发展。本专题报告采用国际通用的 SWOT 分析方法，对环大亚湾新区具有的优势和劣势、面临的机遇和挑战进行了全面系统的分析，为制定环大亚湾总体思路提供基础和依据。

一、区域概况

（一）规划范围

环大亚湾新区位于惠州市南部沿海地带，被大亚湾和红海湾"两湾"相拥，大陆海岸线长 281.4 公里，海域面积达 4520 平方公里；包括大亚湾开发区澳头、西区、霞涌 3 个街道办事处，惠阳区的淡水、秋长 2 个街道办事处、经济开发区和沙田、新墟、镇隆、永湖、良井、平潭 6 个镇，以及惠东县广汕公路以南的稔山、铁涌、平海、吉隆、黄埠、白花 6 个镇和巽寮、港口 2 个旅游管理区，共 5 个街道办事处、1 个经济开发区、12 个镇和 2 个旅游管理区，总面积 2168 平方公里，2011 年户籍人口 80.2 万人。其中：惠阳区位于惠州市南部，与深圳、东莞接壤，是惠州对接深莞地区的桥头堡，其中心距深圳市 58 公里。现辖 1 个省级经济开发区、2 个街道和 6 个镇，总面积 915 平方公里，常住人口 57.68 万人，户籍人口 37.85 万人。

大亚湾区经济技术开发区于 1993 年 5 月经国务院批准成立，地处惠州市南部，西接深圳，东接惠东，北接惠阳，陆路距惠州和深圳市区仅 40 公里，陆路距香港 60 公里，海路距香港 47 海里。现辖 3 个街道办事处，陆地面积 266 平方公里，海域面积 1300 平方公里，海岸线长 63.1 公里，户籍人口 8.31 万人，常住人口 19.44 万人。

惠东区块，频临大亚湾和红海湾，共有 8 个镇（度假区），包括稔平半岛的 7 个镇和紧邻县城的白花镇，面积 963 平方公里，户籍人口 34.04 万人。

环大亚湾新区三个区块面积、人口和 GRP 占新区比重见图 1-1。

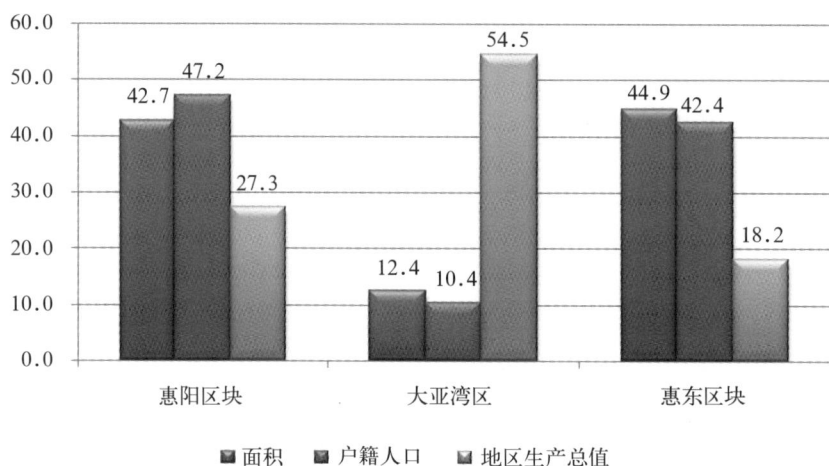

图1-1　环大亚湾新区三个区块面积、人口和GRP占新区比重

（二）总体概况

1. 自然状况

环大亚湾新区地处南亚热带海洋季风气候区，气候温和，雨量充沛，水资源丰富，阳光充足，四季常绿，海域面积宽广，南部海湾多，由西向东依次有大亚湾和红海湾。多年平均降雨量为1800毫米左右。区域河流主要属珠江和粤东沿海两个水系，主要有西枝江、淡水河等。惠阳区和大亚湾区主要以东江、西枝江以及观洞水库、风田水库、沙田水库等境内水库为供水水源。惠东县主要以东江、西枝江、白盆珠水库等作为供水水源。惠阳区、大亚湾区和惠东县三个区县土地面积21.2万公顷，其中，农用地15.8万公顷，建设用地3万公顷，其他用地2.4万公顷，分别占三个区县的74.5%、14.2%和11.3%，农用地中耕地面积4.9万公顷，占农用地的31%。

2. 经济发展

2011年，环大亚湾新区全年实现地区生产总值795.8亿元，是2006年的2.96倍，占全市比重37.9%，比2006年上升了9个百分点，其中，第一产业产值27.1亿元，是2006年的1.26倍，占全市的23%，比2006年下降了8.2个百分点，第二产业产值589.1亿元，是2006年的3.48倍，占全市的47.3%，比2006年上升了15.8个百分点，第三产业产值179.6亿元，是2006年的2.32倍，占全市的24.5%，比2006年上升了0.4个百分点。固定资产投资363.9亿元，是2006年的3.51倍，占全市的35.5%，比2006年上升了2个百分点。实际利用外资6.4亿美元，占全市的41.1%。环大亚湾新区的总体实力和地位不断上升。

环大亚湾新区经济发展基本情况（2011年）见表1-1，主要经济指标增长情况（2006～2011年）见图1-2。

环大亚湾新区经济发展基本情况（2011年）　　　　　　　　　表1—1

指标	环大亚湾新区	占全市比重（%）
面积（km²）	2168	18.9
户籍人口（万人）	80.2	23.4
地区生产总值（亿元）	795.8	37.9
第一产业（亿元）	27.1	23.0
第二产业（亿元）	589.1	47.3
第三产业（亿元）	179.6	24.5
固定资产投资（亿元）	363.9	35.5
实际利用外资（亿美元）	6.4	41.1

数据来源：惠州市统计局，下同。

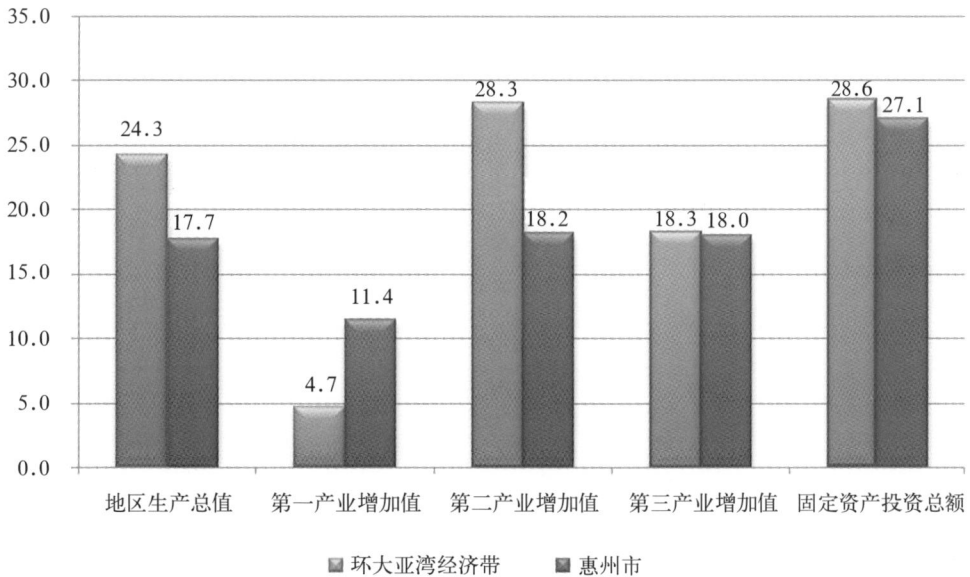

注：按当年价计算。

图1—2　环大亚湾新区主要经济指标增长情况（2006～2011年）

3. 社会发展

近年来，环大亚湾新区在抓经济发展的同时，更加注重改善民生。城乡居民基本医疗保险、新型农村社会养老保险、公交车、村道硬底化、农家书屋、广播电视等基本公共服务实现了全覆盖。卫生事业不断发展，医改工作扎实推进，县疾病预防控制体系、医疗救治体系基本建成，农村卫生工作位居全市前列。惠阳区已实现镇镇皆教育强镇、3个镇办获评健康强镇，先后获评"全国推进义务教育均衡发展工作先进区"、"省教育现代化先进区"、"省文化先进区"等称号。已建成区行政服务中心、镇行政服务大厅、村便民服务站"三级"便民服务平台。大亚湾区率先实现城乡低保一体化，城乡低保每人每月均为315元标准，超过珠三角地区平均水平。惠东渔歌和惠东舞凤亮相省运会开幕式、世博会和亚运会文艺表演，建成县文化中心、图书馆、西枝江公园等文化设施，丰富了居民的文化生活。

（三）区域内部差异特征

1. 经济发展差距较大

环大亚湾新区区域内的三个板块经济发展差异巨大，尤其是大亚湾经济技术开发区与惠阳区和惠东区块之间，2011年大亚湾经济技术开发区实现地区生产总值434亿元，占区域的54.5%，人均地区生产总值223283元，为区域平均水平的2.7倍，为惠阳区的4.2倍，为惠东区块的5.3倍，为惠州市的4.9倍。惠阳区作为城市的主城区与惠东区块的发展也存在较大差距，惠阳区实现地区生产总值217.1亿元，占区域的27.3%，人均地区生产总值52703元，为区域平均水平的62.7%，为惠东县的1.24倍。三次产业结构差异十分巨大，大亚湾区三次产业结构比重为0.4：88.9：10.7，其中，第二产业比重高达88.9，惠阳区第二产业与第三产业发展相对平衡，惠东区块第二产业比重高于第三产业比重，工业占据较为重要的地位。

环大亚湾新区三个区块基本情况（2011年）见表1-2、人均GRP（元）对比见图1-3、三次产业结构对比见图1-4。

环大亚湾新区三个区块基本情况（2011年） 表1-2

	惠阳区块	大亚湾区块	惠东区块	环大亚湾新区	惠州市
土地面积（km²）	915	266	963	2144	11343
年末常住人口（人）	411844	194394	340426	946664	4633568
地区生产总值（万元）	2170533	4340482	1446812	7957827	20973280
其中：第一产业增加值	99691	19473	151482	270646	1177371
第二产业增加值	1122992	3857339	910979	5891310	12454019
第三产业增加值	947850	463670	384351	1795871	7341890
固定资产投资（万元）	1412845	1204692	1021002	3638539	10252067

注：惠东区块为户籍人口。

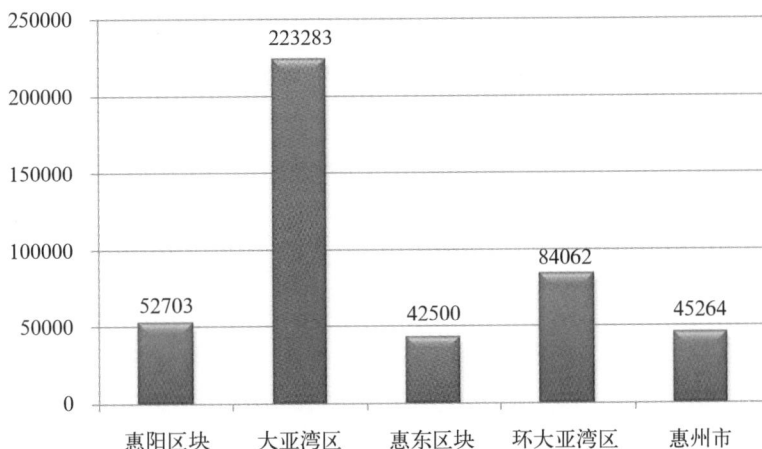

图1-3　环大亚湾新区三个区块人均GRP（元）对比

注：惠东区块按户籍人口计算。

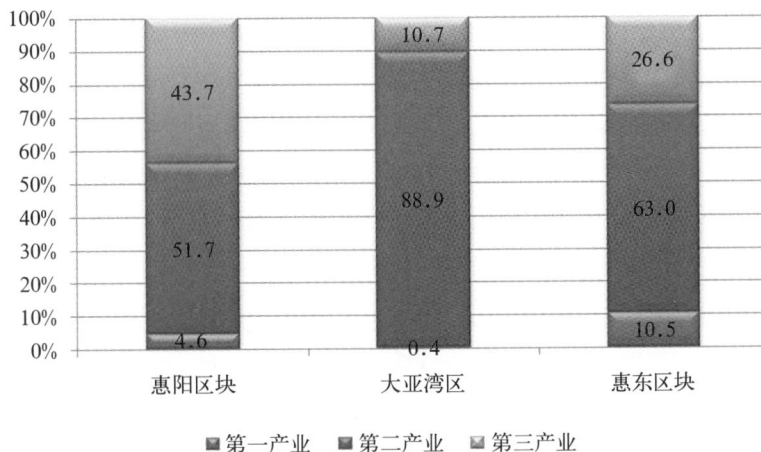

■第一产业　■第二产业　■第三产业

图1-4　环大亚湾新区三个区块三次产业结构

2.产业特色十分突出

惠阳区现代服务业加速发展。惠阳区围绕建设珠三角现代服务业活力区的定位，致力优化提升传统服务业，加快发展现代服务业，先后引进了沃尔玛、家乐福、吉之岛、天虹、人人乐等10多家国内外知名零售企业。现有五星级酒店1家、四星级酒店4家、三星级酒店10家，叶挺将军纪念园正在创建国家4A级旅游景区，沙田温泉、金果湾生态大观园、好益康国际大酒店、好益康高景国际会议中心等一大批旅游休闲项目加快建设。全区共有金融机构16家，网点113个，形成了银行、证券、保险等较为齐备的金融机构体系。第三产业增加值94.8亿元，占环大亚湾新区地区生产总值的52.8%。

大亚湾区石化产业龙头地位突出。依托区位优势、港口优势和配套优势，大亚湾区已基本形成了以石油化工、电子信息、汽车零部件产业为主导，物流、商贸、旅游等现代服务业共同发展的现代产业体系。大亚湾区拥有中海壳牌 95 万吨乙烯和中海油 1200 万吨炼油两个大项目，在其带动和影响下，吸引了来自欧美、日本、韩国、中国台湾、中国香港等国家和地区的众多国际石化巨头前来投资，其中有英荷壳牌、科莱恩、巴斯夫、普莱克斯、普利司通、LG 乐金化工等世界 500 强企业 15 家。2011 年，大亚湾石化产业实现工业总产值 1140.1 亿元。

电子信息、汽车零部件产业持续发展，战略性新兴产业不断壮大。大亚湾西区集聚了比亚迪、东风本田、住金锻造、住电电装等 150 宗项目，总投资额超 300 亿元，形成了以电子配件、汽车零部件、特种玻璃等多个产业共融发展的规划格局。2011 年电子信息产业实现工业总产值 207 亿元，同比增长 10.5%。汽车零部件产业实现工业总产值 44.3 亿元，同比增长 2.1%。两大产业占全区工业总产值的 16.5%。积极实施"3+1"战略性新兴产业发展战略，优化发展高端精细化工与化工新材料产业、高端新型电子信息产业、新能源汽车产业，培育壮大 LED 半导体照明产业。先后培育和引进了比亚迪铁电池、比亚迪 LED、宝明精工触摸屏、韩国可隆干膜光阻、东方雨虹防水涂料、健和光电、洲明 LED、信立泰药业等 41 宗项目，涉及投资总额 213 亿元，投产后工业总产值近 300 亿元。2011 年，全区战略性新兴产业实现工业总产值 28 亿元，同比增长 41.7%。

生产性服务业稳步发展。依托大石化、大港口，大力发展港口物流业。已建成投产泊位 34 个，其中，万吨级以下 18 个，1～5 万吨级 11 个，5～10 万吨级 1 个，10 万吨级以上 4 个，港口设计吞吐能力超 8000 万吨，集装箱装卸能力 10 万标准箱。惠州港已开通至中国香港、中国台湾、日本、韩国等 7 条航线。随着和记黄埔、中储粮、中外运、中铁公司、欧德油储、华德石化等一批规模较大的物流企业相继落户，港口规模不断扩大，大亚湾具备了成为华南地区重要物流中心的能力和条件。2011 年全区港口货物吞吐量 4263 万吨，占全市比重达 85%。

惠东区块形成了以制造产业、滨海旅游业、特色农业、口岸物流和能源产业为主的产业结构。制造业包括以出口为主的电子、相机、制衣、灯饰等门类，以民营生产为主的制鞋业。惠东于 2006 年获评"中国女鞋生产基地"。吉隆、黄埠是惠东鞋业生产地，全县约 70% 的鞋产量和 75% 的较大型鞋厂分布在该地区，两镇共有个体私营制鞋厂 3300 多家，鞋业从业人员 12.4 万人，2011 年两镇分别产鞋 2.6 亿双和 2.4 亿双，产值分别为 61 亿和 57 亿元。

滨海旅游业正在开发建设。依托滨海资源优势，大力发展滨海旅游业。在稔山亚婆角沿岸引进了总投资超 100 亿元的集五星级酒店、公寓酒店等于一体的碧桂园凤凰城，以及投资约 50 亿元的合正尚湾项目。稔山海滨城引进了投资超 100 亿元的富茂威尼斯海湾项目。巽寮引进了投资 120 亿元的北京金融街金海湾旅游项目。平海万科旅游地产项目主体工程基本建成，港口檀悦五星级酒店已动工，双月湾观景台和炮台山正在改造。整个大亚湾东岸西至稔山业婆角、东至港口沙咀尾的滨海旅游休闲长廊初具规模。

特色农业优势突出。稔平半岛地区生产出口创汇型农产品，是惠东三大特色农业产业带之一，建成了铁涌、稔山、平海为主的10万亩冬种马铃薯基地、1万亩大顶苦瓜种植基地。同时，建立了鱼、虾、蚝、鲍、多宝鱼、贝类"六大海水养殖基地"，海水养殖面积1.25万箱、赤岸蚝养殖1万亩、贝类护养增殖1.98万亩和高科技养多宝鱼场1个。

拥有港口大澳塘、平海碧甲口国家一类口岸，准许国外籍船舶开放，年吞吐能力650万吨。其中，碧甲码头拥有2个3000吨级泊位、1个5000吨级泊位。能源产业突出，已建有2台200万千瓦的平海电厂。投资37亿元的惠州国储500万立方米地下水封洞库项目落户稔山亚婆角附近，已正式开工。

3. 专业园区初步形成

惠阳区正在加快打造"一区二城五园"。惠阳经济开发区、伯恩光学城、金玉东方珠宝城、洋纳工业园、良湖工业园、怡发工业园、万兴工业园、秀山工业园8个工业集聚发展区渐成规模，培育了电子信息、精细化工、光学玻璃、珠宝首饰等支柱产业。淡水洋纳工业园位于淡水街道，占地9.84平方公里，重点发展高新技术产业和汽车电子相关产业，目前基本完成市政基础设施建设。引进有中兴新产业园、赛瓦特动力等优质项目。秋长伯恩光学城主要落户伯恩光学项目，已建成一、二期，三期正在建设中，2012年预计产值达70亿元，其中有10亿元内销，三期建成投产后产值预计可达100亿元。金玉东方珠宝城位于秋长与新圩交界处，占地220万平方米，已有60家国内著名珠宝生产加工企业签订落户协议，购买厂房落户企业25家，投、试产6家。

大亚湾区拥有石化工业区和西部综合产业区。石化工业区占地约为65平方公里，从用地空间功能上可以分为石化区、石化物流及港口发展区、精细化工区、发展备用区、生态防护绿地区五部分，形成由北部工业用地区、北部防护绿地区、南部石化物流及港口发展区三部分构成的"两区一带"空间布局。

二、优势（STRENGTHS）

（一）区位条件优越

环大亚湾新区位于香港辐射粤东地区的枢纽地带，陆路距香港60公里，海路距香港47海里，往西与经济发达的深圳、东莞相接。随着沿海铁路、珠三角城际轨道网等高速铁路网的建设，与香港、澳门以及珠江口湾区、珠三角西岸的联系更加便捷，将成为承接香港产业转移的前沿地带和深圳经济发展的外延空间。往东通过厦深沿海铁路和沿海高速公路与我国东南沿海主要经济区块相连，是珠三角联系粤东、海峡西岸经济区和长三角经济区的前沿地带。往北通过京九铁路、国道 205 连通粤北及内陆地区，是粤北及赣南的重要出海口。往南面向大亚湾，与辽阔的南中国海相连，具有建设海上对外通道和交通枢纽的有利条件。

（二）海洋资源丰富

环大亚湾新区大陆海岸线长 281.4 公里，海域面积达 4520 平方公里，大小岛屿 140 个，在广东省海洋经济资源中占据重要地位，优越的自然岸线、港口、滨海旅游、海洋生物等资源，为发展海上交通运输、滨海旅游、海水养殖业和临海工业提供了条件。建港条件优越，环大亚湾区域海域宽、航道短、淤积少，具有建设天然深水避风良港条件。旅游资源丰富，海域面积广大，岛屿、海湾众多，是南海重要的红树林生态系统分布区和海洋牧场示范区，拥有惠东港口海龟国家级自然保护区。巽寮湾、平海古城、海龟湾、双月湾、南门海、盐洲红树林、惠州海洋生态园、小径湾、东升渔村等独具特色。海域生态环境优良，大亚湾近岸海域总体水质基本达到一类、二类标准。

（三）产业基础良好

石化产业基础雄厚，已经形成 95 万吨乙烯、1200 万吨炼油生产能力，吸引了一大批中下游企业进入，2010 年石化工业增加值 303.1 亿元，首次超过电子信息产业成为惠州市第一支柱产业，到 2011 年石化产业实现工业总产值达 1140.1 亿元。电子信息、汽车零部件等先进制造业持续发展，2011 年实现电子信息产业工业总产值 358.14 亿元，汽车零部件产业实现工业总产值 42.34 亿元。生物医药、节能照明等战略性新兴产业取得突破,2011 年大亚湾区战略性新兴产业实现工业总产值 28 亿元。商贸物流业发展迅速，先后引进 10 多家国内外知名零售企业。滨海旅游业初具规模，一批旅游休闲项目正在加快建设。特色、高效农业稳步发展。

（四）交通优势突出

环大亚湾新区拥有铁路、高速公路、深水港、机场相互配套的立体交通网络，现已拥有沈海高速、深惠沿海、潮莞高速惠东至东莞段、惠深盐田高速和广惠高速等 5 条高速公路。厦深铁路即将竣工，深惠城际轨道正在规划建设，与深圳、港澳将形成 1 小时乃至半小时交通圈。惠州机场正在做复航准备工作，现已经取得国务院和中央军委关于军民合用机场的批复，同时附近有香港、广州、深圳、珠海、澳门五大国际机场，距离深圳宝安机场约 70 公里，距离广州白云机场约 130 公里。惠州港于 1993 年 4 月经国务院批准正式对外国籍船舶开放，为国家一类口岸，包括荃湾、东马和碧甲等 3 大沿海港区，至 2011 年底，拥有生产性泊位 36 个，其中，万吨级以上深水泊位 17 个，设计年吞吐能力 9200 万吨，2011 年实现 5014 万吨吞吐量，正在朝"打造亿吨大港"目标努力。惠大铁路进港线全面贯通，并与京九铁路和广梅汕铁路在惠州境内交汇，为实现海铁联运、辐射内地创造了条件。

（五）开发潜力较大

环大亚湾新区已开发面积仅占总面积的十分之一，开发强度较低，具有较充足的可利用土地，且土地整治的潜力较大，能够满足未来发展的需要。随着深圳、东莞开发强度接近极限，环大亚湾新区开发空间资源优势正在逐步凸显出来，能够为承接国内外高端制造业和发展现代服务业提供必要的土地资源。当前土地资源不足主要表现为指标性的不足和有关管理政策的不合理，这需要通过规划和政策手段予以协调。

三、劣势（WEAKNESSES）

（一）区域内部发展协调性不高，整体优势尚未发挥

受行政区划制约，三个区块之间缺乏统筹协调，基础设施建设难以有效对接，空间管制有待加强。针对区域共有的 281.3 公里珍贵海岸线，当前尚没有一个统一的规划来明确不同区块和地段的开发功能，难免造成低水平开发利用，甚至出现破坏式利用海岸线的情况。同时，针对区域内不同区块之间、各个乡镇之间也缺乏明确的功能定位和分工，恶性竞争时有发生。区块之间基础设施在规划、建设等方面缺乏统一衔接，造成供水设施浪费、道路标准不统一等问题。

（二）产业结构不够合理，对石化产业依赖大

目前的产业结构一业独大特征明显，石化产业是支撑区域经济发展的重要力量，且已经形成明显的路径依赖，但石化产业的后向产业链尚没有真正展开，产业高附加值领域还有很大的提升空间。战略性新兴产业尚处于起步阶段，现代服务业发展的水平还不高，同时，区域产业发展的整体科技支撑能力弱，研发创新水平低，高端人才和高技能人才缺乏，制约了产业结构的提升和转型。惠东区块白花镇的外资企业引进时间较早，技术、品牌、设备等转型升级慢，产业层次不够高，产品受到国际国内市场波动的影响明显。黄埔、吉隆地区鞋业虽然规模大，但竞争力弱，没有自主品牌。

（三）基础设施不完善，不能满足开发建设的需要

区域县区之间路网还存在许多瓶颈，供水、污水处理等设施仍有待完善。已有通道基本接近饱和，通往港口大澳塘、平海碧甲 2 个国家一类口岸的省道 213 线、乡道 007

线仍是双向 2 车道的三级、四级公路、弯多坡陡、路面老化。惠大铁路的运能尚未得到有效利用，水运与公路及铁路的联运效益尚未得到发挥。稔平半岛基础设施滞后，难以满足旅游开发和口岸物流发展的需要，用水自给能力越来越不足。亚婆角地区对外连接的道路主要靠仍未硬化改造的 207 县道和乡村道路，以及惠深沿海高速小径湾出口。港口吞吐货类以石油化工原料或产成品为主，缺乏现代化的大型企业集装箱码头，沿海港区公用码头比例小，导致码头利用率偏低，港口综合服务能力不足。沿海道路等级偏低。港口集疏运体系有待进一步完善，荃湾港区疏港公路路面破损严重，至纯洲作业区的进港铁路有待加快建设，碧甲港区道路等级低。

（四）岸线基本瓜分完毕，进一步发展受到制约

现有优良岸线大部分已被一些大型企业占据，目前聚集在沿海岸线开发的旅游地产项目多达十几项，如北京金融街就拥有 29 公里的海岸线用于开发，可供未来合理规划和使用的岸线资源已经十分稀缺。同时这些项目多以旅游地产为主，在对岸线利用缺乏整体开发设计的情况下，不可避免地出现了建筑密度过大、公共设施不足等问题，对未来岸线的合理开发和利用带来了困难，未来发展缺乏足够新的空间支撑。

（五）环境保护重视不够，海洋环境质量逐步退化

大亚湾湾区极易受到来自陆域和海域两个方面的污染，陆上每年有大量的城市生活污水、工业污水未经处理直接排入大海，沿岸房地产业开发过快，排污设施规划不科学，致使局部海域生态环境恶化，水质下降。随着稔平半岛各镇区产业的发展，考洲洋沿岸环保问题比较突出，巽寮湾海域水质受到影响。部分污染企业仍存在超标排放等行为，且环保基础设施仍未完善。海上油轮、运输船只对海域环境的保护也带来很大的压力。

（六）管理体制和运行机制有待进一步理顺

环大亚湾新区涉及两县一区，且大亚湾经济技术开发区实力雄厚，在当前财政体制和政绩考核机制影响下，新区内部不同板块之间的竞争不可避免。跨行政区之间的利益矛盾，尚缺乏有效的管理体制和协调机制，影响区域开发建设的顺利进行。

四、机遇（OPPORTUNITIES）

（一）国际国内经济结构加快调整

国际金融危机后，国际产业向我国转移的趋势进一步强化，资本、技术、人才等继

续聚焦中国市场，国际跨国公司和国际金融机构亟需寻找安全、有发展潜力的投资场所。随着全球产业结构的调整和国际分工的深化，产业转移格局正发生深刻变化，产业融合化、服务业知识化、制造业服务化步伐加快，生产性服务业和电子信息等资本技术密集型产业成为国际产业转移的重点领域。科技创新孕育新突破，以绿色、低碳为主题的科技创新和产业革命受到各国的高度重视，成为走出经济衰退的重要路径之一，低碳成为引领城市发展的新趋势，为城市发展带来新的增长点。我国成功应对国际金融危机冲击，政治社会稳定，经济持续回升向好，仍处在重要战略机遇期。环大亚湾新区作为珠三角城市群的重要组成部分，有条件吸纳国际先进制造业和高端服务业转移和要素聚集，有条件利用国际先进技术建设绿色低碳新区。

（二）广东省加快转型升级，建设幸福广东

广东省经过改革开放三十多年的发展，现正处在一个新的发展起点上，省情已经并正在发生全面、深刻的、重大的变化，呈现出一系列新的阶段性特征，表明广东经济社会已经步入转型期。过去支撑广东快速发展的经济技术和社会条件已经或正在发生重大改变，广东省发展已经从高速增长期转入平稳增长期，正处于新旧发展模式交替的关键时期，必须顺应形势变化，主动加快转型升级。因此，要进一步创新发展理念、发展模式、体制机制，破解前进道路上的各种困难和问题，顺利步入比较发达的现代化地区行列；如果把握得不好，就有可能跨不过"中等收入陷阱"，出现停滞和倒退，已经取得的发展成果也有可能断送。建设幸福广东是落实科学发展观以人为本核心理念的深化和体现，是转型升级的价值追求和目的依归，是贯穿社会主义初级阶段的长期任务。在广东省加快转型升级，建设幸福广东过程中，鼓励解放思想、改革创新、先行先试，将为环大亚湾新区创新探索新的开发建设模式，实现追赶和转型的双重目标创造更加有利的环境。

（三）珠三角一体化进程加快

广东省第十一次党代会强调要加快"广佛肇"、"深莞惠"、"珠中江"三大经济圈建设，推进珠三角一体化进程。环大亚湾新区位于珠江口东岸，属珠三角三大经济圈之一 —— 深莞惠经济圈的重要组成部分。《珠江三角洲地区改革发展规划纲要（2008～2020年）》提出"以深圳市为核心，以东莞、惠州市为节点的珠江口东岸地区，要优化人口结构，提高土地利用效率，提升城市综合服务水平，促进要素集聚和集约化发展，增强自主创新能力，面向世界大力推进国际化，面向全国以服务创造发展的新空间，提高核心竞争力和辐射带动能力。""积极培育惠州临港基础产业，建设石化产业基地。"按照珠三角规划纲要的要求，深莞惠区域一体化发展步伐加快，已签署20项合作协议和47项重点事项，

在推进规划衔接、基础设施对接、联合治污、产业合作、公共服务一体化等方面取得了新的进展。环大亚湾新区凭借优越的区位条件和资源优势,有条件成为深莞惠区域一体化发展的先行地区,承接深圳乃至香港高端产业向本区域转移。

(四)广东省实施海洋强省战略

2011 年 8 月国务院批复了《广东海洋经济综合试验区发展规划》,是继《珠江三角洲地区改革发展规划纲要》之后,广东又一个上升到国家级战略的区域性规划。广东省第十一次党代会进一步强调了打造海洋强省的目标,提出要高度重视海洋资源丰富的独特优势,落实广东海洋经济区发展规划,优化海洋经济空间布局,构建现代海洋产业体系。环大亚湾新区是广东省海洋经济"一核二极三带"❶新格局中"粤西海洋经济重点发展区"的重要组成部分,是广东省重点发展的七大临港产业集聚区之一,依托惠州港,将重点发展石化、港口物流、能源等临港产业,推动滨海旅游、海水综合利用等产业发展。随着中央和广东省对海洋经济重视程度的提高,环大亚湾新区海洋经济的发展将会得到更多的支持。

(五)环大亚湾经济区建设被列为惠州"三件大事"之一

《惠州市国民经济和社会发展第十二个五年规划纲要》提出规划建设环大亚湾经济区,以大亚湾海域为中心,以产业融合发展为重点,规划建设环大亚湾经济区,依托沿海发展轴,打造环大亚湾临港产业和滨海旅游聚集地,带动惠东稔平半岛发展。2011 年惠州市第十次党代会又将环大亚湾经济区建设列为惠州市的"三件大事"之一,这一设想的提出意味着惠州市委市政府将通过采取一系列重大战略和对策措施,为环大亚湾区域实现协同发展、提升整体竞争力带来机遇。

(六)环大亚湾新区已具备了较好的开发基础

经过近 20 年的开发建设,以大亚湾经济技术开发区的开发建设为依托,环大亚湾新区的基础设施日趋完善,石化、电子、汽车和滨海度假休闲旅游业已形成规模。综合经济实力在惠州市的地位明显上升,2011 年环大亚湾新区的地区生产总值占全市的37.9%,比 2006 年上升了 9 个百分点,年均增长速度为 24.3%。比全市高出 6.6 个百分点。抓住战略机遇,加快提升环大亚湾新区开发建设水平,就能将其打造为珠江口东岸经济发展和对外开放的重要战略平台。

---

❶ "一核"即珠江三角洲海洋经济优化发展区,"二极"为粤东、粤西海洋经济重点发展区。

五、挑战（THREATS）

（一）全球经济的不确定性和不稳定性

国际金融危机影响尚未消除，美日欧三大经济实体复苏之路艰难曲折、缓慢多变，不确定、不稳定因素还可能给全球经济带来一定程度的冲击或波动，使之面临中低速的增长环境。金融危机的影响使西方发达国家更注重经济平衡增长模式，世界经济格局总体上处于战略调整的关键阶段，围绕市场、资源、人才、技术、标准等竞争日趋激烈。为了减轻金融危机带来的重创，各国竭力保证政府支出最大限度地刺激本国经济发展，把就业机会留在国内，全球对外直接投资（FDI）下降；贸易保护主义抬头，贸易摩擦增多。以美国为代表的西方过度借贷和超前消费的模式，在金融危机的冲击下有所变化，全球储蓄增多，消费额度减少，使发达国家对中间产品和最终产品的有效需求下降，进口规模缩小。这些使出口导向型国家和地区的外部环境更具挑战性，外需增长和稳定出口的难度明显加大。

（二）我国经济增速放缓，劳动力和资源要素成本上升

受金融危机影响，我国经济增速放缓，经济社会结构调整压力增大，人民币汇率不断走高，推高了国际贸易成本，人口红利逐步减少，劳动力成本开始进入上升通道，能源资源要素价格上涨，土地资源供给难度加大，开发成本不断上升，经济结构升级的约束增多，社会结构平衡的难度加大，对环大亚湾新区的建设提出了更高的要求。

（三）国内区域竞争更加激烈

珠三角、长三角等国内先进地区正在推动新一轮改革发展，天津滨海新区、舟山新区等正在加速崛起，辽宁沿海、江苏沿海、海峡西岸、北部湾等沿海区域正在加快开发步伐，并且都得到国家不同程度的支持。珠三角地区的新一轮开发正在加速，广州南沙新区、深圳前海地区、珠海横琴新区、中山翠亨新区、东莞松山湖高新区等正在加速崛起。不同地区的湾区经济也正在引起各地的重视，尤其是近在咫尺的深圳湾、大鹏湾，环大亚湾新区发展面临着巨大的外部竞争压力。

（四）环大亚湾新区环境保护压力大

"十二五"时期国家对生态环境保护、节能减排提出了更高要求，产业进入门槛越来越高，环大亚湾新区已经形成了石化工业的路径依赖，生态环境约束凸显，节能减排压力剧增。目前大亚湾区污染物总量指标不足，随着大亚湾石化产业规模不断扩大，工业结构已从轻工业向重工业转移，氮氧化物、二氧化硫、COD、氨氮等国家控制的主要

污染物指标愈发不足。同时，大亚湾经济区的石化工业又与滨海旅游开发同处一个湾区，石化产业发展与滨海旅游开发的矛盾日益突出，随着未来石化产业规模的进一步扩大，环大亚湾新区建设中产业转型升级和生态环境保护的任务十分艰巨。

六、重大战略意义

（一）有利于在惠州培育一个新的增长极

通过打破行政区划制约，发挥区域整体优势，优化区域资源配置，明确功能分区，提升产业发展水平质量，实现区域内部协调发展、经济实力大幅提升，成为支撑惠州跨越发展的新的增长极。

（二）有利于融入深港大都市圈

充分发挥毗邻深圳和香港的区位优势，通过建设平台、优化环境，全方位吸引深圳和港澳的高端要素资源，积极承接高端制造和现代服务业，成为深圳和港澳空间拓展的优先选择区域。

（三）有利于促进珠江口东岸地区的加快发展

积极推动与深圳、东莞的分工合作，通过搭建合作平台，创新合作机制，促进要素自由流动、优势互补，实现互利共赢发展，成为珠江口东岸深惠、莞惠融合的重要板块。

（四）有利于推进广东海洋经济强省建设

通过优化沿海区域经济布局，明确岸线功能分区，发展临海工业、海洋交通物流业、滨海旅游业、海洋渔业等海洋产业，成为广东海洋经济的支撑区域。

（五）有利于促进广东省区域协调发展

在加强深莞惠、港澳合作的基础上，拓展惠州乃至深莞惠与粤东地区的经济联系与合作，构建横贯东西的战略通道，形成西联东拓的对外合作格局，成为广东省推进区域协调发展的重要节点。

专题二

环大亚湾新区空间布局与空间管理

借鉴国内外湾区空间规划建设的经验，探求环大亚湾新区空间发展的现状特征与存在问题，明确环大亚湾新区的空间发展策略。要立足全域、着眼长远，科学划分功能区域，明确各区域主体功能，规范空间开发秩序，强化岸线开发管制，加快形成有序、有度、有限发展的空间开发格局。

一、国内外湾区规划建设的经验借鉴

世界上有几千个知名海湾，几百个知名海湾城市。国内外许多环湾地区凭借海湾优势资源的利用，实现了科学、和谐发展，达到了整合资源、提升城市发展水平的目的，打造出许多国际名城。像美国的西雅图、旧金山、坦帕市；加拿大的温哥华、维多利亚；澳大利亚的悉尼；日本的东京、大阪、神户；中国的香港等城市。

（一）注重特色的塑造和战略功能的打造

根据国内外湾区的发展情况，按照湾区的特色可划分生态旅游型、重化工业型和现代都市型等 3 大类型：

1. 生态旅游特色

生态旅游特色海湾的特点是以传统海洋产业开发为主，基本是原始的，自然的，以自给自足的农业、渔业、盐业经济为主的海湾利用，客观上保护了海湾的自然生态环境，一般地处偏远，经济欠发达地区。现在从全球看这种发展模式的海湾越来越少，保留下来的多成为宝贵的旅游胜地、自然保护区和国家海滨公园，如英国威尔士的卡迪根湾、美国波士顿附近的科得角湾、日本的鹿儿岛湾，中国威海的桑沟湾，百年前的胶州湾也是这种类型。例如，旅游业一直是科德角经济产业的支柱。科德角的景色具有天然的优势，无论是在汽车里进行观赏，还是漫步在沙滩上，游客都可以领略到科德角的独特风光。另外，还可以乘坐帆船在海里畅游，坐上观鲸船出海观看鲸鱼，可以乘坐火车穿梭在乡村农场和一些隐藏的风景处，也可以从飞机或滑翔机上鸟瞰科德角风光。

2.重化工业特色

重化工业特色海湾是在城市发展的工业化阶段，追求经济总量和效益的产物，对海湾的自然生态破坏较为严重。这种海湾在发展中国家，在东北亚地区表现的最为明显，像韩国的浦项钢铁集团所在地的迎日湾、仁川所在地的江华湾，还有像日本的神户、大阪市所在地的大阪湾、关东地区聚集了东京、川崎、横滨、横须贺、千叶、木更津、船桥等东京湾等，都是重要的经济的中心，中国大连湾畔的大连市、胶州湾畔的青岛市等城市围绕着海湾，建设了如钢铁、发电、造船、石油化工等重化工业企业，是典型的重化工业型海湾开发。

3.现代都市特色

现代都市特色的海湾是以港口、物流、旅游、电子信息、生物技术、教育等高科技、现代服务业、高端制造业发展为主，以人才、知识密集为主的城市发展，城市在寻求经济效益的同时，保护了海湾的生态环境。典型海湾城市有美国旧金山湾畔的旧金山湾、西雅图、澳大利亚悉尼、加拿大的温哥华、维多利亚等城市。

（二）注重生态环境保护和空间的精细化管理

国内外发展较好的湾区一般在规划设计上尊重自然，以自然环境为骨架；在空间布局上充分考虑自然生态环境的承受能力，适度安排适度的经济空间和城市化空间，还重视休闲旅游空间的建设和生态保护空间的预留。在开发保护上，做到浅海域、自然海岸、滩涂等不受破坏；重视港湾环境及景观对城市的影响，注重临海环境的保护等。对空间开发实施了精细化管理，明确湾区开发的"红线"、"蓝线"等。

（三）注重滨水地区的开发和与城市的融合发展

在开发建设中，普遍注重滨水地区的开发保护，将滨水地区作为湾区建设的"亮点"和最重要的功能区来打造。在滨水地区建设中,普遍结合其空间特征,以"清水"与"绿色"为主流做文章，有的引进博览、展示、娱乐、休憩等项目，大力强化文化、信息、商业、教育、居住等功能。

湾区的建设与城市的融合发展是国内外湾区建设的一大特色，将湾区作为城市的重要功能区来建设，引入城市建设的先进理念，突出人性化、现代化建设，注重富有个性的城市景观塑造。集中规划一流的信息化设施，如信息中心、电讯中心、公交系统等。集中设置上下水管、电力、电讯、通信线路、煤气、集中供暖、垃圾输送管道的地下管廊。同时区内的居住区建设充分体现人性的设计。

二、环大亚湾新区空间发展现状特征

（一）空间结构现状特征

1. 形成了"一带三区多点"的空间开发格局

在现有行政区划下，受政绩考核的影响，环大亚湾新区形成了以三个行政区为主体，多个产业区为载体的空间开发格局。其中大亚湾区开发建设了石油化学工业区、精细化工区、港口物流区、滨海旅游区、港区、西部综合产业区等六区，惠阳形成了以惠阳经开区、良湖工业区、怡发工业区、洋纳工业区、行诚工业区、万兴工业区、金玉东方珠宝城、伯恩光学城为载体的"一区二城五园"的产业格局，稔平半岛形成了多个产业区、多个旅游区为载体的发展格局（见表2-1）。

图2-1为环大亚湾新区各个片区的空间布局情况。

环大亚湾新区主要产业区分布　　　　表2-1

区域	产业区
大亚湾区	石油化学工业区、精细化工区、港口物流区、滨海旅游区、西部综合产业区域
惠阳	惠阳经开区、良湖工业区、怡发工业区、洋纳工业区、行诚工业区、万兴工业区、金玉东方珠宝城、伯恩光学城
稔平半岛	珠三角产业转移园、惠州京兰新汽车产业园、县民营科技工业园、太阳工业区、第一工业区、第二工业区、大统营工业区、埔仔工业区、惠东女鞋生产基地、巽寮度假区、东洲洋工业区、海滨工业区、石湖头工业区、龟山工业区、黄埔民营科技工园

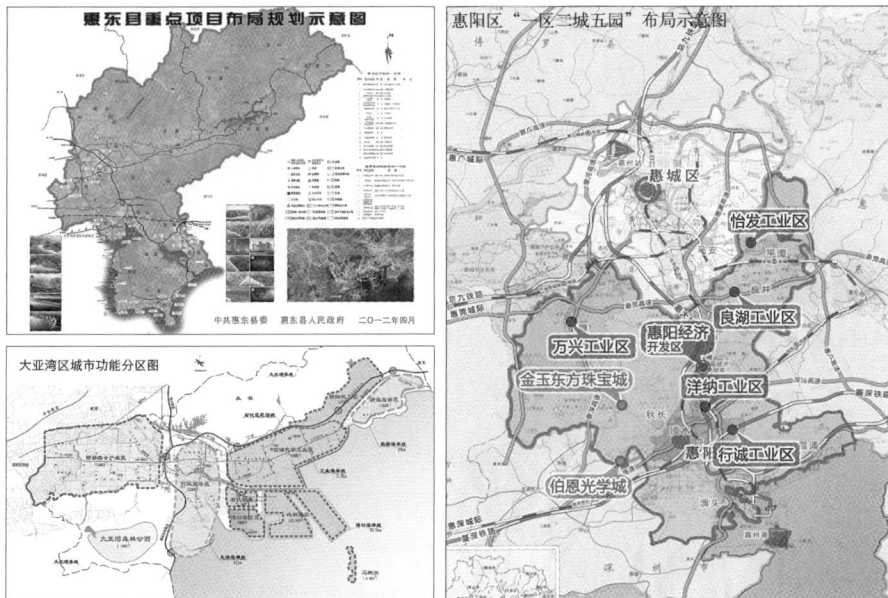

图2-1　环大亚湾新区各个片区的空间布局情况

2. 形成了大城市—中等城市—小城镇为等级序列的城镇体系结构

环大亚湾新区在工业化的推动之下，城镇化水平发展到目前的 60% 左右，建制镇数量 11 个，惠阳中心城区人口达到近 50 万人，逐步形成了大城市——中等城市——小城镇的等级序列分布的区域城镇体系。城镇发展差异较大，既有人口规模在 7 万人左右的吉隆镇，也有人口规模不到 5000 人的铁涌镇。

环大亚湾新区城镇体系现状见表 2-2。

环大亚湾新区城镇体系现状 表2-2

等级规模	城镇名称
20～50 万人	惠阳中心城区（含秋长、沙田）
10～20 万人	大亚湾区（含澳头、霞涌）
5～10 万人	吉隆镇
1～5 万人	新圩镇、稔山镇、白花、平海、镇隆
0.5～1 万人	永湖镇、良井镇、平潭镇
<0.5 万人	铁涌镇

资料来源：各市城市总体规划。

3. 岸线利用以港口、工业、旅游和养殖为主

环大亚湾新区岸线长 223.6 公里，岸线使用密度大，岸线利用以港口、工业、旅游和养殖为主（见表 2-3）。现有三大港区和三个装卸点，其中三大港区为荃湾港区、东马港区和碧甲港区，三个装卸点为亚婆角装卸点、盐洲装卸点和港口装卸点。另有渔港 6 个，分别是澳头渔港、霞涌渔港、范和渔港、港口渔港、三门渔港、盐洲渔港，目前都已经具有一定规模，是海洋捕捞船只的重要补给和海产品卸货基地。滨海旅游区主要有平海度假旅游区、巽寮度假旅游区、大辣甲岛旅游区以及霞涌度假旅游区。重大用海项目主要包括大亚湾石化工业区配置用地填海工程、中海壳牌项目、惠州 LNG 电厂项目、平海电厂项目、中海油惠州 1200 万吨炼油项目、华德石化马鞭洲输油码头、荃湾综合港区等。

环大亚湾新区岸线利用情况 表2-3

岸线名称（起迄点）	岸线长度（km）	已利用岸线长度（km）	现状利用情况
高山角－澳头西	12.9		澳港沿海公路用地，部分水域有养殖
澳头西－海军码头	0.4	0.2	已建有客、货运码头及海军码头
海军码头－前进村	1.6	0.3	现为澳头渔港

续表

岸线名称（起迄点）	岸线长度（km）	已利用岸线长度（km）	现状利用情况
前进村－鹧鸪岭	1.4		部分岸线为前进村，其余为自然状态
鹧鸪岭－码角北	3.3	1.8	现已建有荃湾一期码头，部分岸线已填海
码角北－淡澳河口	8.2		现有金门塘避风坞，其余未利用
田坳背－坝岗村南	11.5	0.7	大亚湾石化区向海延伸1.2公里修筑新堤岸
坝岗村南－黄布角	23.1	0.2	有海滨浴场、海上乐园，在建亚婆装卸点
黄布角－高凹	22.6		大部分为盐田和渔业养殖
高凹－淡水港	1.5		自然状态
淡水港－红螺岩	10.65		部分岸线有水产养殖，其余未开发
红螺岩－云头角	5.0		有度假村、海滨浴场
云头角－长沙湾	8.1		自然状态
长沙湾南端－玻沙山脚	5.6	0.2	有等级较小的杂货泊位
玻沙山脚－威台港排洪口	8.6		自然状态
威台港东－老虎头	5.0		自然状态
老虎头－沙咀尾拦沙堤	8.8		有平海湾海滨浴场
沙咀尾拦沙堤－域仔脚	4.9		现为港口老渔港
域仔脚－防波堤	2.4		现有货运码头一座
防波堤－东角头	9.65		自然状态
东角头－盲婆岭	16.3		自然状态
盲婆岭－大地岭	6.25		自然状态
大地岭－莲花山西	35		考洲洋水产养殖、盐业岸线
莲花山西－葫芦墩	10.85		大洲港、红海湾岸线
合计	223.6		

（二）空间开发存在的突出问题

1. 受行政区划的制约，空间开发"碎片化"，空间资源和功能亟待整合

惠阳与大亚湾区的"空间分隔"。尽管空间上已经联结为一体，但在具体的城市功能上却是相对独立的，不仅未能考虑城市功能的互补和互动发展，连接城市道路、城市供水系统、排污系统及河流的治理等诸多方面都是独立的系统。这样的发展状况是制度缺陷造成的，随着时间的推移，将成为新区开发建设积累过多的发展成本。

各镇形成了相对独立的"空间单元"。在过去几十年的发展中，发展经济成为地方政府的首位目标，在缺乏协调、统筹的发展指引下，每个城镇都在以最快的、成本最低、最容易控制和操作的方式建立了自己独立的"建设空间"，"碎片化"地点缀在整个环大亚湾新区，破坏了区域发展的整体性，这在稔平半岛表现特别突出。行政区划的缺陷，各镇之间的竞争关系加剧，亟待需要空间关系的统一梳理达到空间资源和城市功能的整合。

2. 空间形态控制欠缺，"滨海山水"形象面临丧失

"滨海山水"是惠州具有品牌意义的城市特征，也是环大亚湾新区的"特色"。过去几十年来，在追求经济发展和快速工业化的背景下，几乎所有的城市化、工业化的区域，将环大亚湾新区的"滨海山水"形象一一破坏，一味迎合最初级的发展需求。一是工业项目紧贴岸线布局，自然的岸线被覆盖上了"混凝土"。二是自然的山体、丘陵被破坏，大部分地区被夷为平地，完全丧失了"山水"形象。环大亚湾新区虽然不乏相对丰富的空间资源，但如果不加以控制，将丧失殆尽，要想使这一优势转化为竞争优势，用特色理念、生态理念提升资源的附加值，保留"山、田、城、海"的空间形态和形象是非常必要的。

3. 核心资源面临巨大的开发压力，岸线公共资源被"商业化"的迹象

在环大亚湾新区，岸线、港口是区域发展的"战略性资源"，是区域竞争的"制胜法宝"。在环大亚湾新区，岸线同时也是环大亚湾展现无限魅力的天然的景观资源。因此，从岸线和港口资源应该统筹规划、因岸制宜、合理高效开发，在资源使用的方式上，更应强调公平和公共特性。但目前，环大亚湾新区的海湾存在过多的工业开发与商业性房地产开发行为。从城市发展的角度判断，由于缺乏对岸线利用的整体性规划，商业性开发无法发挥岸线资源的更多公共效益。

三、空间发展总体策略

（一）突破行政区划，构建"拥湾发展、组团集约、弹性发展、有机联系"的空间格局

特有的自然山体——水系格局造就了环大亚湾新区特殊的空间环境，为建设空间紧凑与开敞相结合的组团城市化区域创造了条件。在空间组织上，应该珍惜和保护这一自然遗产，因地制宜、因势利导，以交通设施为纽带，以生态走廊为分割，聚合诸多发展单元，强化有机的网络联系，构建一个高效率运行、高应变可能的组团式空间结构。与此同时，未来发展的不可预测性要求规划编制降低开发成本风险，预留发展弹性。

（二）聚焦重点功能区建设，引领战略性功能大提升

统筹全域，选择基础条件好、区位交通优越、发展潜力大的地区建设若干个战略性功能板块，突出开发内涵，争取在较短的时间内夯实环大亚湾新区的核心功能，尽快形

成环大亚湾新区的"功能内涵",推进环大亚湾新区区域地位的战略性提升。

(三) 加强空间精细管理,实行刚性的空间管制

按照"尊重自然、保留本底、因地制宜、集约开发"的原则,制定统一的空间管制区划,引导空间开发强度,推进空间开发的战略性管理。对城市化、工业化地区,以"精明增长"理念推进集约开发,抑制建成区的无序蔓延;对生态脆弱地区实行限制性开发,甚至禁止开发。加强对岸线资源的开发管控,明确不同地区岸线的开发功能,因岸制宜实施针对性的岸线开发政策。

四、空间总体布局

充分利用靠山面海的地理优势,以绿色生态为本底、交通廊道和滨海湾区为轴带,打破行政区划,整合资源,按照"拥湾发展、轴带集聚"的空间策略,突出湾区的整体形象,构建由"一条发展带、一条发展轴和三大功能组团"组成的"一带一轴三组团"空间结构,建设空间集约、海陆统筹、宜业宜居的现代化蓝色湾区。

(一) 打造蓝色滨海发展带

依托环大亚湾滨海公路、沙清高速、沈海高速、厦深沿海铁路等快速通道,构建连接大亚湾区、惠阳城区及稔平半岛等横跨东西宽幅度的综合发展带。坚持生态优先,充分考虑自然生态环境的承受能力,因地制宜地发展滨海旅游、现代服务业,促进石化区生态发展,塑造特色鲜明、绚丽多彩的滨海景观,打造成为展现环大亚湾新区"滨海、活力、生态、休闲"特色的标志性地带和蓝色湾区。处理好石化园区和能源项目建设与生态环境保护的关系,限制工业项目沿岸线布局,引导工业项目向纵深腹地拓展,推进大亚湾西部综合产业区、大亚湾石油化工区和港口物流区绿色低碳循环发展。围绕滨海湾区,以滨海绿化廊道、滨海公园群建设为主体,开发阳光休闲海岸。充分发挥交通廊道作用,强化西与深圳、东与粤东地区的轴向联系。

(二) 构建南北联动发展轴

依托惠澳高速,强化环大亚湾新区与惠城区的空间联系,构建连接惠城区、南部新城、惠阳经济开发区、惠阳城区、大亚湾开发区、港口等重要功能板块的南北拓展轴。进一步增强交通集散输运功能,强化惠城区与惠阳区、大亚湾区的快速交通联系。依托现有产业功能区,集聚发展先进制造业、战略性新兴产业和现代服务业,建设贯穿南北、带动周边的重要轴带,成为惠州向南向海发展的拓展轴。

（三）形成三大功能组团

统筹各个发展单元，突破行政区划，维护功能组团的整体性。以生态走廊为分割，按照各功能区块空间经济联系主导方向，因势利导，构建各具特色、互动发展的三大功能组团。

——东部组团。以稔平半岛、霞涌及海岛为主体，突破行政区划，整合各种空间资源，高标准谋划、高水平建设，在尊重自然和保护好生态环境的基础上，以高端休闲旅游开发为龙头，大力发展海岛旅游，打造精品旅游景观岸线和精品旅游景区，完善道路等相关设施，建设成为标志性的以滨海休闲旅游为特色的组团。

——西部组团。增强惠阳城区与大亚湾开发区的空间整体性，聚合惠阳中心城区、大亚湾西部综合产业区、大亚湾石油化工区、港口物流区等空间发展单元，集聚发展石油化工、港口物流、商贸服务等产业，建设成为环大亚湾新区发展大石化、大商贸的主要载体。

——北部组团。以山体为分隔，依托良井镇、平潭镇、白花镇、永湖镇、新墟镇、镇隆镇等地区，顺应惠城区城市空间拓展趋势，加强与惠城、惠东等周边地区的空间融合，以电子信息、汽车及零部件、装备制造、新材料、生物医药为重点，积极培育重点骨干企业，集中力量抓好一批投资大、效益好、影响长远的重大高端制造项目，建设成为环大亚湾新区高端制造业功能组团。

环大亚湾新区空间结构示意图见图2-2。

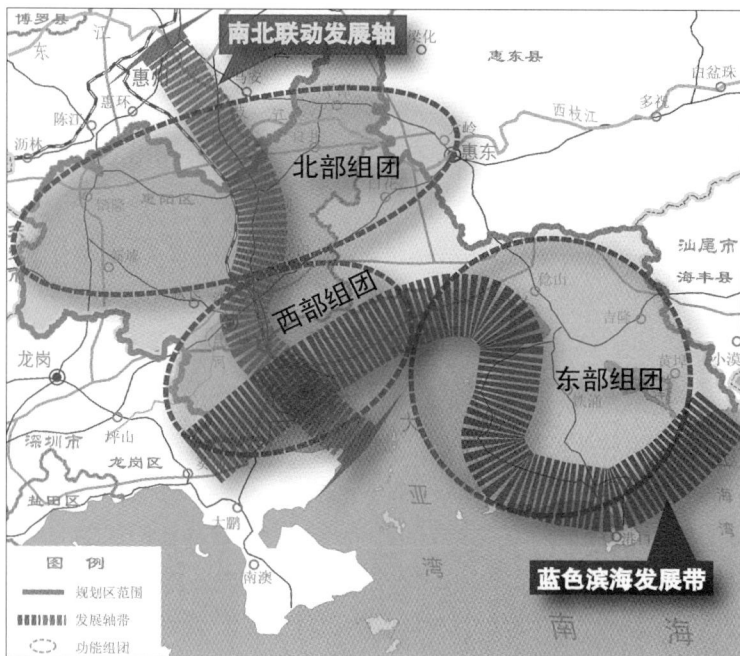

图2-2 环大亚湾新区空间结构示意图

建设现代化滨海湾区。依托规划建设的环大亚湾滨海公路，围绕滨海湾区，以滨海绿化廊道、滨海公园群建设为主体，充分考虑自然生态环境的承受能力，在尊重自然的前提下，开发阳光休闲海岸、塑造特色鲜明的滨水景观、构建和谐丰富的城市色彩，打造成为展现环大亚湾新区"滨海、活力、生态、休闲"特色的标志地带，成为疏密有度的蓝色景观湾。

五、重点功能区建设

立足长远，着眼全局，选择基础条件好、区位交通优越、发展潜力大的地区建设16个重点功能区，进行合理开发利用，使其发展成为引领环大亚湾新区开发建设的战略性功能板块。

——大亚湾石化产业区。依托大亚湾石化区，以大炼油、大乙烯项目为龙头，以发展石化深加工和精细化工高端产品为主线，积极引进、培育和发展具有国际竞争力的品牌企业和名牌产品，建设具有世界级规模和强大创新活力、资源循环利用技术国际一流的世界级生态型石化产业基地。

——大亚湾高端制造区。依托大亚湾开发区西区，以汽车及零部件、装备制造、新材料、生物医药为重点，积极培育重点骨干企业，集中力量抓好一批投资大、效益好、影响长远的重大高端制造项目，建设高端制造业和战略性新兴产业集聚区。

——大亚湾海港物流区。发挥深水大港优势，积极推动以石化物流为先导的港口物流业发展，大力支持惠州港与国际大型港航企业合作，加快集装箱码头建设进度，吸引国内外大型物流企业入驻，适时启动综合保税区建设，进一步完善功能，强化服务，建设以大宗干散货接卸、液体化工品、集装箱运输为主的港区和大宗货物集散交易中心。

——惠阳工业商谷。沿淡水河，围绕淡水、永湖、秋长3镇交界区域等70平方公里核心区块，面向深莞惠大规模制造业转型升级和生产性服务需求，大力发展商贸物流、创意设计、金融商务、中介信息等现代生产性服务业，打造成为珠江口东岸的工业商谷。

——惠阳科技创新区。依托惠阳经济开发区、中央科技区等，以技术研发、科技服务、人才培养、科技转化为重点，围绕周边的电子信息、生物医药、新能源、新材料等高新技术产业，大力引进相关高校及科研院所，集中建设企业孵化器、加速器、创业园、中试检测等公共技术服务平台，打造珠三角产业转型升级新引擎。

——镇（隆）新（墟）新兴产业区。依托镇隆镇和新墟镇，在推进现有产业转型升级的同时，集聚发展新一代电子信息、新能源汽车、生物医药等新兴产业，加快完善配套设施，建设新兴产业集聚区。

——坪新清低碳产业区。依托深圳市坪地街道、惠州市新墟镇、东莞市清溪镇接壤地带，大力承接国际绿色低碳产业转移，积极主动推进与深圳的对接与合作，创新合作机制，打造低碳产业发展示范区。

——良井电子信息产业区。依托良井镇和周边地区，积极吸引深圳和东莞电子信息产业的外延转移，重点培育发展新一代移动通信、汽车电子、新型电池、数码显示设备等电子制造业，建设电子信息产业基地。

——平潭空港物流区。依托惠州机场，重点发展航空指向性的物流产业，带动周边航空运输指向性的加工制造业和相关服务业发展，建设珠三角东岸地区重要的航空物流基地。

——稔山商务旅游区。依托稔山镇，以五星级酒店和高端娱乐休闲设施为建设重点，进一步强化商务会议、旅游服务等功能，突出现代滨海城镇景观形象，打造高端商务和休闲度假品牌，建设成为特色鲜明、景观优美、设施完备的滨海商务旅游区。

——巽寮湾休闲度假区。依托巽寮旅游管理区，进一步加强整体景观设计，高标准建设旅游设施，完善公共基础设施，增强旅游服务配套能力，建设游艇基地，打造以休闲度假、文化娱乐、海洋运动等为特色功能的休闲度假区。

——双月湾文化生态旅游区。彰显古城文化和生态特色，以"绿道网"和多层次的生态绿地系统为依托，充分挖掘古城文化、海洋景观和生态资源，以平海古城、南门海、双月湾、海龟湾为重点区块，打造以自然景观、历史文化和海洋生态体验为特色功能的文化生态旅游区。

——黄（埔）吉（隆）世界女鞋基地。依托黄埔镇、吉隆镇，围绕现有产业基础，重点发展制鞋产业的设计、研发、制造、营销等环节，培育国际一流品牌，打造世界女鞋之都。

——考洲洋生态体验区。加强考洲洋沿岸水域的红树林和鸟类保护，加快湿地生态系统建设，引导养殖业有序退出，建设以原生态为特色的滨海生态体验区。

——白花加工制造区。依托白花工业走廊，发挥现有工业基础优势，加快与惠东县城的一体化发展，大力承接产业转移，重点发展电子电器、金属制品、精细化工等加工制造业，建设成为产业转移的重要承接地和惠东县城的功能拓展区。

——海岛综合开发区。强化海岛分类管理，科学保护海岛及其周边海域生态系统，推进海岛特色产业发展。加快芝麻洲、麻洲、狗虱洲、黄鸡洲等岛屿开发利用和马鞭洲岛原油码头建设，为石化产业发展提供拓展空间。依托大辣甲岛、小辣甲岛、坪峙岛、三角洲、小星山岛、大三门岛等岛屿，加快旅游设施建设，大力发展海洋海岛旅游业和海洋渔业。

环大亚湾新区功能片区分布示意图见图2-3。

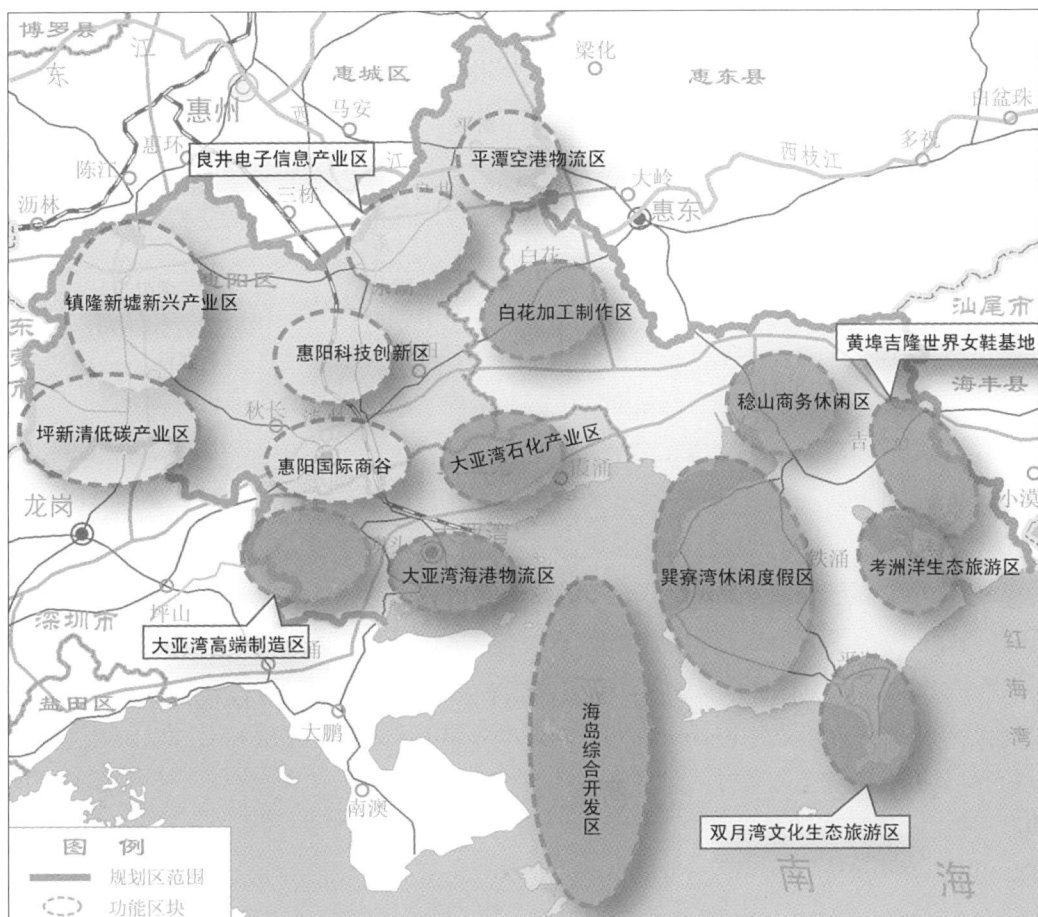

图2-3 环大亚湾新区功能片区分布示意图

六、优化城镇体系

坚持以人为本，宜居优先，加快调整优化城镇空间战略布局，优化要素流动配置环境，构建特色互补城镇体系，形成城乡一体的发展格局，着力提升环大亚湾新区综合承载力和可持续发展能力，建设我国新型城镇化典范。

——新区中心城区。包括惠阳城区和大亚湾开发区，加强统一规划，整合资源，合理配置基础设施和公共服务设施，大力发展生产性服务业，合力打造珠三角地区东岸的副中心城区。拓展惠阳城区空间范围，将沙田镇纳入惠阳城区统一规划建设，在聚合强化商务、金融和商贸服务功能的基础上，建设文化馆、市民广场、海洋生物科技博物馆等达到国际标准的基础设施和服务设施，不断完善城市功能，辐射带动周边地区发展。着力加强惠阳城区与大亚湾开发区的经济融合，推动惠阳城区与大亚湾西区南北贯通的11条城市主、次干道的规划建设，启动东华南路与大亚湾龙山五路对接工程建设。

85

——重点镇。发挥新墟镇、镇隆镇、平潭镇、稔山镇、吉隆镇、黄埠镇、白花镇等产业基础和区位条件较好的优势，建设成为环大亚湾新区的中心镇，成为新区开发的重要支撑点。加强统筹规划，壮大城镇规模，完善基础设施，促进产城融合，增强集聚能力，提高城镇发展水平。新墟镇、镇隆镇、白花镇重点发展电子信息等高端制造业和生活性服务业，建设特色产业基地；吉隆镇、黄埠镇以女鞋基地建设为重点，发展集创意、制造、营销为一体的世界女鞋之都；平潭镇以航空港建设为重点，发展空港物流业和临港产业；稔山镇进一步增强旅游、商务会展等城市功能，打造滨海旅游名镇。

——特色镇。充分利用优越的滨海旅游资源，完善旅游设施，将旅游发展与城镇建设有机结合起来，把巽寮、港口旅游管理区和平海镇、铁涌镇建设成为滨海旅游特色镇（区）。充分利用现有产业基础，把特色产业发展与城镇建设结合起来，把永湖镇、良井镇建设成为电子信息和汽车零部件制造特色镇。完善基础设施和配套服务设施，增强要素集聚和服务能力，提升特色镇的可持续发展能力和核心竞争力。

环大亚湾新区城镇体系规划布局示意图如图2-4。

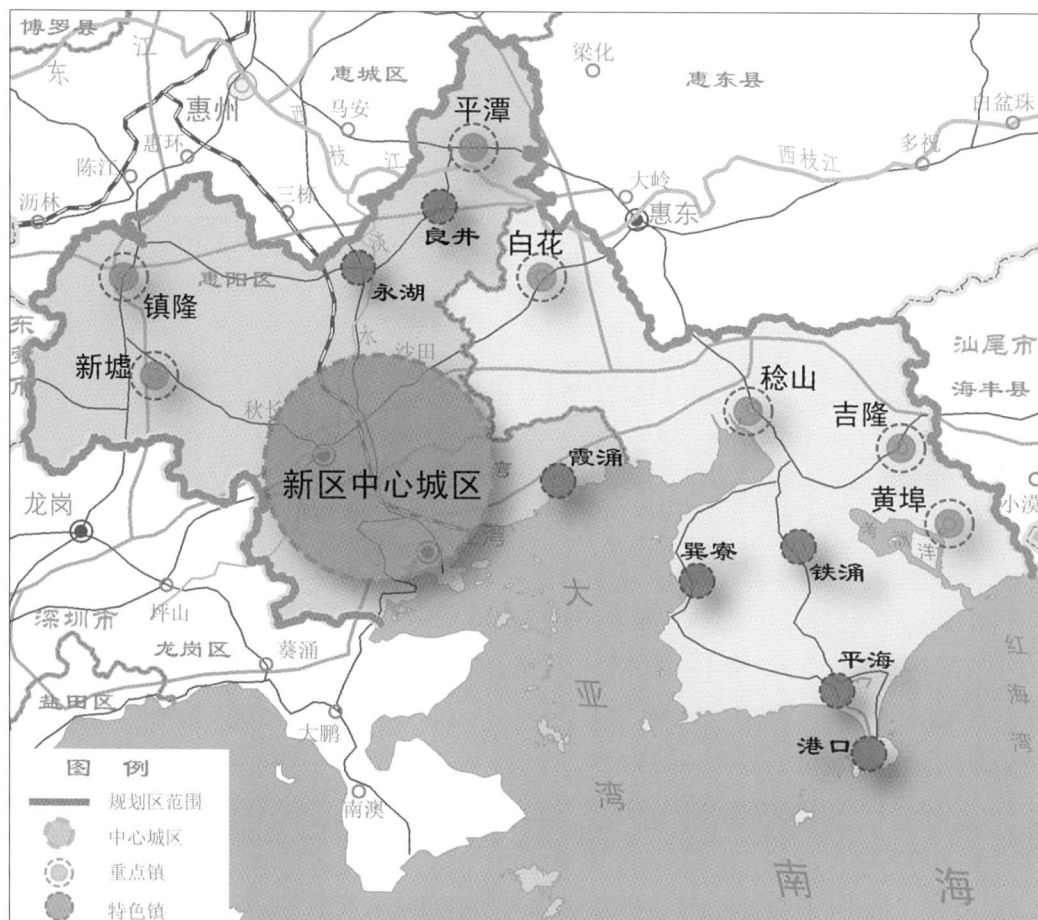

图2-4 环大亚湾新区城镇体系规划布局示意图

七、功能分区

强化区域空间管理是规范区域开发秩序的重要手段。每一个区域，不管范围大小，都存在不同的自然禀赋，对于存在多种地貌形态的区域，如果对地域类型不加以划分，显然是不科学和不切合实际的。通过功能分区规划，根据生态、资源分布的差异性特点，力争发挥不同功能区的比较优势，使得各功能区实现取长补短，进而提高整个区域发展的结构效益。为此，国家在"十一五"时期就提出了主体功能区划，提出划分为优化开发区、重点开发区、限制开发区和禁止开发区，因地制宜地确定发展方向和发展原则，以强化对区域发展的指导性和空间约束功能。

到目前为止，对主体功能区的划分还没有较成熟的方法，并鉴于统计资料的不完善性和一些地形地貌的属性数据难以获得，很难对主体功能分区采用严格的数量方法划分。但可结合区域地貌特点以及不同区域的发展条件，结合城市总体规划的相关资料，合理确定主体功能分区，并因地制宜地确定发展方向和发展原则，强化对区域发展的指导性和空间约束功能。因此，对环大亚湾新区贯彻国家、省主体功能区规划要求，在广东省主体功能区的总体框架下，根据各个区域资源环境承载能力、现有开发密度和比较优势，按功能对接、优势互补、错位发展的原则，明确不同区域的功能定位和发展方向，推进形成主体功能定位清晰、人口、经济、资源环境相协调的空间发展格局。

（一）重点开发区

重点开发区域包括惠阳中心城区、惠阳经开区、良湖工业区、怡发工业区、洋纳工业区、行诚工业区、万兴工业区、金玉东方珠宝城、伯恩光学城及大亚湾区的石油化学工业区、精细化工区、港口物流区、行政商务区、西部综合产业区、纯洲港区等，是环大亚湾新区城镇化、工业化优先选择的地区。

对于重点开发区今后要：

——坚持高效开发、强化承载、协调发展的原则，加快发展、完善功能、壮大实力，高标准配置区域基础设施和公共服务设施，高水平建设生态环境，大力发展新兴产业，运用高新技术改造传统产业，全面加快发展现代服务业，增强产业配套能力，促进产业集群发展，加快形成相对集聚的区域经济增长形态，强化其在环大亚湾新区的新兴增长作用和辐射带动作用。

——根据资源环境条件，在保障生态环境的情况下，科学合理地确定开发模式、规模和强度。

（二）禁止开发区

禁止开发区域是依法设立的各级各类自然文化资源保护区域，以及其他禁止进行工业化、城镇化开发、需要特殊保护的重点生态功能区，主要包括具有特殊生态价值的生态保护区、自然保护区、水源保护地、历史文物古迹保护区、具有鲜明地方特色的自然景观和人文景观区域，重要的保护绿地以及国道、省道两侧划定的不准建设控制区。具体包括惠东港口海龟自然保护区、大亚湾森林公园、古田自然保护区、沙田金桔自然保护区、九龙峰森林公园、盐洲红树林自然保护区、白云嶂自然保护区、黄巢嶂自然保护区、大坑自然保护区、白面石自然保护区、佛祖坳森林公园、叶挺森林公园、亚公顶森林公园、大帽山森林公园等。

对禁止开发区今后要：

——作为生态培育、生态建设的首选地，原则上要实行强制性保护，控制人为因素对自然生态的干扰和文化遗产的破坏。

——永久性保持土地的原有用途，除国家和省重点建设项目需要外，严禁在区内进行任何类型的开发建设活动。

（三）限制开发区

限制开发区主要是指资源环境承载能力较低，不具备大规模工业化、城镇化开发的条件的地区。在环大亚湾新区指除重点开发区与禁止开发区以外的所有地区。

对于限制开发区今后要：

——坚持生态优先、适度开发、可持续发展的原则，应进一步加大生态环境保护力度，大力培育以休闲旅游、绿色农业为主的生态型产业。

——根据资源环境条件划分控制等级，科学合理引导开发建设行为，城市建设用地的选择应尽可能避让。

八、岸线开发管制

海岸线是国家的宝贵资源，同时也是一个地区经济社会发展的重要的战略性资源。岸线作为一种特定的地理区域是人类重要的资源中心，在岸线地区，集中了土地、渔业、矿产、石油、天然气、海水、旅游等人类生存发展的战略性资源，是发展港口运输、海洋渔业、石油矿产开采、滨海旅游等海洋产业存在的基础和前提。

专栏 2-1

岸线开发利用的经验借鉴

自 1972 年 10 月美国国会通过了联邦《海岸带管理法》(CZMA)，强调改进海岸带资源管理，保护生态脆弱的岸段，开发岸线和海港等。国内外对岸线开发利用管理的关注度明显加大，不少国家或地区取得了较好的经验，对环大亚湾新区比较有借鉴意义的有大纽约、深圳、大连等地。

1. 大纽约

大纽约位于美国东北部大西洋岸哈得孙河注入大西洋的河口处，拥有美国最大海港，是范围包括邻接 3 个州（纽约州、新泽西州、康涅狄格州）的 26 个县，面积 3.2 万平方公里，人口 1600 多万，是美国人口密度最大的地区。大纽约岸线总长 1200 多公里，主要由哈得孙河下游、长岛海峡和斯塔膝岛西面水域组成。大纽约岸线的开发经过 200 多年的过程，到目前为止，开发基本完成，在开发过程中主要采取了以下措施。

——强化岸线管理，实现集约开发。尽早科学地进行规划，按照"深水深用、浅水浅用、统一规划、统一管理、综合开发、服务市场"原则，以深水泊位开发建设为重点，整合、整治、开发三路并进，进一步优化配置港口资源，打造港口集群优势，集约开发港口、工业、仓储等生产性岸线。政府部门应出台专门的调控措施，防止岸线无序开发。

——加强行业合作，实现范围经济。岸线的开发利用十分强调各行业间的协调与合作，使岸线资源开发利用能够综合交通、水利、工业、农业等各行业利益，同时兼顾区域产业特点，从而实现范围经济，提升岸线利用各行业的核心竞争力。

——淡化行政区划，强化分工协作。打破行政区划限制，协调岸线发展，在市场竞争中对岸线资源进行整合。通过制定和完善岸线利用规划和港口群发展规划，进一步加强岸线利用和港口群内部的分工协作，促进岸线的整体协调发展，各岸线相互依存，相互补充，形成整体海滨形象。

2. 深圳市

深圳市位于我国东部沿海，三面环海，现状海岸线总长约 257.96 公里。受行政区域的影响，岸线在空间上被隔离为东、西两个不连续的部分：西部海岸为淤泥质平原海岸，沿岸是珠江河口湾的冲积平原；东部为基岩港湾海岸，面向开敞海洋，岸线曲折，景色秀美。从现状岸线比例来看，深圳市自然生态岸线约占 34%，生产岸线中的港口、工业和仓储岸线（含未利用中已确定用途的）的约占 31%，生活岸线、滩涂养殖岸线和其他岸线约占 35%，基本呈现"三分天下"的局面。但值得注意的是，20 世纪 80、90 年代深圳市岸线开发方面也出现了生活岸线有量无质、自然生态岸线保护力度不够、岸线开发无序等问题。21 世纪以来，深圳对岸线加强了管理，取得了较好的成绩，其主要做法：

——通过编制岸线综合开发利用专项规划、建立适宜的管理体制、岸线利用立法等措施加强岸线地区管理；

——通过集约利用港口岸线、逐步清退低效率利用岸线、严格保护生态岸线等措施加强了岸线的合理利用和保护。

3. 大连市

大连市位于辽东半岛南端，东西临海，南与山东半岛隔海相望，是中国北方重要的港口城市之一，也是以造船、机械制造、化工、纺织工业著称的工业城市。大连岸线资源丰富，拥有1906公里的海岸线，大连港港阔水深，冬季不冻；岸线海滨风光明媚，拥有老虎滩公园、星海公园等名胜景点。大连为保护和合理利用岸线资源，2003年10月出台了《大连市港口岸线管理办法》，明确了港口岸线建设和利用应符合市港口岸线规划。近年来，大连加快了岸线的开发利用，加快了"一岛三湾"（大孤山半岛、大窑湾、鲇鱼湾、大连湾）的开发建设，岸线资源的保护与开发利用在合理有序中进行，其做法主要体现在以下几个方面。

——加强了岸线综合开发规划，强化了岸线的地区管理。

——加强了对海岸带资源的保护。禁止在自然岸线填海造地、开发建设项目；加强对国家级和地方级各类海洋自然保护区管理和保护。不得开发利用不可再生海岸带资源，不得破坏不可恢复的海岸带原生环境。

——重点加强大连湾等近岸重点海域污染防治，将海域污染防治与沿海陆域和城市环境综合整治结合起来，开展区域防治。削减主要污染物入海排放总量，恢复污染海域的环境功能和生态指标。

——加强海岸带用地的管制。海岸带内下列岸段应当保留，不得移作他用：适宜建设海港的岸段；适宜建立海防和军事设施的岸段。

——根据相关资料整理

（一）岸线开发管制分区原则

——坚持统筹规划与合理开发相结合。岸线开发必须统筹规划，打破部门和地区界限，联合开发，局部利益服从整体利益，实现局部与全局、区域与区域、行业与行业之间的协调发展，实现岸线资源持续利用和优化配置。要确保关系国计民生重大工程对岸线利用的需要。在城市地区，要将岸线开发利用纳入城市总体规划，兼顾生产、生活需要，保留一定数量的岸线。

——坚持长远开发与近期集约利用相结合。岸线开发利用要现期开发与长远开发相结合，对开发前景良好且暂不具备开发条件的岸线，作为后备资源予以保护，同时要面向当前实际，制定近期实施方案，并突出重要区段节点空间的景观主导作用，进行重点规划。另外，要集约化开发港口、工业、仓储等生产性岸线，引导企业向腹地发展，限制投资强度和产出率低的生产企业贴岸布局，提高岸线资源的利用效益。

——坚持专项开发与综合开发相结合。岸线开发是一项综合性的工程，岸线资源具有多种开发利用功能，在开发过程中要因地制宜，以各岸段的适宜性评价与社会经济条件分析为依据，在加强港口、工业等专项开发建设的同时，兼顾生态环境保护与防洪安全与河势稳定。充分发挥各岸段的主导优势，采取各具特色的开发利用方式，确保岸线资源得到合理的开发和利用。

（二）岸线开发管制分区

在充分分析海岸线的自然条件和开发基础的基础上，结合经济社会发展对各类岸线的需求，实施开发与保护相结合的原则，以岸线开发功能管制分区为路径，以相应的管制措施为手段，引导岸线合理有序的开发利用。

1. 禁止开发岸线

禁止开发岸线区，即禁止开发利用的岸线，一般包括国家和省级保护区（自然保护区、风景名胜区、森林公园、地质公园、自然文化遗产等）、重要水源地等所在岸线，或因岸线开发利用对防洪和生态保护有重要影响的岸线区。在环大亚湾新区主要包括：

玻沙山脚－咸台港排洪口（海龟保护区）、咸台港东－老虎头（海龟保护区）、防波堤－东头角（海龟保护区）。

对禁止开发岸线要实行刚性控制，保护岸线的自然属性，严禁任何开发行为。

2. 限制开发岸线

限制开发岸线，即指资源环境承载能力较低，不具备大规模工业化、城镇化开发条件的岸线。在环大亚湾新区主要包括：

高山角－澳头西（城市生活、旅游和渔业）、坝岗村南－黄布角（城市生活、旅游和港口）、黄布角－高凹（海洋养殖）、淡水港－红螺岩（城市生活和旅游）、红螺岩－云头角（城市生活和旅游）、云头角－长沙湾（城市生活和旅游）、老虎头－沙咀尾拦沙堤（旅游和渔业）、大地岭－莲花山西（海洋养殖）。

对限制性开发岸线，要加强对开发利用活动的指导和管理，有控制、有条件地合理适度开发。可根据岸线资源条件和规划方向，结合具体项目情况，实行适度弹性调控。

3. 重点开发岸线

重点开发岸线，指开发条件较好、开发潜力大，需要进行重点工业化、城镇化开发的岸线。在环大亚湾新区主要包括：

澳头西－海军码头（港口）、海军码头－前进村（渔港）、前进村－鹩婆岭（港口）、鹩婆岭－码角北（港口）、码角北－淡澳河口（港口）、田坳北－坝岗村南（临港工业和港口）、高凹－淡水港（港口）、长沙湾南端－玻沙山角（港口）、沙咀尾拦沙堤－域仔脚（渔港）、域仔脚－防波堤（港口和渔港）。

对重点开发岸线，未来发展应按照保障防洪、海洋安全和支撑社会经济发展的要求，有计划、合理的开发利用。岸线使用长度要以项目必须建设的码头泊位和相关设施为依据，按照泊位性质、等级船型、通过能力等技术规范要求，从严审核，科学确定。引导项目向陆域纵深布局，尽可能减少临水岸线占用。对港口设施依赖性不强的生产型项目，一律不得贴岸布置，不得深水浅用。深水岸线一般应以建设公用泊位为主，以此促进现代港口物流产业的加快发展，为广大腹地经济发展服务，提高码头、岸线的利用率。

4. 后备开发岸线

后备岸线区，指暂时不利用或暂时不具备开发利用条件的岸线。在环大亚湾新区规划以下地区为后备开发岸线：

东头角－盲婆岭、盲婆岭－大地岭、莲花山西－葫芦墩。

对后备开发岸线，现阶段有切实进行保护，待开发时机成熟时，有条件有节奏地开发利用岸线。

专题三

环大亚湾新区世界级生态型石化产业基地建设

　　石化工业是惠州市重要的支柱产业和新的经济增长点，资源、资金、技术密集，产业关联度高，经济总量大，产品应用范围广，在经济中占有十分重要的地位，是形成环大亚湾新区的重要推力。通过扩大规模、调整结构、提升质量，争取到 2015 年左右世界级生态型石化产业基地初步形成，到 2020 年世界级生态型石化产业基地建成，在规模上进入世界石化行业 10 强行列。

一、发展现状

　　石化工业已经成为惠州市经济的支柱产业，根据惠州市统计数据，2011 年石化行业规模以上工业增加值 290.51 亿元，占全市规模以上工业增加值的 28.7%。

（一）石化产业快速发展、具备形成世界级生态型石化产业基地的基础

　　惠州市集中环大亚湾新区的综合优势，积极创造条件，通过近 5 年的建设，形成了发展石化产业的区位优势和独特条件，已经奠定了建设世界级生态型石化产业基地的基础。

　　1. 石化产业发展进程明显加快，经济总量不断壮大

　　"十一五"期间，环大亚湾新区以中海壳牌 95 万吨/年乙烯和中海炼化 1200 万吨/年炼油项目为龙头，吸引下游一批大型石化项目相继落户投产，带动了惠州市石化产业高规格、跨越式发展。目前石化产业已成为惠州市两大支柱产业之一，是全市经济社会重要的增长极。

　　2. 产业链逐步扩展，三大产业集群已初步形成，已经具备建设世界级生态型石化产业基地的基础

　　经过 8 年多的建设，目前已形成以 1200 万吨/年炼油、95 万吨/年乙烯为龙头的"炼化一体化"新格局，通过产业链逐步扩展，初步形成石化产业、精细化工和新材料产业、公用工程与仓储物流产业三大产业集群，在产业规模、工艺技术、环保水平、园区管理、经济效益、生态环境等方面都取得了显著进展，已经具备形成世界级生态型石化产业基地的基础。

（二）产业发展中存在的主要问题

1．石化产业链有待纵向延伸、横向耦合

大亚湾开发区石化区于 2001 年开始建设，但实际取得快速发展是在 2005 年中海壳牌大乙烯项目投产后。由于产业发展时间较短，特别是两大龙头项目之一的中海油大炼油项目 2009 年才投产，下游延伸产业尚未发展起来，目前区内石化产业链不够完善，中下游产业设置以围绕乙烯项目的通用合成材料和基础有机原料为主，产业链延伸长度不够，终端产品中高端化、专用化、精细化产品所占比例偏低，产品附加值相对较低。此外，目前区内企业横向关联度较低，协作能力不强，还没有形成高效完整的产业网络。静脉产业发展滞后，副产品综合高效利用体系尚不完善，影响园区高水平石化产业循环经济体系的建立，降低了园区整体竞争实力。

2．园区基础设施及保障体系有待进一步完善

大亚湾石化区规模及范围现已发生较大变化，原有 27.8 平方公里面积已明显不够。根据惠州市对石化区发展的最新定位，园区面积将扩至 65 平方公里，因此需根据新规划面积重新规划产业发展目标。

另外，原规划配套公用工程总量仅立足于原产业结构和园区面积，随着近年来石化区发展出现了一系列新变化，现有的配套公用工程布局及总量已不能适应园区产业发展的需要。

3．对大型骨干企业的依存度过高，石化区企业模式有待多样化

从经济总量上看，2010 年石化区实现工业总产值 990 亿元，其中中海壳牌与中海炼化占 77.3%。一方面说明大型企业的骨干和主导地位，另一方面也说明具有活力的多种经济实体的深加工企业发育不足，除了大亚湾开发区石化园区外其他区县石化产业仍显单薄。

4．节能减排指标与发展之间的矛盾将会凸显

"十一五"期间，大亚湾开发区分配到的 COD 排放总量限制指标为 3500 吨／年（目前排放为 3500 吨／年，剩余为零）；SO_2 排放总量的限制指标为 20000 吨／年（目前排放量为 14200 吨／年，剩余 5800 吨／年）。今后节能环保将更加严格，中央政府还会规定 NO_x、氨氮和 CO_2 等新的限排物，因此，下一步发展模式将有待转变。

5．技术和人才储备体系尚待完善

大亚湾开发区石化区建设已取得巨大进展，但仍处于快速发展的前期阶段，园区石化产业缺乏高水平的技术支撑平台，技术支持和人才储备体系尚待完善。虽然目前园区内装置大多采用先进工艺技术高水平建设，也拥有了一批高素质的专业技术人员，但园区现有产业主要集中于石化中上游产业，工艺技术相对成熟。随着石化区将化工新材料、高端精细化学品等高技术含量、高附加值产业作为未来重点发

展方向，对园区技术研发及产业化实践、技术支持、人力资源等方面都会提出更高要求。

二、发展环境

（一）国际环境

全球石化产业发展迅猛，新技术、新产品不断涌现。全球金融危机以来，世界各国竞相加快开发新技术、发展绿色低碳新兴产业、应对全球气候变化，中东和北美地区不断发展轻质化和优质化为原料的石化产业链，价格竞争明显，这些因素对石化工业的发展提出新的挑战。国际贸易保护主义抬头，石化领域贸易摩擦频发，围绕市场、资源、能源、技术等领域的竞争更趋激烈。

受金融危机和欧债危机的影响，全球石化产业正面临新调整，发展格局正发生深刻变化，一方面向具有资源优势的中东地区转移，另一方面向拥有市场优势的亚太地区转移。从目前情况看，韩国、新加坡、中国台湾以及中东地区将成为争夺我国内地石化市场的主要竞争对手。特别是中东石化产品具有原料价格低廉和规模优势，加之西方跨国公司在技术、管理等方面的支持，使其产品具有较强的竞争优势。中东地区凭借丰富而廉价的乙烷资源建成了一批乙烯和相关下游大宗石化产品装置。

2011 年世界 2000 万吨／年以上大炼厂排名，见表 3-1。

2011年世界2000万吨／年以上大炼厂排名（万吨／年）　　　　　　　表3-1

排名	所属炼油公司名称	地点	炼厂原油加工能力
1	委内瑞拉帕拉瓜纳炼油中心	委内瑞拉法尔孔	4700
2	韩国 SK 公司	韩国蔚山	4200
3	韩国 LG 加德士公司	韩国丽水	3800
4	印度信诚工业有限公司	印度贾姆纳加尔	3300
5	埃克森美孚炼制与供应公司	新加坡裕廊／亚逸查湾岛	3025
6	印度信诚工业有限公司	印度贾姆纳加尔	2900
7	韩国双龙精油（S-Oil）公司	韩国釜山	2825
8	埃克森美孚炼制与供应公司	美国德州贝敦	2803
9	沙特阿美石油公司	沙特拉斯塔努拉角	2750
10	台塑石化股份有限公司	中国台湾省麦寮	2700
11	埃克森美孚炼制与供应公司	美国路州巴吞鲁日	2513
12	Hovensa 股份公司	维尔京群岛圣克鲁瓦	2500
13	美国马拉松石油公司	美国路州 Garyville	2450

续表

排名	所属炼油公司名称	地点	炼厂原油加工能力
14	科威特国家石油公司	科威特艾哈迈迪港	2330
15	壳牌东方石油有限公司	新加坡布库姆岛	2310
16	BP 公司	美国德州德克萨斯城	2256
17	Citgo 石油公司	美国路州莱克查尔斯	2200
18	壳牌石油公司	荷兰佩尔尼斯	2020
19	中国石化	中国浙江镇海	2015
20	沙特阿美石油公司	沙特拉比格	2000
21	沙特阿美－美孚	沙特延布	2000

数据来源：美国《油气杂志》2011 年 12 月 5 日。

（二）国内环境

随着我国工业化、城镇化、信息化和国际化不断深入，石化产品需求仍处上升趋势，市场潜力巨大。根据国家工业和信息化部预测，"十二五"时期大宗石化产品的需求增长低于同期 GDP 的增长，高端石化产品增长率略高于 GDP 增长速度。其中，需求仍有较大增长空间的产品有：成品油、烯烃、钾肥等刚性需求较大的产品，对二甲苯（PX）、己内酰胺、乙二醇等进口量较大的产品，天然气、轻烃等低碳原料与产品，工程塑料等化工新材料及专用化学品。

我国主要石化产品需求预测，见表 3-2。

我国主要石化产品需求预测（万吨）　　表3-2

类型	产品名称	2005 年消费量	"十一五"消费情况		"十二五"需求量预测	
			2010 年	年均增速	2015 年	年均增速
油品	成品油	16859	24515	7.8%	32000	5.1%
烯烃	乙烯（当量）*	1785	2960	10.6%	3800	5.1%
	丙烯（当量）*	1346	2150	9.8%	2800	5.4%
合成树脂	聚乙烯	1049	1706	10.2%	2100	4.2%
	聚丙烯	823	1295	9.5%	1650	5.0%
	聚氯乙烯	792	1255	9.6%	1600	5.0%
合成纤维单体	己内酰胺*	70.5	111	9.5%	200	12.5%
	乙二醇	509	800	9.5%	1020	5.0%
	精对苯二甲酸*	1205	1720	7.4%	2400	6.9%
	丙烯腈*	122	165	6.2%	210	4.9%

续表

类型	产品名称	2005 年消费量	"十一五"消费情况		"十二五"需求量预测	
			2010 年	年均增速	2015 年	年均增速
合成橡胶	丁苯橡胶 *	61	115	13.5%	140	4.0%
	丁二烯橡胶 *	45	84	13.3%	100	3.5%
有机原料	甲醇	666	2092	25.7%	3500	10.8%
	苯乙烯	428	690	10.0%	880	5.0%
无机原料	纯碱	1251	1850	8.1%	2350	4.9%
	烧碱	1159	1940	10.9%	2450	4.8%
	电石	885	1700	13.9%	2200	5.3%
化肥	氮肥（折纯）	3550	4086	2.9%	4350	1.3%
	磷肥（折纯）	1136	1475	5.4%	1490	0.2%
	钾肥（折纯）	735	712	−0.6%	770	1.6%
新材料	工程塑料 *	135	235	11.7%	380	10.1%
	有机硅单体 *	55	110	14.9%	190	11.6%
	聚四氟乙烯 *	2.4	4.5	13.4%	6.8	8.6%
其他	农药（折 100%）*	54	61	2.5%	65	1.6%
	染料	47	58	4.3%	70	3.8%
	轮胎（亿条）*	1.15	2.85	19.9%	4	7.0%

注：（1）除乙烯、丙烯外，2005 年、2010 年数据均为表观消费量。

　　（2）带 * 的为行业统计数据。

　　（3）资料来源：《石化和化学工业"十二五"发展规划》，工业和信息化部，2011 年 12 月 13 日。

惠州大亚湾石化园区已成为我国 3 大石油化工集聚区和 22 个炼化一体化基地的主要组成部分，并列为未来广东省和国家重点发展的石化基地。在国家石化产业布局上，国家提出要改善成品油"北油南运"状况，提高长三角、珠三角、环渤海地区 3 大石化产业区集聚度，形成 3 ~ 4 个 2000 万吨级炼油及 3 个 200 万吨级乙烯生产基地，这些为环大亚湾新区建设世界级生态型石化产业基地创造了良好的环境。

国内外能源资源、劳动力等生产要素价格大幅震荡上行，对行业经济稳步增长带来一定的影响，石化产业发展中资源约束、节能减排、淘汰落后、环境治理、安全生产等方面面临严峻挑战。

广东省石化产业链、产业集群尚不完善。广东省是我国 3 大石化集团在华南地区的投资重点，但由于过去国有大型石化企业走大而全的道路，产品结构和工艺路线趋向于企业内部自成体系，通过产业链带动地方石化工业发展不够，使地方石化企业的发展面临原料、技术和资金等多方面约束，尚未形成一批规模较大、具有较强综合竞争力的地方石化企业，产业的龙头带动作用不显著。广东省石化工业主要集中在茂名、广州、惠州、佛山、珠海、江门、东莞、汕头等地。茂名、广州形成了两大石化基地，而精细化工、专用化学品、橡胶加工和塑料加工等行业主要分布在珠三角地区。珠海正在成为石化下游深加工和基本有机原料生产基地；汕头成为我国聚苯乙烯主要产地；惠州则重点依托中海壳牌95万吨／年乙烯及中海油1200万吨／年炼油项目发展，产业链尚不完善，产业集聚效应才初步显现。

环境保护要求日趋严格，对石化产业在环境质量和成本上提出更高要求。环大亚湾新区要建成世界级生态型石化产业基地，其发展对地方环境影响较大。特别是中海壳牌石化项目及其中下游配套项目建成投产后，水、大气和生态环境均面临考验。虽然园区内坚持高标准建设、采用清洁生产工艺，但污染物排放量的绝对值较大，节能减排任务十分艰巨。环大亚湾新区的石化产业将面临发展与环境容量的矛盾。

资源和公用工程配套设施的约束将进一步加大，成为制约广东省内石化园区快速发展的瓶颈。首先是土地资源供应偏紧。如环大亚湾新区陆地面积和建设用地均有限，如果保持近年的开发速度，用地供应将逐步偏紧。提高土地利用率，实现单位用地产值最大化，是未来发展中面临的一大挑战；其次是淡水资源的供应面临不足，大亚湾天然淡水资源匮乏、境内大江大河少，而石化产业是耗水大户，随着发展速度加快淡水资源供应将趋紧；三是能源供应偏紧，电力供应虽已由"靠省网供电"过渡到"立足大亚湾自办电厂为主"，但用电的增长速度仍快于发电装机容量的增长速度，而大型连续化操作的石化装置最忌讳经常停电，未来环大亚湾新区保供电的任务非常艰巨；四是仓储物流体系建设需加快，仓储物流既是将来石化发展需要，也是二期炼油和乙烯项目的需要，还是国家原油储备（首期500万吨，二期1000万吨）的需要，更是衡量世界级石化产业基地的重要标准，目前环大亚湾新区还没有形成现代化的临港工业物流仓储体系，很多企业建立了自己的专用码头，缺乏总体规划，造成资源浪费。

三、环大亚湾新区石化产业发展原则

（一）统筹规划原则

全面规划，合理布局，逐步推进，分段实施。统筹规划，做大、做强石化产业基地。着力培育石化主导产业、兼顾发展高端精细化工和化工新材料等新兴产业以及现代仓储物流产业，提升环大亚湾新区石化产业的核心竞争力和综合实力；立足本市、争取广东和国家统筹谋划惠州石化产业基地建设，统筹石化产业原料、产品和市场，统筹基地用地、用能和环境指标，优化产业布局，规范园区建设，促进石化产业科学发展。

（二）市场导向原则

充分发挥市场在资源配置中的决定性作用，以市场为导向，引领石化产业发展方向，提高市场资源配置效率。同时通过政府产业政策和宏观调控，强化机制和体制建设，营造和优化发展环境，加快壮大石化主导产业，发展以轻质化优质化原料的石化产业链降低成本，以高端精细化工和化工新材料产业助推战略新兴产业发展。

（三）结构调整原则

把结构调整作为推进生态型石化园区建设的重点任务。积极探索采用 LPG—石脑油混合原料和 LPG 单一原料的烯烃生产路线，鼓励发展低消耗、低污染、高附加值的化工新材料和高端精细化工，壮大为化工新材料产业配套的化工原材料产业规模；培育发展物流、供应链管理等生产性服务企业，进一步完善石化产业服务体系。

继续坚持原料多元化、上下游一体化、集约化、基地化发展模式。在扩大石油炼制、乙烯、芳烃生产能力的同时，注重发展高端石化化工产品，提高差异化、高附加值产品比重，促进产业结构优化与产品结构升级。有效发挥石化上游原料优势，延伸发展石化产业链，注重提高下游高附加值精细化工产品比重。完善乙烯下游系列产品、丙烯下游系列产品、C4 下游系列产品、芳烃下游系列产品四条产业链，形成上下游一体化、资源合理配置、多种系列产品并重的石化下游深加工产业集群。依托石化下游深加工产品及生物质、海洋资源等为原料和中间体，发展高端精细化工和化工新材料产业，逐步提高石化产业的精细化工率。推动为石化产业配套的公用工程、仓储物流、安全预警、信息服务、研发检测、教育培训、投融资交易等现代服务业形成产业集群；依托大石化、大港口，大力推进大型物流园区建设，培育为石化产业服务的生产性服务业。

（四）自主创新原则

把增强自主创新能力建设作为调整产业结构、转变发展方式的中心环节，建立健全自主创新的投入、激励和保障机制，鼓励石化企业成为自主创新的主体，显著提高原始创新、集成创新和引进消化吸收再创新的能力，形成若干具有自主知识产权的核心技术，增强石化产业的核心竞争力和发展活力与动力，高起点建设世界级生态型石化产业基地。

（五）绿色低碳发展原则

发展循环经济，推行清洁生产，加大节能减排力度，推广新型、高效、低碳的节能节水工艺，积极探索有毒有害原料（产品）替代，提高资源利用效率，减少污染物产生和排放。积极推进城市人口集中地和重要水源地等环境敏感地区的石化企业转型或搬迁改造，消除重大安全环保隐患。坚持园区建设"五个一体化"和循环经济的理念，大力发展低碳经济、绿色经济和生态经济，深入推进"两型"社会建设，促进环大亚湾新区石化产业与环境和谐发展，打造生态型的石化产业。

四、石化产业的发展思路

充分发挥港口、区位和石化产业综合优势，按照基地化、园区化和一体化的布局原则，依托现有龙头企业和炼化一体化后续建设项目，以乙烯原料轻质化和优质化为方向，上游带动中下游，延伸发展中下游产业链，提高精细化工产业比重，建设大型石化产业集群，到 2020 年建成技术领先、环保一流的世界级生态型石化产业基地。

以大炼油、大乙烯项目为龙头，以循环经济和工业生态的理念为指导，以市场为导向，发展有特色和核心竞争优势的石化产业集群，以要素驱动、项目驱动、创新驱动和资本驱动为动力，坚持走可持续发展的新型工业化道路，按照"依托大港口，发展大工业，建设大产业"的总体思路，充分整合现有资源，利用大亚湾石化产业基础优势和临港区位优势，积极引入国内外资金和资源，促进园区石化产业的结构调整和产业升级，打造世界级生态型石化产业基地。

（一）原料多元化

充分发挥石化区的临港优势，坚持外向型、开放式的理念，全球化采购园区发展所需的各种化工原料，与区内资源形成有效互补，完善产业链结构、提升产品档次。一是进口中东或其他地区的甲醇建设 60 万吨／年甲醇制烯烃装置；二是进口中东或其他地区的丙烷建设 50 万吨／年丙烷脱氢制丙烯装置；三是进口液化气；四是自行建设乙烯和丙烯低温储罐，直接进口乙烯和丙烯。由此，不仅可充分保证园区内大型石化下游项目的原料供应，还可降低碳排放。

（二）产业基地化

努力促进中海炼化二期 1000 万吨／年炼油及 120 万吨／年乙烯项目早日建成，积极推动中海油炼化一体化三期项目的实施，推进中卡 LPG 制烯烃 130 万吨／年项目，全面提升环大亚湾新区石化产业整体规模，并为园区化工产业的继续延伸发展提供原料保障。根据中海油炼化产业中长期发展目标，惠州基地最终炼化规模将达到 4000 万吨／年炼油、350 万吨／年乙烯、200 万吨／年芳烃。将为建设世界级生态型石化产业基地打下坚实的基础。同时，由于其副产品液化气资源量将十分丰富，在保证当地居民生活需要的条件下，可充分利用液化气采用 Superflex 工艺，将中海炼化的副产品低品位资源转化为乙烯和丙烯等重要的基础化工原料，提高产品附加值，优化园区原料供应。

（三）产业集群化

紧紧抓住国内外经济转型和国际石化产业东移的历史机遇，以大炼油、大乙烯项目为龙头，加快建设中海油二期1000万吨／年炼油及120万吨／年乙烯项目，积极推动中海油三期项目的实施，推进中卡LPG制烯烃项目，实现乙烯原料轻质化优质化，降低生产成本，为延伸中下游产业链提供原料保障，全面提升石化产业规模化和现代化水平，形成世界级大型石化产业集群。强化延伸产业链，大力推进产业集聚。通过企业集群发展实现优势互补和资源共享，形成整体优势和规模效应。以土地集约带动产业集中，以系统集成带动化工物质流和能量流的综合利用，以产业集群带动生产要素的优化配置。

（四）产业现代化

把科技创新作为推进生态型石化园区建设的中心环节。着力完善科技创新服务体系，建立健全科技成果转化、科研奖励、融资等体制机制，建立与各大高等院校、科研机构的研发联盟，加强新技术、新产品、新工艺的研发应用，加强技术集成和营销模式创新，进一步提升石化产业竞争力。以高技术产业和战略性新兴产业为主导，以先进制造业为支撑，以现代服务业为纽带，构建现代石化产业体系。充分发挥石化产业基地的综合效应，形成较完善和大规模的石化产业链和产业集群，推动产业向高附加值、低污染、精细化方向发展。强化产业关联，构建有利于生产性服务业与制造业融合发展的互动机制，全面提升经济总量和质量。在下游延伸产业链的构建上，重点吸引原料需求量少、附加值高的化工新材料和精细专用化学品项目落户园区，使园区高端石化产品生产尽快形成一定规模，产生经济效益。结合国内石化产品市场对高档石化品需求增长的发展趋势，石化区应重点拓展高附加值的新型精细化工产品等产业。充分依托园区合成材料产业基础，延伸发展材料深加工制品，进一步提高产品附加值。对炼化副产品进行充分深加工和综合利用，实现资源利用率最大化和最优化。通过合理的产业链设计，实现上下游产业的最优结合，构建高规格、大规模的炼化一体化现代化产业。

（五）产业清洁低碳化

把绿色低碳作为推进生态型石化园区建设的重要途径。推广石化产业能源、资源有效利用、排放集中治理等先进生产方式，实现废弃物减量化和资源化，构建循环经济产业链，推动产业清洁低碳化发展。加强环境保护与环境综合整治，建设生态型石化园区。支持企业进行清洁生产技术改造，加强有毒有害原料（产品）替代，提升清洁生产水平。加大石油化工废弃物和副产品回收再利用。提高炼厂轻烃回收利用率，优化乙烯裂解原料；提高氢气、乙烯、丙烯、丁二烯、苯等产品的总收率；优化配置、集中利用C4、C5、C9等裂解副产品资源。探寻温室气体减排路径，开发二氧化碳捕捉、封存、综合利用技术和装备并推广应用。积极开展硫化物回收利用、炉渣综合利用等工作。

五、石化基地发展的主要目标

（一）2015 年

到 2015 年左右，环大亚湾新区石化产业保持较快发展，经济发展质量和效益进一步提高。石化产业的持续创新能力、产业生成能力、经济产出能力将全面提高，形成 1 个千亿元企业和四大产业集群。石油炼制能力达到 2200 万吨，乙烯和芳烃产能达到 220 万吨／年和 100 万吨／年，精细化工产品产能达到一定水平，力争进入世界 30 强行列。

环大亚湾新区石化产业在全省石化产业中的地位将进一步提高，成为广东石化产业中心之一，并进一步提升惠州石化产业在全国的地位，初步建设成世界级生态型石化产业基地。

（二）2020 年

到 2020 年，环大亚湾新区石化产业快速发展，现代化水平、产业竞争力显著提高，形成以炼油项目为龙头、中下游产业协调发展的石化产业一体化的现代化工业体系。石油炼制能力达到 4000 万吨，乙烯产能达到 350 万吨，芳烃产能达到 200 万吨，精细化工产品产能达到合理水平，形成完整的石化产业链，进入世界石化行业 10 强。环大亚湾新区世界级生态型石化产业基地建成。

六、主要任务

（一）科学规划空间布局和功能分区，为石化区发展提供空间保障

借鉴世界级石化产业基地生态、环保、一体化的先进理念，结合环大亚湾新区的实际，科学进行空间布局和功能分区，为石化区发展提供空间保障。

加强大亚湾石化产业园园区项目建设空间管理，园区范围控制在 65 平方公里以内，新建项目必须进入园区，空间布局重点向北拓展，园区外围建立绿色隔离走廊，严格控制新扩建石化项目占用岸线。按照循环经济和资源利用效益最大化原则，合理配置上中下游建设项目，优化基础设施和公用工程布局，加强污染物集中治理。以完善产业链为导向，逐步形成以中海油一期、二期和三期主体项目为核心，以石化下游深加工产业集群、高端精细化工产业集群，以及公用工程、仓储物流、研发检测等石化服务产业集群为支撑的"一核心三集群"产业布局。

加快惠阳鸿海精细化工基地转型升级，提高基地集聚化程度，严格污染物排放控制，

形成以中高档涂料、合成树脂、日用化学品和电子化学品为主的现代化工基地。适时启动惠东白花精细化工园区建设，优先发展芳烃下游产业链、C2 下游产业链、C3 下游产业链、C4 下游产业链，以及炼化副产品综合利用和精细化工专用化学品，建设清洁生产的现代化工基地。

惠州大亚湾石化工业区总占地约为 65 平方公里，分为工业用地区、港区、北部防护绿地带三部分，形成"两区一带"的空间布局，即以工业用地区为中心，工业用地区以南为现代化的港口仓储服务区，以北为生态防护绿地带。

工业用地区，占地面积约为 43 平方公里，集中布置石化产业生产装置。根据不同功能分为以中海壳牌 95 万吨／年乙烯和中海炼油 1200 万吨／年为核心的现有项目区(10.5 平方公里)，以中海油二期和三期为核心的中海油发展区（9.52 平方公里），以提供基础原料为主的石化下游深加工区（2.82 平方公里），以发展高端精细化工和化工新材料产业为主的精细化工园区（15 平方公里）。另外，其他用地包括道路、绿地等约 5.21 平方公里。整个工业用地区以中海壳牌和中海油项目为中心，往西布置石化深加工区，形成原料多元化产业集群和石化下游深加工产业集群，往东布置精细化工园区，形成高端精细化工和化工新材料产业集群。

港区，占地面积约为 16.8 平方公里，由荃湾港区（2.97 平方公里）和东马港区（13.83 平方公里）组成。荃湾港区包括荃湾和纯洲两个作业区。东马港区包括东联和马鞭洲两个作业区。

北部防护绿地带，占地面积为 5.34 平方公里。

（二）积极推进园区基础设施建设，为建设世界级生态型石化产业基地打下坚实的基础

紧紧围绕产业园区布局，加快中海油二期、精细化工园首期场地平整及配套工程，确保如期交付使用。加快石化公用码头、热力管网建设，完善公用管廊、仓储、公用火炬、氢气、氮气公共管线等公用工程建设。启动石化产业区 5 平方公里填海工程，为项目建设用地提供充足储备。

大力推进区内包括公路、场地平整、码头仓储、供热供电和环保设施等基础设施建设。

——供热供电。新建大型热电项目二项，一是新建 LNG 发电二期工程，3×390MW 9F 级燃气－蒸汽联合循环机组；二是神华国华惠州大亚湾热电二期项目，新建 2×350MW 发电机组。

——环保设施。建设危险废物综合利用及预处理项目和大亚湾第二条达标污水排海管线。

（三）以产业发展为重点，打造具有核心竞争力的产业集群体系

产业布局的总体思路是逐步形成"一核心三大产业集群"的新格局。到 2015 年，确立"一核心"即中海油二期项目为先导和中心，奠定建成世界级石化产业基地的基础，实现石化产业规模、质量和效益均衡发展；完善四大石化产业链，发展"三个主导"产业集群和"一个支撑"产业集群，"三个主导"产业集群是石化下游深加工产业集群、高端精细化工和化工新材料产业集群，"一个支撑"产业集群是为石化产业配套的公用工程、仓储物流、安全预警、信息服务、研发检测、教育培训、投融资交易等现代服务业产业集群。

1. 以中海油大炼油大乙烯项目为核心，奠定世界级石化产业基地的基础

——发展定位。加快中海油二期 1000 万吨／年炼油和 120 万吨／年乙烯项目早日动工建成，积极推动中海油炼化一体化三期项目的实施，全面提升石化区产业整体规模，并为环大亚湾新区化工产业的继续延伸发展提供原料保障，由此奠定在"十二五"期间建成世界级石化产业基地的基础。

——重点实施项目。中海油二期 1000 万吨／年炼油和 120 万吨／年乙烯项目。

1000 万吨／年炼油项目主要装置包括：1000 万吨／年常减压蒸馏装置、200 万吨／年轻烃回收装置、480 万吨／年催化裂化装置、70 万吨／年气体分馏装置、370 万吨／年渣油加氢装置、300 万吨／年蜡油加氢装置、80 万吨／年航煤加氢装置、340 万吨／年柴油加氢装置、240 万吨／年催化汽油脱硫装置、180 万吨／年催化重整装置、30 万吨／年硫磺回收装置、14 万吨／年 MTBE 装置以及煤气化制氢联合装置。

120 万吨／年乙烯项目主要装置包括：120 万吨／年乙烯装置、8/38 万吨／年环氧乙烷／乙二醇装置、40 万吨／年高密度聚乙烯装置、30 万吨／年全密度聚乙烯装置、70 万吨／年聚丙烯装置、25 万吨／年丁辛醇装置、35 万吨／年苯酚丙酮装置、16 万吨／年丁二烯抽提装置、65 万吨／年裂解汽油加氢装置、10/3 万吨／年 MTBE／丁烯 −1 装置。

惠州大型炼化一体化基地二期项目每年可为下游产业提供合成树脂 140 万吨，合纤原料约 38 万吨，有机原料约 165 万吨，液化气经过与炼油一期优化总的供应量降低为 40 万吨，其中苯、MTBE、环氧乙烷、丁二烯、异丁烯、丁醇、辛醇、苯酚、丙酮、异丁烷、未加氢 C5、未加氢 C9 是本基地下游延伸产业链的宝贵资源。

——发展目标。到 2015 年左右，中海油的炼油规模力争达到 2200 万吨／年，乙烯和芳烃产能达到 220 万吨／年和 100 万吨／年，每年可为下游产业提供合成树脂 217 万吨，合纤原料约 158 万吨，有机原料约 328 万吨，液化气 40 万吨。"十二五"末，中海油炼化一体化项目累计投资总规模超过 1000 亿元，实现年均销售收入约 1500 亿元。

2. 充分利用港口优势，尽快建成原料多元化产业集群

——发展定位。乙烯、丙烯是石化产业的龙头产品，对相关产业带动性强。中海油

1200万吨／年炼油和中海壳牌95万吨／乙烯项目投产为惠州地方石化产业发展营造了良好的发展契机，特别是中海油二期1000万吨／年炼油和120万吨／乙烯项目正在积极筹划之中，将为惠州及周边地区提供更多可利用的基础化工原料。由于中海油项目乙烯装置生产的乙烯和丙烯基本为其下游装置配套，为园区下游企业提供乙烯和丙烯的资源并不多，因此应该充分挖掘炼油和乙烯装置的其他资源，采用先进生产技术转化生产乙烯和丙烯。为优化利用中海油副产C4资源，同时为园区下游企业发展提供丰富的乙烯和丙烯资源，规划拟建设50万吨／年Superflex装置。同时，大亚湾石化区的港口条件非常优越，可以充分利用中东的甲醇和丙烷资源建设MTO装置和丙烷脱氢生产乙烯和丙烯，不仅可充分保证园区内大型石化下游项目的原料供应，还可降低碳排放。另外，我国周边国家和地区石化工业发达，日本、韩国、中国台湾、新加坡、泰国等均有丰富的乙烯和丙烯资源，进口乙烯和丙烯进行下游加工已经成为沿海地区特别是长三角地区普遍采用的发展模式。大亚湾石化区要开拓思路，借鉴长三角地区的经验，建设乙烯和丙烯低温储罐，多元化发展乙烯、丙烯的原料来源。

——重点实施项目。建设乙烯和丙烯低温储罐（各为3万立方米），直接进口乙烯和丙烯，每年提供乙烯17万吨、丙烯18万吨。重点推进以进口中东丙烷为原料，建设50万吨／年丙烷脱氢制丙烯装置，每年生产50万吨丙烯。积极推进以进口中东甲醇为原料建设60万吨／年甲醇制烯烃（MTO）装置，每年生产32万吨乙烯、33万吨丙烯。探索进口液化气以补充中海炼化液化气资源，采用Superflex工艺建设50万吨／年液化气深加工装置，每年生产乙烯10万吨、丙烯20万吨。

——发展目标。"十二五"末，原料多元化产业集群每年可提供乙烯59万吨、丙烯121万吨。

3.完善四大石化产业链，壮大石化下游深加工产业集群

——发展定位。利用目前可得的石化上游原料，尽快完善乙烯下游系列产品、丙烯下游系列产品、C4下游系列产品、芳烃下游系列产品这四条产业链，使石化区基本形成上下游一体化、资源合理配置、多种系列产品并重的石化下游深加工产业集群，为高端精细化工和化工新材料产业集群提供原料和中间体。

——重点实施项目。乙烯下游系列产业链：30万吨／年醋酸乙烯项目、10万吨／年聚乙烯醇项目、5万吨／年聚醋酸乙烯乳液项目、20万吨／年醋酸乙烯－乙烯共聚树脂（EVA）、10万吨／年醋酸乙烯－乙烯共聚乳液（VAE）、6万吨／年三元乙丙橡胶项目、3/6万吨／年乙醇胺／乙撑胺项目、2万吨／年SIS弹性体项目、2万吨／年超高分子量聚乙烯（分子量在300万以上）项目、2万吨／年丙醛／1.2万吨／年丙酸／1万吨／年丙醇系列产品项目等。丙烯下游系列产业链：忠信化工公司改造工程、东莞盛和化工项目、中海油能源发展丙烯酸树脂项目、中海油能源发展乙丙橡胶项目等。C4下游系列

产业链:德国巴斯夫丁苯胶乳项目、中海乐金 ABS 项目、惠州李长荣项目,和 6 万吨／年 1,4–丁二醇项目、2 万吨／年聚丁二酸丁二醇酯项目、2 万吨／年聚四氢呋喃项目、4 万吨／年丁基橡胶项目、5 万吨／年丁腈橡胶项目、1 万吨／年羧基丁腈胶乳项目、5 万吨／年稀土顺丁橡胶项目、2 万吨／年高活性聚异丁烯项目、2.5 万吨／年聚丁烯 –1 项目等。

芳烃下游系列产业链：忠信化工公司改造工程、中海乐金 ABS 项目、惠州李长荣丁苯橡胶项目、德国巴斯夫丁苯胶乳项目、东莞盛和化工生产苯酐、增塑剂和顺酐项目、仁信聚苯乙烯项目等。

4. 利用多种原料和中间体,初步形成高端精细化工和化工新材料产业集群

——发展定位。依托石化下游深加工产品及生物质、海洋资源等为原料和中间体,发展高端精细化工和化工新材料产业,逐步提高环大亚湾新区石化产业的精细化工率。在战略新兴产业中优先关注将成为今后国民经济支柱产业的节能环保、新一代信息技术、生物和高端装备制造产业,重点培育为其配套的高端精细化工和化工新材料项目,使环大亚湾新区初步形成高端精细化工和化工新材料产业集群。

——重点实施项目。怀集东邦皂化项目、营口风光抗氧化剂项目、新华粤脱芳环保溶剂油项目、深圳华德 C9–C10 项目、百利宏生物化学品项目、东方雨虹防水材料项目、彩虹气雾剂项目、长润发油漆项目、中海油能源发展工业乙烷项目和 8 万吨／年 C5 分离项目、1 万吨／年聚异戊二烯乳液项目、2 万吨／年脂肪胺项目、1 万吨／年聚天冬氨酸项目、1 万吨／年氟碳涂料项目、6000 吨／年汽车涂料项目、5000 吨／年光纤涂料项目、5000 吨／年重防腐涂料项目、3000 吨／年废纸脱墨剂项目、1 万吨／年 ACR 抗冲改性剂项目、1 万吨／年柠檬酸酯类 PVC 增塑剂项目、2 万吨／年聚氨酯粘合剂项目、3 万吨／年聚氨酯涂层树脂项目、5 万吨／年醋酸叔丁酯、醋酸仲丁酯、醋酸异丙酯系列环保溶剂项目、3 万吨／年高铁等防腐防水用聚脲弹性体项目、1 万吨／年聚烯烃多层共挤热收缩膜、2 万吨／年聚乙烯电缆料项目、4000 吨／年 POM 汽车、摩托车零部件项目、4000 吨／年 PC 汽车照明系统配件项目、5 万吨／年特种环氧树脂项目、8000 吨／年聚丙烯合成纸项目、2 万吨／年改性聚丙烯项目、1 万吨／年工业用聚丙烯无纺布项目、1 万吨／年建筑用聚丙烯短纤维项目、10 万吨／年 PMMA 项目、1 万吨／年聚丙烯弹性体项目、5000 吨／年高档 TPU 项目、150 万吨／年醋酸系列项目。

5. 推动石化产业与现代服务业联动,实现高碳产业低碳发展

——发展定位。推动为石化产业配套的公用工程、仓储物流、安全预警、信息服务、研发检测、教育培训、投融资交易等现代服务业形成产业集群；依托大石化、大港口,大力推进大型物流园区建设,培育具有国际竞争力的石化产业现代服务业龙头企业,实现高碳产业低碳发展。

——重点实施项目。"十二五"期间,除了园区基础设施项目外,还将建设精细化

工与新材料研发中心和重质油国家重点实验室，建设政务商务服务中心、企业配套服务中心、信息咨询服务中心、石化品交易中心，同时为新招商产业项目配套建设公用工程、仓储物流设施。

七、政策建议

（一）全省统筹，统一规划

从全省的高度统一规划发展石化产业，统筹解决基地建设中土地、水、环境、能源消耗等约束性指标，协调公用港口码头，防止石化产业大规模发展后分散的管理业主带来"瓶颈"制约。

（二）集约要素、调整结构、提升发展质量

在规模化、园区化、集约化建设中，注重发展石化下游产业，提高精细化工占比。

（三）与大型国有企业和跨国公司建立战略合作伙伴关系

与中海油、壳牌等大型国有和跨国公司建立战略合作伙伴关系，加强经济联系，形成利益相关体，为环大亚湾新区今后扩大建设规模、逐步建成世界级生态型石油化产业基地奠定基础。

（四）加强科研保障体系建设，打造科技支撑平台

环大亚湾新区定位于世界级生态型石化产业基地，石化中下游延伸产业应重点发展高附加值和高技术含量的高档石化产品、高端精细化学品和化工新材料，这将对建立科研保障体系的需求十分迫切。环大亚湾新区应加大投入，引进国内外知名研发机构和高端人才，集中打造科技支撑平台，在园区集中建设科研开发中心，如建立石化研究中心、精细化工和化工新材料研究中心，以及博士后流动站等；园区还要认真当好中间人，在科研院所与企业、企业与企业之间形成集研发、设计、生产于一体的良好纽带，构筑高效的技术服务平台；加强对新技术示范项目的支持和鼓励力度，在政策上给予一定的支持，建设高水平的技术研发及孵化基地，推动园区产业可持续发展，在国内外激烈竞争中保持优势地位。

（五）建立健全现代石化服务产业体系，提升绿色产业比重

环大亚湾新区应尽快引进专业机构，建立健全现代石化服务产业体系，如第三方物流仓储、公用工程、信息化平台、甲醇等大宗产品交易和期货市场、中小企业融资平台、

合同能源管理机构、CO_2 减排中心、教育培训机构等。一方面可满足入驻企业的需求，提高园区的服务功能；另一方面可增加第三产业的比重，在保持经济增长的前提下不产生污染物排放，实现高碳产业低碳发展，同时提高土地使用率。

（六）大力培养和引进专业技术人才，打造智力支撑平台

从发展角度来看，石化区化工产业规划的建设，新技术、新产品的不断出现以及经营领域的扩展，对人才的需求将大大增加，在人力资源配置上借鉴国内通行做法，建立和完善相应的吸引人才留住人才的政策和配套措施，积极引进高素质人才。采取长期聘用、短期聘请等多种方式，引进熟悉石化生产的专业人才、招商引资人才、精通业务和管理的复合型人才，形成人才聚集的热点，组成一支高素质的经营管理团队。

从市场角度来看，化工园区应成为一个高技术企业的综合体，其本身也应成为高技术企业。企业是市场竞争的主体，人才又是高技术企业生存和发展基础，因此，市场竞争的实质是人才的竞争，企业生存和发展的关键在于人才。随着中国加入 WTO、经济全球化以及企业发展对高级人才需求的增加，国内国际企业对人才的争夺将更为激烈。开发区面临着吸引人才、形成人才队伍和开发人力资源等挑战性问题，这也是大型工业园区实现良性发展所需克服的一个重要障碍。因此，园区需充分认识到高技术人才对企业发展的重要性，努力学习和引进国外先进的人力资源管理经验，以人为本，充分调动各方面积极性；要在技术、管理、职业道德等方面加大人力资源培训力度，积极培养员工的质量意识、服务意识、市场意识、竞争意识以及敬业精神；同时，通过建立有效的绩效评价机制、分配激励机制来确保人才的稳定和能力的发挥，以实现园区持久发展的活力。

专题四

环大亚湾新区建设广东省重要交通枢纽

一、基础条件

　　环大亚湾新区位于惠州市南部、广东省东南部和珠江口东岸，东靠汕尾、西邻东莞、南接深圳、北连河源，与香港毗邻，是中国大陆除深圳市外距离香港最近的城市。国家铁路干线京九铁路和厦深沿海铁路交汇于此，深惠城际轨道正在规划建设；境内现已拥有沈海高速、深惠沿海、潮莞高速惠东至东莞段、惠深盐田高速和广惠高速等 5 条高速公路，G324、G205 两条国道分别横贯东西、纵穿南北，另有近 10 条省道联系市内外，已经初步形成了对外高速对接、对内与各城镇相互衔接的综合运输通道，凸显了惠州市，尤其是环大亚湾新区的交通区位优势，奠定了其在广东省经济发展和珠江三角洲城市群建设中的重要地位。

　　环大亚湾新区综合运输现状示意图见图 4-1。

　　1. 公路

　　惠州市已经初步形成由高速公路、国省道为主骨架，县乡公路为支线，辐射周边、沟通城乡的公路网络。环大亚湾新区现有沈海（G15）惠州段、深惠沿海、莞惠、惠深盐田高速、广惠五条高速公路，G324 和 G205 两条国道。

　　2. 铁路

　　国家铁路干线京九铁路和厦深沿海铁路交汇于此。惠大铁路 53.8 公里，属地方铁路支线，按国铁一级标准设计，北起京九铁路惠州西站，南至大亚湾车站，以港口的集疏运功能为主。惠大铁路终点站澳头至港口的专用线 7.32 公里。惠大铁路通过京九铁路连通全国铁路网，开辟了京九铁路南端又一便捷的出海口通道。厦深沿海铁路是上海至深圳快速客运通道的一部分，是中国铁路"四纵四横"快速客运通道中的"一纵"。

　　3. 港口

　　惠州港于 1993 年 4 月经国务院批准正式对外国籍船舶开放，为国家一类口岸，水路距香港仅 47 海里。惠州沿海港口由荃湾港区、东马港区和惠东港区组成，拥有码头泊

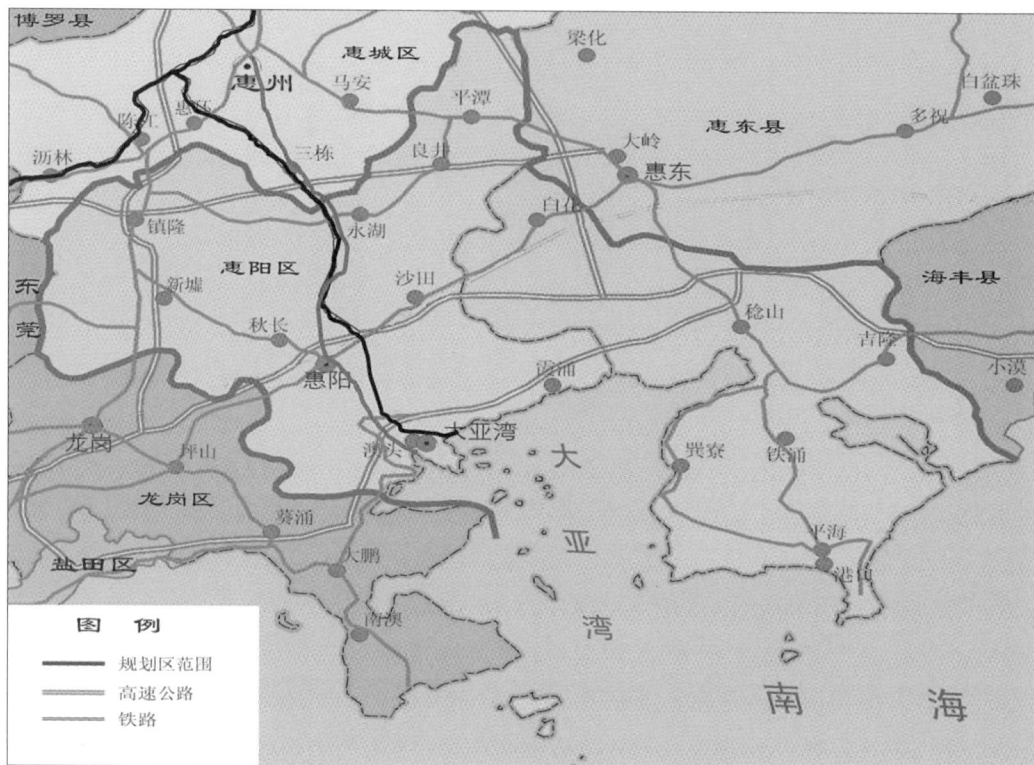

图4-1　环大亚湾新区综合运输现状示意图

位 36 个，万吨级以上深水泊位 17 个，其中 30 万吨级 2 个、15 万吨级 2 个，年设计总吞吐能力达 9300 万吨（集装箱 40 万 TEU），2011 年沿海港口吞吐量 5014 万吨，集装箱吞吐量 35 万 TEU。

4.航空

惠州拥有一个机场——平潭机场，位于惠州市惠阳区平潭镇西北侧，原为军用机场。1985 年开始民航服务，2002 年民航方面的服务停止。惠州目前没有开通民用机场和民用航班，惠州市正在积极推动惠州机场民用航空复航，现已经取得国务院和中央军委关于军民合用机场的批复。

5.管道

现有 1 条原油管道和 1 条成品油管道。华德公司广石化原油管道起于马鞭洲岛原油码头输油首站，途经大亚湾区、惠阳区、广州市，终于广石化末站，全线总长约 170 公里，1997 年投入运营。惠州炼厂至东莞立沙成品油管道起始于大亚湾惠州炼厂，途经澳头镇、淡水镇、秋长镇、新圩镇、陈江街办、福田镇，进入广州增城区，后接入东莞立沙油库，线路总长 190 公里，2010 年建成并投入运营。

总体来看，环大亚湾新区已经具备了良好的基础设施基础，对惠州市以及珠江三角洲地区经济发展起到了重要支撑作用。但是，仍然存在诸多问题：港口定位不够清晰，功能过于集中，对腹地经济支持有限；运输方式单一，仍然是公路为主、铁路短缺；与深莞通道衔接有限，不能满足深莞惠一体化要求；现代物流发展尚处起步，枢纽功能较弱。

二、发展要求

2011年，惠州市第十次党代会正式提出建设"环大亚湾经济带"，并列为今后五年要突出抓好的"三件大事"之首，这是市委市政府从战略全局和长远发展出发做出的重大战略决策，将促使环大亚湾新区成为全市最具活力的经济增长极。在珠三角产业转型、东岸地区崛起发展的新形势下，环大亚湾新区既有的交通体系将面临一系列重大机遇和挑战，要求其要充分发挥自身的资源优势，形成产业、交通、服务、创新的承接力与辐射力，打造广东省重要的综合交通枢纽。

一是珠江三角洲打造世界先进制造业和现代服务业基地的需要。作为世界级制造业基地，珠江三角洲的发展需要大量的原材料输入，同时向外部市场输出产品。惠州作为珠三角东岸的地区性中心城市，在珠三角区域中发挥着联系市场和原材料产地的生命线位置。环大亚湾新区作为穗港深乃至全国的连接通道，主动承接广州、深圳和港澳辐射和带动的有利条件凸显，为发挥区域枢纽联系作用带来机遇。环大亚湾新区综合交通运输体系建立与完善，可使得珠三角地区综合交通优势的发挥，积极促进珠三角产业转移，同时与中国大西南地区、泛珠三角地区、东南沿海地区等原材料供应地和内地市场形成紧密联系，逐步构建区域性综合交通枢纽。

二是贯彻落实深莞惠一体化发展战略的需要。深莞惠一体化发展需要区域一体化交通的支撑，包括实现城市土地利用规划和交通规划的衔接，统筹安排城市内部交通和城际交通。建立一体化的区域公共综合交通体系，要以区域一体化、城际客运公交化为目标，建立轨道公交体系、城际客运体系和城际物流体系。环大亚湾新区综合交通运输体系作为珠江三角洲地区、深莞惠一体化发展的重要支撑，规划中必须考虑与周边城市特别是深莞惠经济圈的综合交通运输基础设施的对接、融合，共同推进区域交通基础设施建设，为区域综合运输协同服务、一体化运输奠定物质基础。

三是惠州市及环大亚湾新区经济快速发展的需要。改革开放30年来，惠州的经济高速发展，成为中国经济发展较快的地区之一。依据《珠江三角洲城镇群协调发展规划（2004～2020）》和《惠州市城市总体规划（2006～2030）》，惠州是珠江三角洲地区性中心城市，以电子信息、石油化工为主的制造业基地，风景旅游城市和历史文化名城。到2010年底已初步建成珠三角东部现代化经济强市、广东省现代石化数码产业名城。惠州市经济的高速发展，一方面在于惠州市大力吸引外资，发展外向型经济；另一方面较大程度上得益于惠州市交通基础设施的建设。未来惠州的交通基础设施将继续发挥经济发展的基础性、先导性和服务性作用。为适应新的战略定位和发展要求，惠州市迫切需要大力构筑与区域合作、城市发展、土地利用和环境保护相适应，各种交通方式协调发展的综合交通运输体系。

三、发展定位

适应珠三角建设世界级城市群、深莞惠一体化和惠州跻身珠三角第二梯队的要求，以建设"双港一网"为核心，统筹规划，适度超前，调整结构，优化布局，加快海空两港建设，构建内外一体化的快速交通网，加强综合交通枢纽功能建设，推进油品管道建设，加快形成广东省重要交通枢纽，为建设现代化绿色生态湾区提供支撑。

"双港"，即海港和空港。统筹广东沿海及珠三角港口布局，优势发展、错位发展，积极提升惠州港的地位和综合服务功能，将惠州港打造成为我国沿海重要的原油进口基地，珠江口东岸地区的重要港口和现代物流基地。积极强化与珠三角五大机场的差异化分工，推进深惠机场合作，发展旅游目的地航空业务，积极拓展通用航空业务，探索与港澳开展跨界直升机航运业务，将惠州机场打造成为珠江口东岸及粤东地区的重要航空枢纽、重要的旅游目的地机场和广东省重要的通用航空发展基地。

"一网"，即加快建设内外一体化的快速交通网。以提升和增强环大亚湾新区的地位和功能为中心，按照"西融、东拓、北连"的战略方向，加快建设对外大通道，推进深莞惠一体化发展，融入珠三角高速交通网，增强对粤东、粤北及内陆地区的辐射能力，拓展腹地空间。积极适应深莞惠一体化进程，以基础设施建设为重点、推动公交运营一体化、创新体制机制，全面推进深莞惠交通一体化；围绕惠州市及环大亚湾新区各功能组团，以高速、快速公路和城际轨道为主体，密切组团之间联系，完善新区"△"快速交通通道建设。

环大亚湾新区综合运输规划示意图见图4-2。

四、主要任务

（一）加快建设亿吨大港

1. 港口定位

目前，香港及珠三角地区港口众多，规模日益壮大，港口竞争日趋激烈，尤其体现在集装箱运输上。总体上看，大珠三角港口群合理分工格局基本形成。香港是亚太地区最重要的国际航运中心，能提供高增值航运服务和港口服务，特别是国际货物中转服务；广州港是华南地区重要的综合性枢纽港和吞吐量第一大港，也是华南地区能源、原材料等物资

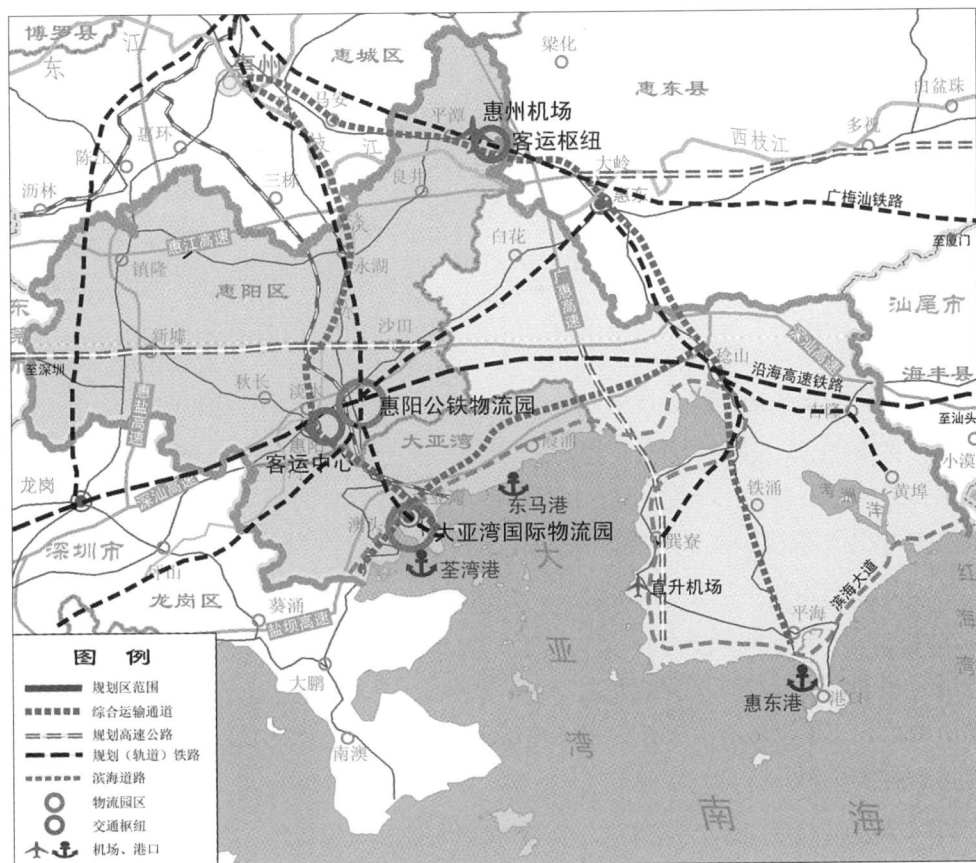

图4-2 环大亚湾新区综合运输规划示意图

运输的重要中转港和我国内贸集装箱第一大港；深圳港是沿海集装箱干线港，以发展外贸干线集装箱运输为主，散杂货运输功能逐步转移；惠州港正在形成珠三角东岸大宗能源物资接卸港，并积极发展集装箱支线运输；虎门港以煤炭及散杂货为主，并积极发展集装箱支线运输。在集装箱运输上，粤港两地也已初步形成以香港国际航运中心为龙头，深圳港、广州港为干线港、惠州、虎门等其他港口为支线港和喂给港的分工合作格局。在珠三角港口群中，广州港和深圳港已遥遥领先，处于绝对的第一梯队，而和惠州港同一梯队的珠海港、东莞港、中山港等发展势头同样十分迅猛。珠三角港口群雄并起，在新的一轮港口大战中，惠州港要么把握机遇，突围而出，要么被甩在后面，甚至被淘汰出局。

惠州港与深圳港一弯相隔、水路距香港仅有40多海里，是大珠三角港口群的重要组成部分，也是惠州市及环大亚湾新区经济发展的重要支撑。纵观惠州港的发展历程来看，惠州港的成功在于市场化，问题也出在过于市场化。惠州港通过市场化运作，建设了包括码头、航道在内的一大批基础设施，为惠州港快速发展立下汗马功劳。但过于依赖市场化，缺乏政府主导和投入，也造成了今天惠州港公用码头不足、公用配套基础设施滞

113

后于港口码头发展等既成现实。同样，目前惠州港最明显的特征是产业港，为临港工业配套的货主码头占主导地位。目前，惠州港主要为临港工业服务，石化产业是其最大的依托，其吞吐量的 70% 来自石化产业，其中 70% 又为原油。公用码头比例偏低，货主码头专享独用，导致码头利用率偏低，2011 年惠州港沿海港码头利用率仅为 56.1%，对整个惠州经济拉动尚未发挥出应有的"龙头"带动作用。

当前，随着广东省"双转移"战略的实施，珠三角产业转移、调整和提升已经势在必行。惠州市第十次党代会也正式提出建设"环大亚湾新区"的重大战略决策。惠州港口是惠州市未来经济发展非常重要的战略资源，惠州港的发展也正面临难得的机遇。惠州市已明确提出"建设世界级现代化石化产业基地"宏伟战略目标，到 2015 年左右，石油炼制、乙烯和芳烃生产能力分别达到 2200 万吨、220 万吨和 100 万吨，规模进入世界 30 强行列，世界级生态型石化产业基地初步形成。到 2020 年，石油炼制、乙烯和芳烃生产能力分别达到 4000 万吨、350 万吨和 200 万吨，进入世界石化行业 10 强行列，建成世界级生态型石化产业基地。同时，积极承接珠三角产业转移，打造珠三角制造业转型升级的新平台，建设成为珠三角世界级信息产业基地的重要组成部分和高端产业聚集的先进制造业基地。积极发挥滨海旅游资源优势，以巽寮湾为核心，把稔平半岛打造为粤港澳滨海休闲旅游度假区，发展休闲度假旅游、高端滨海商务旅游、游艇旅游等高端旅游产品。因此，为适应环大亚湾新区经济发展的新形势，要求惠州港发展成为环大亚湾新区打造世界级现代化石化基地、完善化工产业链和承担国家战略原油储备的重要依托；提升城市功能和地位，建设环大亚湾新区、率先实现现代化的重要支撑；也是纵深腹地能源、原材料的转运基地和华南地区集装箱运输的主要港口之一。

综上所述，统筹广东沿海及珠三角港口布局，按照产业支撑、物流提升、差异发展、功能完善的总体要求，以临港工业为依托，大力拓展腹地空间，全面提升港口现代物流和综合服务水平，增强港口综合竞争力和资源配置能力，把惠州港建设成为珠江口东岸重要的港口和现代物流基地。以优势发展、合作发展、错位发展三大战略为主体，积极推动惠州亿吨大港建设。优势发展，就是要背靠大亚湾世界级现代化石化基地的优势，加强东马石化专业化港区建设，拓展石化保税物流，建设石化交易平台，做大做强石化物流；合作发展，就是进一步完善、加强与和记黄埔的合作，借势发展，积极发展集装箱运输；错位发展，就是要利用深圳港港口布局调整、逐步淡出散杂货运输的有利时机，大力发展荃湾综合性服务港区，积极发展铁海联运功能，扩展腹地空间，为纵深腹地的能源、原材料运输提供便利出海口。同时，配合稔平旅游休闲区建设，推进城市服务性游艇等港口休闲产业发展。到 2017 年，力争港口吞吐能力达到 1.5 亿吨，吞吐量 1.2 亿吨；2020 年港口吞吐能力达到 1.8 亿吨，吞吐量 1.5 亿吨。

2．积极调整港区功能

合理调整惠州港港区功能，将东马港区打造成为石化专业化港区，荃湾港区发展成为综合性港区，惠东港区以保护性发展为主。东马港区是大型石化港区，主要承担大亚湾石化基地的原油和产成品的运输服务以及广石化的原油接卸。荃湾港区是惠州港的综合性港区，以承担大宗散货转运和集装箱运输为主，同时依托铁海联运优势，兼顾腹地能源、原材料运输，发展现代物流。惠东港区围绕建设"百里国际滨海旅游长廊"，调整完善港区功能，严格岸线管理，由货运为主转向以客运旅游为主，把惠东港区建设成为设施先进、环境优美的客运旅游专用港区。

3．加快建设东马石化专业化港区

依托大亚湾世界级生态型石化产业基地优势，重点推进马鞭洲30万吨级航道、华瀛30万吨级原料油泊位，以及中海油、欧德油储等一批液体化工品泊位建设，构建大规模石化专业化泊位群。拓展石化保税物流，建设石化交易平台，做大做强石化物流产业，把东马港区打造成为国内规模居前、技术领先、环保一流的石化专业化港区。

4．大力发展荃湾综合性公共服务港区

积极承接深港产业转移，大力发展粮油加工、重型装备制造等临港产业，扩展粤北及内陆腹地空间，优势发展、合作发展、错位发展。大力推进用海规划审批和港区成片围填工程建设，以集装箱和散货泊位为重点，加快5万吨级集装箱、7万吨级深能煤炭、5万吨级LPG、7万吨级通用散杂货等一批泊位建设，配套建设荃湾10万吨级以上航道、锚地及港口支持保障系统，完善涉港铁路、公路、管廊等集疏运体系和铁海联运系统。把荃湾港区建设成为设施完备、功能强大、生态环保的现代化综合性公共服务港区。

5．积极调整惠东港区功能

优化碧甲作业区煤炭运输码头的流程管理，实行煤炭筒仓储存，加强环保配套设施建设。统筹海岛资源开发，完善陆岛交通基础设施建设和航线航班配置，重点发展海岛客运、旅游，建设独具大亚湾风情的海岛客运旅游中心。大力发展城市服务性游艇等港口休闲产业，建设"游艇会"，规划研究发展邮轮挂靠港。

6．发展现代港口物流功能

统筹港口和周边物流园区协调发展，积极引进国内外大型物流企业集团，大力发展储运、加工、分拨、配送等增值服务，开展金融保险、交易结算、电子商务、信息等现代物流服务，打造现代化综合性的港口物流平台，全面提升港口综合服务水平，实现区港联动、物流兴港。建设石化产品交易市场，做强做精石化物流。强化与大型物流企业和货主的战略合作，有序布局内陆港，大力发展铁海联运功能，做优做大集装箱物流和干散货物流。积极拓展石化、集装箱等保税功能，适时申报保税港区。

惠州港近期重点建设项目，见表4-1。

惠州港近期重点建设项目 表4-1

序号	项目名称	建设规模						建设起止年限（年）
		泊位性质货种	泊位吨数（t）	泊位个数	吞吐能力（万t）	航道等级	通航里程（km）	
	总　　计			36				
1	荃湾港区国际集装箱码头	公用码头	5万（结构10万）	2	80万TEU			2009～2013
2	荃湾港区散货码头（煤码头）	煤码头、水铁联运	7万（结构15万）	2	1450			2011～2013
3	大亚湾石化工业区公用码头工程（中海油能源发展惠州物流基地）	公用码头	5千吨级	2	72			2010～2012
4	惠州港荃湾港区主航道扩建工程					5万	17.9	2010～2012
5	荃湾港区粮食码头	粮食泊位	5万	1	200			2013～2015
6	惠州大亚湾石化区港务有限公司中海油能源发展惠州物流基地二期配套码头项目	件杂货、柴油	5千	3	112			2013～2015
7	华德惠州保税区周转库配套码头工程	成品油	5千吨级	7	658			2011～2013
8	华瀛燃料油调和配送中心配套码头	原料油进口、调和油出运	1×30万吨级原料油、3×2万吨，1个工作船泊位	5	2000			2010～2013
9	马鞭洲主航道扩建工程	30万吨级，25km				30万	25	2014～2015
10	中海油二期扩建项目码头配套工程	成品油及液体化工	1×3万吨级、2×5千吨级泊位	3	440			2011～2014
11	惠州港碧甲港区沙湾综合码头扩建工程	件杂货	5千吨	2	160			2011～2013
12	平海电厂二期工程码头配套工程	进口煤	7万	1	650			2014～2015
13	碧甲港区进港航道					7万	5	2013～2014
14	惠州大亚湾欧德油储公用石化码头扩建工程	液体化工品公用码头	1×5万吨级、2×1万吨级泊位	3	40			2013～2015
15	惠州港荃湾港区5万吨级石化码头	石化码头	1×5万、1×1万、1×5千吨级泊位	3	190			2012～2015

（二）统筹发展惠州机场

目前，大珠三角区域内方圆 200 多公里的面积内，有香港、深圳、广州、珠海和澳门 5 个大型机场，已经成为我国区域机场最为密集的区域和需求增长最快的区域。如此高密度的大型国际机场分布必然导致机场之间以及以机场为核心的区域空港经济之间的激烈竞争，尤其是对珠三角腹地资源的激烈争夺。惠州机场显然与其他 5 大国际机场不在同一层级，发展思路上需要另辟蹊径。

大珠三角地区东岸三大机场发展空间对比见表 4-2。

大珠三角地区东岸三大机场发展空间对比　　　　　　　表4-2

年份（年）	白云国际机场			香港国际机场			深圳国际机场		
	跑道数（条）	设计运输能力		跑道数（条）	设计运输能力		跑道数（条）	设计运输能力	
		旅客吞吐量（万人）	货邮吞吐量（万t）		旅客吞吐量（万人）	货邮吞吐量（万t）		旅客吞吐量（万人）	货邮吞吐量（万t）
2010	3	5500	—	2	4859	450	1	2400	—
2015	4	6000	300	3	5706	522	2	3200	190
2020	4	7500	400	3	6756	646	3	4500	300
远期	5	10000	600	—	8000	800	—	—	—

惠州机场要强化与大珠三角五大机场的差异化分工，推进深惠机场合作，发展旅游目的地航运业务，积极拓展通用航空业务，探索与港澳开展跨界直升机航运业务，将惠州机场打造成为珠江口东岸及粤东地区的重要航空枢纽、重要的旅游目的地机场和广东省重要的通用航空发展基地。

1. 推动机场复航和建设

近期对惠州机场飞行区按照 4C 标准扩建改造，尽快实现复航，主动接受深圳机场的溢出需求，拓展国内航线，重点发展旅游航线或季节性包机等航运业务。适时推进惠州机场整体改扩建工程，完善机场地面交通体系建设，大力发展空港经济，加快提升综合服务水平和辐射能力，打造深莞惠经济圈第二机场，成为珠江口东岸及粤东地区的重要航空枢纽。

2. 积极拓展通用航空业务

大力发展私人航空、工业航空、农业航空、航空体育运动、飞行训练等通用航空业务，将惠州机场打造成为广东省重要的通用航空发展基地。统筹规划建设大亚湾开发区直升机机场，发展中海油东部海域海上直升机服务；规划建设巽寮度假区直升机机场，探索与港澳开展跨界直升机航运业务，发展高端旅游航空服务。

3.积极发展空港物流

构建和延伸空港产业链，积极引进国内外航空物流和服务企业，积极推动深惠机场合作，促进深惠航空物流联动发展，为临港产业提供支撑。

（三）全面推进深莞惠交通一体化

2009年1月，国务院批准《珠江三角洲地区改革发展规划纲要（2008～2020年）》（以下简称《纲要》），从国家战略层面明确了珠三角东岸的发展定位及功能："积极稳妥地构建城市规划统筹协调、基础设施共建共享、产业发展合作共赢、公共事务协作管理的一体化发展格局，提升整体竞争力。推进城市规划一体化，优化珠江三角洲城市群的空间结构布局"。在《纲要》出台后不久，深圳、东莞、惠州三市正式启动了珠江口东岸地区经济一体化战略，签署了《推进珠江口东岸地区紧密合作框架协议》，提出包括交通运输在内的十项重点合作内容。因此，积极推进深莞惠交通运输一体化成为惠州市，尤其是环大亚湾新区当前和今后一段时期重要战略任务。

深莞惠交通运输一体化要以促进珠三角地区改革发展和深莞惠经济圈一体化为主题，把三市作为一个整体，以基础设施规模扩大为先导、公交运营一体化为目标、体制机制创新为保障，构建便捷、安全、绿色、智能的现代化、一体化的综合交通运输体系，实现客货无障碍、低成本的流动。更要重点突出客运一体化进程：构建以城际轨道交通、铁路客运专线为骨干，以城际公交、公路长途客运为基础的城际公共交通网络，有机串联深莞惠城市中心区、重要城镇节点和主要组团，实现半小时至一小时的交通圈。

1.加快推进莞惠、深惠运输走廊建设

以客运专线、城际轨道和高速公路为重点，以省道和县道加密完善，推进莞惠、深惠运输走廊基础设施建设。深惠运输走廊：重点推进厦深高铁、惠深城际、赣深高铁，G205改扩建、长深高速扩建等工程。莞惠、深惠运输走廊：重点推进莞惠城际，清溪－沙田高速公路等工程。

莞惠、深惠运输走廊建设重点项目见表4-3。

莞惠、深惠运输走廊建设重点项目　　　　表4-3

序号	项目名称	建设性质	建设规模			开工（年）	完工（年）	前期工作情况
			设计时速（km/h）	建设里程（km）	途经主要点			
1	厦深沿海铁路惠州段	新建	250	58.2	吉隆、稔山、淡水、西区	2008	2012	在建
2	北京至深圳客运专线惠州段	新建	350	80	博罗、惠城区、仲恺、惠阳	2015	2020	前期研究

续表

序号	项目名称	建设性质	建设规模			开工（年）	完工（年）	前期工作情况
			设计时速（km/h）	建设里程（km）	途经主要点			
3	莞惠城际轨道交通线	新建	250	33.34	沥林、汽车南站、江北	2009	2013	在建
4	深圳龙岗至惠阳淡水城际轨道	新建	100	10	惠阳区、龙岗	2013	2016	路线研究
5	长深高速惠盐段	改扩建	—	30.4	—	2010	2013	—
6	S358线新圩至清溪	改建	—	11.5	—	2012	2015	—
7	G205线陈江至深圳市界	改建	—	20.23	—	2013	2015	—

2. 推进公交运营一体化

构建毗邻镇区间、毗邻镇区到跨市枢纽中心间、主城间三级公交体系，面向不同出行群体，提供公交化服务。近期重点是毗邻镇区间运输服务空白区域的填充，在城际铁路建成运营的同时，实施主城间"点对点"公交试点。在深莞惠经济圈城际轨道交通、城市轨道交通及城市公共交通统一储值卡票制，以"岭南通"为原型，发行广东省公共交通一卡通储值卡，在深莞惠各城市公交、出租、城市轨道交通及城际轨道交通范围内实现一卡通用。

3. 创新一体化的体制机制

开拓思路，先行先试，深化区域交通运输管理体制机制改革，逐步推进三市运输管理工作在各个层面的对接，积极消除地域管理壁垒，共同维护区域内运输市场秩序，实现深莞惠三市道路运输管理政策一体化。

（四）强化对外综合运输通道建设

加强环大亚湾新区及惠州市对外交通联系，实现与珠江三角洲其他城市的有效对接，并辐射带动粤东、粤北地区，积极强化"西融、东拓、北连"外综合运输通道建设。

1. 西融

推进莞惠、深惠运输走廊建设，续建厦深沿海铁路，改扩建长深高速公路惠盐段、国道205陈江至深圳市界和大亚湾开发区龙海一路和石化区北环路快速路工程，新建惠阳－龙岗城际轨道、莞惠城际轨道和沙田－清溪高速公路、仁深高速公路博深段等工程，规划惠阳至东莞城际轨道，构建半小时至一小时交通圈。加快城际公共交通体系建设，提高路网规模化水平，推进深莞惠公交运营一体化，加快融入深港交通圈。

2．东拓

加快东部通道建设，续建厦深沿海铁路，改扩建国道324和长深高速公路惠汕段，新建广汕铁路惠州段和潮莞高速公路惠东段，拓展粤东地区的腹地空间，使环大亚湾新区成为珠三角辐射带动粤东地区发展的重要战略支点。

3．北连

新建北京－深圳客专惠州段，改扩建国道205惠州段和惠大铁路，扩建长深高速公路惠河段，新建仁深高速公路龙博段、惠城至龙门和莞惠河高速公路，拓展向北联系通道和腹地空间，使环大亚湾新区成为粤北及内陆地区新的重要出海口。

（五）完善经济带"△"快速交通通道建设

惠城区处于惠州市中心地带，是沟通惠州"四区三县"的重要桥梁。新区快速交通通道网建设应围绕惠城主区和环大亚湾新区惠阳区、大亚湾高新区和稔平半岛旅游休闲区，以高速公路、城际轨道为主体，构筑"△"快速交通通道，密切组团之间交通联系，实现环大亚湾新区半小时交通圈。

1．突出轴线核心，强化惠城区、惠阳区和大亚湾高新区交通通道

新建惠城－惠阳－大亚湾城市轻轨，续建惠澳高速公路，新建疏港大道，改扩建惠南大道惠阳段及淡澳路快速路工程，适时推动惠大铁路扩能改造。预留快速公交系统走廊，发展快速公交系统，逐步形成以城市轻轨和快速公交为主体的客运运输系统、以惠大铁路和高速公路为主体的货运运输系统。

惠城区、惠阳区和大亚湾高新区交通通道重点建设项目见表4-4。

惠城区、惠阳区和大亚湾高新区交通通道重点建设项目　表4-4

项目名称	主要控制点	规划等级	建设性质
惠城至惠阳轨道线	东平、三栋、永湖、淡水	轻轨	新建
惠阳至大亚湾轨道线		轻轨	新建
惠澳高速	永湖、淡水、澳头	高速/6车道	新建
惠南大道淡水段	上桥背、塘房	一级/6车道	改扩建
淡澳路	塘尾、澳头	一级/6车道	改扩建
疏港公路	黄鱼涌、荃湾港区	一级/6车道	改造

2．推进惠城区、惠东区和稔平半岛旅游休闲区快速交通通道建设

新建广汕铁路、惠城－机场－惠东城市轨道，规划惠东－稔山城市轨道衔接线，扩建广惠高速公路，改扩建国道324、县道121、211和新建巽寮至铁涌公路等工程。

惠城、惠东和稔平半岛旅游休闲区交通通道重点建设项目见表4-5。

惠城、惠东和稔平半岛旅游休闲区交通通道重点建设项目　　表4-5

项目名称	主要控制点	规划等级	建设性质
国道 G324 改扩建	吉隆、黄埠、稔山、陈塘	一级 /4～6 车道	改扩建
广惠高速公路扩建	小金口、水口、大岭、凌坑	高速 /6 车道	扩建
环岛公路		高速 /4 车道	改新建
稔平至港口公路		城市快速路 /6～8 车道	改新建
惠城区－惠东区－巽寮度假区轨道线		轻轨	规划研究

3. 加快惠阳区、大亚湾区和惠东（稔平半岛旅游休闲区）快速交通通道建设

新建惠阳－惠东城市轻轨，规划稔山－巽寮度假区城市轻轨，新建广惠高速公路东延线。按照滨海景观与快速路融为一体的要求，建设环大亚湾公路环线，新建小桂至澳头、石化区海滨路、霞涌海滨路、范和湾海滨路、稔平半岛海滨路、港口至盐洲公路，改扩建县道 210 和 213、碧甲出口公路等工程。借鉴国内外旅游度假区先进发展经验，推进稔平半岛旅游交通运营体系、应急拥堵反应机制和停车场布局优化等公共交通服务系统建设。

惠阳、大亚湾和惠东（稔平半岛旅游休闲区）交通通道重点建设项目，见表4-6。

惠阳、大亚湾和惠东（稔平半岛旅游休闲区）交通通道重点建设项目　　表4-6

项目名称	主要控制点	规划等级	建设性质
惠阳－惠东城际轨道		轻轨	新建
广惠高速公路东延线	凌坑、巽寮、碧甲	高速 /4 车道	新建
新墟－沙田高速公路		高速 /4 车道	新建
大亚湾环城快速路	龙山一路和北环路	城市快速路 /6～8 车道	改扩建
惠阳－巽寮度假区轨道衔接线		轻轨	规划研究

（六）推进综合交通枢纽建设

综合交通枢纽是综合交通运输体系实现的重要基础和发挥整体效能的重要环节。要以集约、节约利用土地为原则，以构建客货运便捷、高效、绿色、安全发展为目标，按照客运"零距离换乘"、货运"无缝衔接"的服务理念，加快环大亚湾新区站场功能调整，突出"一客、两货"综合交通枢纽建设，形成现代化、多层次的站场枢纽体系。

1. 综合客运枢纽

以"客运零距离换乘"为导向，以满足惠州经济发展和区域内客运需求为目标，依托高速公路网和区内主要公路干线及铁路城际铁路、航空、水运等运输方式，以新建惠阳火车南站客运枢纽和机场客运枢纽为重点，建设综合客运枢纽。

——惠阳火车南站客运枢纽。定位为综合客运枢纽，实现公路客运、厦深铁路站、惠深城际的一体建设，满足公路、铁路、轨道交通、城市常规公交、出租车的零距离换乘，为惠州城区南部以及惠阳区、仲恺高新区等居民出行提供服务。

——惠州机场客运枢纽。定位为综合客运枢纽，通过立体交通体系建设，实现与轨道交通、城市公交及出租车的一体换乘，是深莞惠都市圈的第二机场，近期按照4D级复航，远期改扩建主要满足深莞惠居民出行服务，辐射粤东地区。

综合客运枢纽重点建设项目，见表4-7。

综合客运枢纽重点建设项目 表4-7

序号	名称	建设性质	占地面积（m²）	站场位置	交通衔接	交通条件	功能定位
1	惠州火车南站客运枢纽	新建	60000	厦深铁路惠州南站	厦深铁路、惠深城际、公路客运、城市公交及出租车	紧邻S254，临近深汕高速公路	该站实现公路客运、厦深铁路站、惠深城际的一体建设，满足公路、铁路、轨道交通、城市常规公交、出租车的零距离换乘
2	惠州机场客运枢纽	新建	100000	平潭镇西北侧	机场、公路客运、城市公交、城市轻轨	紧邻广惠高速和惠州大道、莞惠高速、惠城-惠东城市轨道	为深莞惠都市圈的第二机场，近期按照4D级复航，远期改扩建。服务对象为深莞惠，辐射粤东地区

2. 综合货运枢纽

以"货运无缝衔接"为导向，以惠州港的大发展为契机，依托产业园区和多式联运，形成以化学品运输为亮点，以制造业、商贸业、保税物流、城市配送物流为重点，加快站场功能调整，重点形成两大综合货运枢纽，将环大亚湾新区建设成为珠三角东岸地区重要的区域性物流中心和衔接粤东的首要物流节点。建设大亚湾国际物流园，发展港口现代物流服务功能，形成以港口为主体的综合货运枢纽；新建惠阳公铁物流园，利用惠阳便利的交通网络，形成以公铁联运为主体的综合货运枢纽，将环大亚湾新区建设成为珠江口东岸地区重要的物流中心。

——大亚湾国际物流园。位于大亚湾经济技术开发区内、荃湾港区北部，规划占地面积4.0平方公里。惠澳大道（S254）、在建的惠大和沿海高速将园区与公路网相连，惠大铁路二期工程将直接进入港区。定位为多功能综合性通用港口物流园区，目前一期建设所需土地基本平整，建设方案仍在修改完善中。

——惠阳公铁物流园。位于港深惠和惠城－环大亚湾发展的主轴线上，该轴线聚集了惠州市主要的高新技术产业和先进制造业等功能。惠阳区是新区的现代服务业活力区，将沿淡水河，围绕淡水、永湖、秋长三镇交界区域等70平方公里核心区块，面向深莞惠大规模制造业转型升级和生产性服务需求，大力发展商贸物流、创意设计、金融商务、中介信息等现代生产性服务业。建立惠阳公铁物流园区既能有效满足惠州产业发展产生的物流需求，为惠阳发展现代物流业发展提供有效支撑。园区位于厦深铁路惠阳站处，交通便利，通过厦深沿海铁路，疏港高速公路，沿海高速等多条交通干线与对外联系。

综合货运枢纽重点建设项目，见表4-8。

综合货运枢纽重点建设项目 表4-8

序号	名称	建设性质	占地面积（万 m²）	功能定位
1	大亚湾国际物流园	新建	400	依托惠州港荃湾港区，以通用散货和集装箱为重点，发展区域多功能综合性的港口物流
2	惠阳公铁物流园	新建	30	依托铁路为惠州发展生产性物流提供服务的货运枢纽

（七）打造城市绿色交通系统

贯彻绿色交通理念，加大公共交通投入，完善公共交通网络，提高公共交通出行分担比率，鼓励发展步行、自行车等慢行交通系统。完善公交换乘站点布局，加强惠阳、大亚湾、稔山等轨道交通、地面公交之间以及与对外交通的衔接，实现便捷、合理换乘。支持惠阳、大亚湾开发区加快绕城快速公路及综合枢纽周边道路的建设，缓解出入口和枢纽附近交通压力。进一步完善通村公路网，推进农村公共交通普遍服务，加快农村客运站点同步建设，扩大农村客运网络，逐步实现城乡交通一体化。

（八）加快油品管道建设

依托大亚湾世界级现代化石化基地建设，逐步构建以大亚湾为中心、辐射周边地区的油品管网，推进珠三角成品油管网建设，拓展粤东地区的珠江三角洲成品油输送干线。在现有广石化原油管道、通往东莞立沙成品油管道的基础上，加快建设通往粤东河源、汕尾等地的成品油管道。重点建设惠州炼厂至河源成品油管道和惠州至汕尾成品油管道。

1. 惠州至河源成品油管道

惠州至河源原油管道起于惠州炼厂，接东莞立沙油库管线，向北途经沙田镇、永湖镇、惠州城区、小金口镇、芦洲镇、观音阁、石坝镇后，进入河源境内，线路总长约140公里。

2. 惠州至汕尾成品油管道

惠州至粤东原油管道起于惠州大亚湾澳头镇，向东沿惠深沿海高速公路和深汕高速公路线位，途经澳头镇、霞涌镇、稔山镇、吉隆镇，进入汕尾境内，线路在惠州境内长度约60公里。

专题五

环大亚湾新区建设珠三角高端制造业基地

当前，我国进入新型工业化发展的历史新时期，国际国内发展条件正在深刻变化，区域产业竞争格局面临新调整，广东作为国内经济发展的排头兵，加快发展高端制造业率先实现产业转型升级，是打造筑梦"升级版"的重要任务和途径。环大亚湾新区区位交通条件优越，现有开发强度较低，配套体系不断改善，产业发展势头良好，具备发展高端制造业的后发优势，不仅有条件成为惠州市高端制造业发展的重要平台，也有潜力建设成为珠三角高端制造业基地。

一、发展的基础与条件

环大亚湾新区初步形成了以石化、电子信息、汽车零部件产业为主导，以制鞋、轻工、建材等产业为补充的制造业体系，并呈现了国有、外资和民营企业优势互补，新兴产业与传统产业协调共进的发展格局。

（一）发展基础

环大亚湾新区制造业初具规模，并呈现快速发展态势。2011 年，环大亚湾新区实现工业增加值 497.9 亿元，占惠州市（1170.9 亿元）的 42.5%。其中，石化和电子信息产业居于主导地位，汽车零部件产业呈现良好发展势头，此外，在女鞋等部分传统产业领域具备了一定的优势，为未来进一步转型升级奠定了较好的基础。

深莞惠三市及珠三角主要制造业增加值占广东省的比重（2010 年）见表 5-1。

深莞惠三市及珠三角主要制造业增加值占广东省的比重（2010年）　　表5-1

行业	惠州	深圳	东莞	珠三角
石油及化学业（%）	8.9	16.1	2.3	75.1
电子信息（%）	7.3	56.9	9.9	95.0
建筑材料（%）	2.6	4.8	4.1	60.6

续表

行业	惠州	深圳	东莞	珠三角
电器机械及专用设备（%）	2.0	21.5	8.2	93.6
纺织服装（%）	1.8	7.9	10.0	76.0
汽车及摩托车（%）	1.5	6.0	2.0	97.7
森工造纸（%）	1.4	7.6	19.4	78.3
医药（%）	1.2	20.7	1.4	81.3
食品饮料（%）	0.9	8.2	6.5	70.7

数据来源：广东省经济和信息化委员会编：《广东经济和信息化概要（2012）》。

1．世界级石化产业基地积极推进

石化产业主要分布在大亚湾经济技术开发区和惠阳区，已成为全市工业的两大支柱产业之一。大亚湾经济技术开发区以中海油 1200 万吨炼油和中海壳牌 95 万吨乙烯两大项目为龙头，吸引一大批中下游配套项目落户，不断延伸产业链，逐步扩大产业规模，积极打造成为世界级石油化工产业基地。2011 年，环大亚湾新区规模以上石化工业企业实现增加值 253.4 亿元，占全市规模以上石化工业增加值（290.5 亿元）比重 87.2%。

2．电子信息产业初具规模

主要分布在大亚湾经济技术开发区西部综合产业区和惠阳区。其中大亚湾区有 22 家规模以上电子企业，包括比亚迪电子、比亚迪实业、健和光电等龙头企业；惠阳区生产的主要电子信息产品有电话机、电子计算机、组合音响、印制电路板等。2011 年环大亚湾新区规模以上电子行业实现增加值 87.8 亿元，占全市规模以上电子行业增加值（319 亿元）比重 27.5%。其中，大亚湾区、惠阳区规模以上电子行业分别占全区规模以上工业增加值的 14%、43.4%。

3．汽车零部件产业逐步壮大

主要分布在大亚湾经济技术开发区西部综合产业区。目前，拥有东风本田汽车零部件有限公司、惠州住电电装有限公司、比亚迪电池有限公司等 7 家规模以上汽车零部件企业，初步形成了汽车发动机及零部件产业集群。随着比亚迪加大在该地区汽车产业的投资，西区汽车产业将进一步做大。2011 年大亚湾西区汽车零部件产业实现工业总产值 66.4 亿元。

4．女鞋等优势产业集聚效应明显

主要分布在惠东县的黄埠镇、吉隆镇和惠阳区。黄埠镇、吉隆镇是全国闻名的制鞋镇，拥有 6000 多家制鞋企业及鞋材配套企业，目前已形成了以制鞋业为龙头，兼有鞋材加工、皮革塑料、五金、纸品包装等行业的地方工业体系，年产值超过 100 亿元。此外，惠阳区还拥有金属制品、轻工、建材、有色金属压延等传统优势产业，主要产品包括金属集装箱、涂料、服装、皮鞋、自行车等。

尽管环大亚湾新区制造业发展取得了较好的成绩，但产业发展规模和水平仍有待进一步提升。首先，区域内除石化产业外，其他产业规模和水平整体较弱。相当部分企业处于产业链的低端环节，多数企业在源技术研究、专利创造、产品设计和开发等方面的能力偏弱，产品附加值较低，自主品牌、知名品牌、著名商标和名牌名优产品数量较少，由于产业分工地位低，企业盈利能力受到大幅限制和挤压。其次，具备国际竞争力的龙头企业偏少，产业集群水平有待提升。目前，环大亚湾新区除石化产业两大项目具有较强带动作用外，在电子信息、汽车零部件等其他产业领域，规模大、效益好的大型企业集团较少，产业发展缺乏龙头骨干企业的有效支撑；虽然拥有一批产业集聚区，但多数"形聚而神散"，未形成关联度高、分工协作强的产业集群。最后，企业间的协作分工机制尚待理顺。多数企业处在各自为战、单打独斗的"小生产"方式上，未能形成社会化的专业分工与协作网络，缺乏技术融合、集成创新的机制，因此，在环大亚湾新区需要加快推进高端制造业发展。

环大亚湾新区现有制造业规模及行业，见表5-2。

<table>
<tr><td colspan="2" rowspan="2">名　　称</td><td colspan="2">2011年规模以上工业（亿元）</td><td rowspan="2">现有主要产业</td></tr>
<tr><td>工业增加值</td><td>工业总产值</td></tr>
<tr><td colspan="2">惠州市</td><td>1012.7</td><td>4765.0</td><td>石化、电子信息及其他</td></tr>
<tr><td rowspan="8">环大亚湾新区</td><td>合计</td><td>488.9</td><td>1924.1</td><td rowspan="2">石化、电子信息及其他</td></tr>
<tr><td>占全市比重（%）</td><td>48.3</td><td>40.4</td></tr>
<tr><td>惠阳区</td><td>83.3</td><td>354.5</td><td rowspan="2">电子信息、轻工、化工、建材等</td></tr>
<tr><td>占全市比重（%）</td><td>8.2</td><td>7.4</td></tr>
<tr><td>大亚湾区</td><td>372.8</td><td>1486.5</td><td rowspan="2">石化、电子信息、汽车零部件</td></tr>
<tr><td>占全市比重（%）</td><td>36.8</td><td>31.2</td></tr>
<tr><td>惠东县（7个镇）</td><td>32.8</td><td>83.1</td><td rowspan="2">制鞋等</td></tr>
<tr><td>占全市比重（%）</td><td>3.2</td><td>1.7</td></tr>
</table>

环大亚湾新区现有制造业规模及行业　　　　　　　表5-2

（二）发展条件

1. 周边产业配套体系健全

惠州市产业基础较为雄厚，石化、电子信息两大主导产业在全省乃至全国都具有重要的地位，2010年两大产业增加值分别占珠三角地区的7.6%和11.8%，聚集了一批优势企业和人才科技资源；同时，惠州市新兴产业发展势头良好，光电产业基地列入广东省第一批战略性新兴产业基地。技术创新体系不断优化，初步建立起以国家工程研究中心为龙头的技术创新体系，拥有省级以上工程技术研发中心 24 家、重点实验室 3 家，建立产学研结合示范基地 5 个，将对传统产业的转型升级和新兴产业培育发展起到重要的支撑作用。推动现代产业体系发展的体制机制逐步完善，惠州市相继出台了一系列政策措施，推动重点项目培育和建设，为产业发展创造了良好的环境。

2. 区位交通优势明显

环大亚湾新区位于珠三角区域性交通枢纽与东部海岸带结合点，具有优越的区位优势。在战略通道上，随着厦深沿海铁路、珠三角城际轨道等的建设，大亚湾往北通过京九铁路成为粤北及华中地区的重要出海口；往东通过沿海铁路、沿海高速等与粤东、海峡西岸经济圈、长三角紧密联系；往西在强化深莞惠一体化发展的同时，增强了与珠江口湾区、香港、澳门以及珠三角西岸联系。独特的区位优势为成为大亚湾经济带接受深港澳产业辐射，拓展产业发展腹地提供了重要便利。

3. 港口条件优越

惠州港具有"回淤少、水域宽、风浪小、航道短、深水岸线长"等显著优势，是我国少有的天然深水良港，为国家一类口岸。此外，惠州港还具有便捷的交通优势。京九铁路和广梅汕铁路在惠州境内交汇并与惠大铁路接轨，惠大铁路进港线全面贯通，实现"海铁联运"，沟通内地、连接港口的大陆桥铁路交通格局已经形成。2011 年，惠州港实际吞吐量 4000 多万吨。目前，正在朝"打造亿吨大港"目标努力。基于优越的港口条件，大亚湾被确定位为广东四大沿海石化基地之一，同时，大亚湾也是全省四大临海工业基地之一，发展临港型产业具有天然优势。

4. 要素资源供给充裕

在人口和经济密度较高的珠三角地区，环大亚湾新区现有开发程度相对较低，2011 年，环大亚湾新区人均土地面积 18.7 平方公里，比珠三角地区高出近 1 倍，更远高于深圳、广州等市；环大亚湾新区单位面积地区生产总值为 3697 万元，约相当于珠三角地区平均水平的二分之一，也远低于深圳、广州等市。依托丰富的后备土地资源，具有明显的后发优势。大亚湾海洋资源丰富，海域宽、腹地广、海域面积 4520 平方公里，海岸线长 223.6 公里，在广东省加快发展海洋经济的背景下，制造业发展创造了难得的资源优势。此外，惠州是广东省历史文化名城，人文底蕴丰厚，生态环境优美，对高端人才等创新要素的吸引力和凝聚力正不断增强。

环大亚湾新区与珠三角地区的人口和经济密度（2011 年）见表 5-3。

环大亚湾新区与珠三角地区的人口和经济密度（2011年）　　　表5-3

地区	土地面积（km²）	常住人口（万人）	GDP（亿元）	人均土地面积（km²/万人）	单位面积产值（万元/km²）
环大亚湾新区	1942	104	770	18.7	3967
珠三角	54732	5646	43966	9.7	8033
广州市	7287	1275	12303	5.7	16884
深圳市	1953	1047	11502	1.9	58894
珠海市	1654	157	1403	10.6	8484
佛山市	3848	723	6580	5.3	17101
惠州市	11356	463	2097	24.5	1847
东莞市	2472	825	4735	3.0	19156
中山市	1800	314	2191	5.7	12171
江门市	9541	447	1831	21.4	1919
肇庆市	14822	395	1323	37.5	893

也需要看到，环大亚湾新区制造业发展还面临着一些制约条件：首先，基础设施有待完善。惠州港目前主要功能是为石化工业原材料、能源和石化产品服务，港口功能较单一，腹地较小；环大亚湾区域县区之间路网还存在许多瓶颈，供水、污水处理等设施仍有待完善。其次，创新服务体系尚不健全。区域内缺少可以依托的综合型、研究型高校和科研机构，缺乏为整个区域服务的公共创新服务平台，制约着产业整体竞争力的提升和可持续发展，降低了企业研发投入的信心和动力。最后，区域内产业协同发展存在难度。环大亚湾新区产业一体化发展涉及跨县区甚至跨市的利益格局调整，存在一定难度。

二、发展面临的国际国内形势

环大亚湾新区制造业发展面临的内外部环境正在发生深刻变化，既有国际竞争格局变化带来的深刻影响，也有国内经济发展方式转变提出的紧迫要求，更有珠三角加快推进一体化发展的重要机遇。

（一）国际产业格局变化给环大亚湾新区制造业发展带来深刻影响

当今世界产业竞争格局面临战略性调整，一是世界经济增长和市场需求发生新变化。当前，国际经济陷入了较长的调整时期，全球需求结构出现明显变化，贸易保护主义有所抬头，发达国家纷纷推行"制造业再造"，围绕市场、资源等方面的竞争更趋激烈，能源资源、气候变化等全球性问题错综复杂，对环大亚湾新区参与国际市场竞争形成新的压力。二是科技创新和新兴产业发展孕育新突破。信息网络、生物、可再生能源等新技术正在酝酿新的突破，全球范围内新兴产业发展进入加速成长期。作为开放的前沿阵地，环大亚湾新区有可能在新一轮国际产业竞争中抢占先机、赢得优势。三是全球化生产方式变革不断加快。随着信息技术与先进制造技术的深度融合，柔性制造、虚拟制造等日益成为世界先进制造业发展的重要方向。国际产业竞争格局的新变化，要求环大亚湾新区必须改变过去珠三角地区主要靠拼资源拼环境的发展老路，在更高水平上参与全球竞争和世界产业分工，同时，也客观上为环大亚湾新区利用全球要素资源，培育国际竞争新优势创造了条件。

（二）国内环境变化对环大亚湾新区制造业发展提出新要求

首先，城镇化进程加快，居民消费结构不断升级，为高端制造业发展提供广阔空间。当前，我国城镇化发展相对滞后于工业化水平，加快推进新型城镇化将成为未来推动经济发展和需求结构升级的重要动力，随着内需主导、消费驱动、惠及民生的一系列政策措施出台和实施，将进一步引导居民消费预期，推动居民消费结构持续优化升级，不断释放对高端制造产品的需求潜力。其次，市场化与国际化持续深入发展，为高端制造业发展提供了重要契机。近年来，资本、技术、劳动力等各类要素市场逐步健全，市场配置资源的深度和广度不断拓展，对外经济技术交流合作日益扩大，开放型经济体系不断完善。最后，要素资源和生态环境约束更趋强化，对高端制造业发展提出了紧迫要求。当前，劳动力、土地、燃料动力等价格持续上升，生产要素成本压力加大；由于长期粗放式发展，我国工业能源资源消耗强度大，能源消耗和二氧化硫排放量分别占全社会能源消耗、二氧化硫排放总量的70%以上，矿产资源对外依存度不断提高，原油、铁矿石、铝土矿、铜矿等重要能源资源进口依存度超过50，对加快转变工业发展方式形成了"倒逼机制"。总体上看，当前我国进入工业转型升级的攻坚时期，环大亚湾新区所处的珠三角地区高端产业和战略性新兴产业发展在全国居于领先水平，但传统发展模式带来的矛盾和问题也更加突出，在国内经济结构调整升级的大背景下，有条件进一步发挥先发优势，率先探索高端制造业发展的新模式，从而对全国产业发展起到重要的引领和示范作用。

三、珠三角产业转型升级为高端制造业发展开辟新空间

（一）发展高端制造业是珠三角制造业转型升级的必然要求

改革开放以来，珠三角凭借着制度优势和优良的区位优势，通过引进外资和培育地方企业，形成了一批具有市场竞争力和一定创新能力的制造业集群，逐步发展成为"世

界制造业基地"。但多年来形成的低层次、粗放型发展模式正在面临一系列的新挑战。首先，企业自主创新能力弱，产业集群被锁定在全球价值链的底部。珠三角外向型制造业大多是劳动密集型产业，处于全球分工体系中的加工制造环节，缺乏产品研发、设计、市场营销能力，随着产业结构高级化的要求不断提高，传统制造业正面临着产业转移或产业升级的选择。其次，依赖大量物质资源消耗为前提的粗放型加工制造业体系，正面临着全球资源短缺和价格上升的严重冲击。土地紧缺已成为珠江三角洲一个十分突出的问题，工业用地、农业用地、生态用地和城镇建设用地之间的矛盾日趋尖锐化。另外，由于企业集群在聚集地大规模的用电需求和人力需求，导致了"民工荒"、"用电荒"的现象，使劳动力成本、能源成本快速上升。随着珠三角制造业传统比较优势的逐步弱化，珠三角产业制造业由原有的低层次、粗放型模式向高层次、集约型模式转型升级成为必然选择。珠三角制造业转型升级为环大亚湾新区建设高端制造业基地开辟了新的空间。

（二）珠三角区域一体化深入推进为环大亚湾制造业发展带来新契机

珠三角产业发展过程中，由于缺乏统筹规划，结构性矛盾日渐凸显，以行政区划为特征、各自为战的经济发展格局导致产业协同效应不强，要素配置效率不高，资源浪费比较严重，整体竞争力难以提升。随着《珠三角规划纲要》出台，广东省加快推进"深莞惠"、"广佛肇"、"珠中江"三个区域一体化步伐。作为深莞惠经济圈中的深圳、惠州两市，随着深莞惠一体化发展体制机制的不断建立健全，环大亚湾新区将迎来招商引资和人才技术引进的重要机遇，特别有利于强化与深圳在电子信息、汽车零部件以及新材料、新能源等战略性新兴产业方面的合作，有效地利用深港在人才、技术等方面的溢出效应，实现先进制造业加快发展。

高端制造业发展是一个复杂的系统工程，涉及资金、技术、人才、市场、资源、基础设施、就业、行政考核等一系列问题，如何发挥自身优势，有效整合资源，率先推动高端制造业发展是环大亚湾新区建设面临的重要任务。

四、建设珠三角高端制造业基地的重点和任务

依托"珠三角"，辐射带动粤东和粤北地区，按照"打造具有国际影响力的产业集群——培育竞争力强的优势企业和产业园区——建设珠三角科技成果转化基地"的基本构想，培育发展高端电子信息产业、先进制造业和战略性新兴产业，大力实施高端化、品牌化、绿色化、国际化战略，率先实现制造业由主要依靠资源消耗向创新驱动转变、由粗放式增长向集约型发展转变、由一般制造向高端制造转变，建设珠三角高端制造业基地。

（一）打造具有国际影响力的产业集群

根据惠州市现实产业基础和区位条件，结合未来市场趋势和政策导向，环大亚湾新区应按照高端化、集聚化的原则，优化提升传统优势产业和培育壮大新兴产业相结合，围绕高端电子信息产业、先进制造业和战略性新兴产业，构建若干优势突出的产业链条，打造具有国际影响力的产业集群。

1. 提升发展高端电子信息产业集群

借助深港产业溢出效应，打造新一代信息技术成果转化基地。依托大亚湾西部综合产业区、镇隆—新墟新兴产业区、坪山－惠阳（秀水）经济合作区，利用毗邻深港的区位条件和要素低成本的后发优势，引进深圳电子及通信设备制造产业转移和外延协作项目，建设新兴高端电子信息制造业集聚区。借助深港技术和人才溢出效应，培育发展软件和信息服务、集成电路设计、数字家庭、高端消费电子等新一代信息技术成果转化和产业化项目，积极发展物联网、三网融合、网络增值服务等新型业态，打造新一代信息技术产业化基地。依托惠州产业基础，做强传统优势产品。强化与仲恺高新区形成合理的分工协作关系，推动延伸和完善产业链条，做大平板显示、新一代移动通信、汽车电子、新型电池等优势产业，提升新型元器件、专用电子设备等基础行业，提高优势电子信息产品的研发和制造水平。

2. 大力发展汽车及零部件产业

依托大亚湾开发区和惠阳现有的汽车零部件产业，围绕深圳、广州等周边地区整车生产配套需求，发挥惠州电子信息产业优势，围绕汽车电子控制系统、电子信息系统、汽车设计制造的 CAD／CAM／CAE 软硬件等技术和产品，加快发展以车载导航仪（GPS）、交通信息接收仪（PND）、车载显示、车载音响等汽车电子产业，积极发展汽车轮胎、动力系统等汽车零部件产业，适时引进轿车和客车整车项目。抓住国家支持新能源汽车产业发展的重大机遇，以大亚湾经济技术开发区为依托，构建与深圳、广州等大型汽车企业集团合作机制，积极引进新能源汽车整车制造项目，以动力电池核心技术为突破口，进一步增强新能源汽车零部件配套能力，构建较完整的新能源汽车产业链。借助深圳技术和产业的辐射带动作用，引进各类数字化装备、专用设备制造业转移和外延协作项目。依托大亚湾深水大港和区位优势，积极承接高端和重型装备制造业转移，聚集一批高端装备整机设计和总成龙头企业，关联发展一批上下游关键配套企业。推动吉隆、黄埠女鞋产业转型升级，引导企业规模化生产，加强产业链整合延伸和自主品牌建设，打造世界级女鞋产业基地。改造提升纺织服装、建材等传统产业，提高制造和研发设计水平，强化产业特色和集群优势。

3. 积极发展先进装备制造业

面向国家重点支持的重大装备和关键零部件领域，积极承接国际国内重大装备制造企业产业转移，聚集一批整机设计和总成龙头企业，关联引进和培育一批上下游配套企业。以惠州打造世界级石化产业基地为契机，面向国内石化企业技术改造和产品升级、提高设备国产化率的需求，积极发展年处理量大型炼油设备、大型石化和精细化工等石油及石化装备；与惠州及珠三角地区电子信息产业结合，积极发展具备核心技术和自主品牌的高端电子专用设备和以数字化为特征的高档数控设备；针对珠三角地区轻工纺织等产业需求，发展高技术纺织服装及轻工专用设备；面向现代化港口物流、重大工程需求，发展高端港口装备、新型施工机械等工程机械；配合重大装备配套需要，发展液压件、密封件等关键基础零部件及铸造、锻压、热加工、模具、油漆等共性配套产业。

4. 改造提升传统优势制造业

推动制鞋、纺织服装、建材等优势传统产业转型升级，提高技术装备水平，加大研发投入，强化工艺设计、品牌建设、商业模式创新。以黄埔、吉隆等镇为主体，提升惠东县"中国女鞋生产基地"等区域品牌，通过强化品牌建设、推进技术创新、发展循环经济，实现产业由劳动密集型向技术密集型转变；提升惠阳区纺织服装和制鞋业发展水平，实施名牌带动战略，推进技术改造和技术创新，提高自主创新能力；以惠阳金玉东方珠宝城为龙头，建设以生产加工黄金、铂金、钻石等高档首饰为主的大型珠宝产业集群园区；以伯恩光学惠州工业园区落户惠阳为契机，大力发展玻璃表面、蓝宝石表面、手机镜片、光学玻璃和 PMMA 镜片等高端光学产业，建设专业玻璃镜片生产基地。

5. 培育发展战略性新兴产业

加快大亚湾开发区 LED 产业园建设，推进关键技术研发，形成包括 LED 芯片、封装、显示和照明应用等环节的完整产业链，打造 LED 产业集群和示范基地。依托大亚湾石化产业项目，积极发展有机高分子材料及其他新材料产业。在大亚湾开发区和惠阳高起点规划建设战略性新兴产业园区，面向电子信息产业需求，发展稀土功能材料等新型信息材料；以炼油和乙烯两大项目为龙头，积极发展化工新材料产业；加快发展生物医用材料和制品、新型催化材料等，积极推动超细粉体及纳米材料的产业化。吸引深圳及香港龙头生物企业建立研发和生产基地，以现代制药工业的分离、提取、结晶合成技术为重点，大力发展生物制药工业。以解决工业污染和城市生活污染问题为突破口，重点发展新型环保装备产业，积极发展环保工程设计安装、环保技术咨询和技术服务等环保服务业。推进与深圳战略性合作，探索多种形式的协作分工机制，引进深圳龙头企业、上市公司的生产制造外延项目，力争在新材料、生物工程、节能环保等领域取得突破，形成"深圳研发—大亚湾智造"的互动发展格局。

（二）培育竞争力强的优势企业和产业园区

引进和培育重大项目，形成一批拥有核心技术和自主品牌、具有核心竞争力的大型企业集团，实现规模化、高端化发展；针对制造业产业链薄弱环节、缺失部分，培育一批专业化中小配套企业，实现专业化、特色化发展。

1. 引进和培育龙头企业和重大项目

以龙头企业和重大项目为主体，不断提高制造业规模和效益水平。高起点、高标准确定新区产业准入门槛，选择性引进一批重大产业项目，吸引世界500强企业及跨国公司实现高端产业转移，引导国内重点企业和行业龙头企业设立制造基地、研发中心、采购中心、营销中心和管理总部。培育和壮大一批高增长、高技术、高效益的本地企业，支持优势骨干企业跨地区、跨行业优化配置资源，鼓励企业开展联合重组、兼并收购、产业延伸和协作配套，打造一批拥有自主知识产权、品牌优势明显、核心竞争力强的百亿级企业集团。

2. 建设专业化的产业园区

以重点产业园区为载体，不断提高制造业专业化和集聚化水平。推进大亚湾西部综合产业区建设，提升基础设施配套和公共服务能力，发挥港口交通优势，重点发展LED、汽车及零部件、新材料、生物医药和高端装备制造业。进一步完善惠阳经济开发区等省级园区的软硬件环境，优化整合惠阳区"一区二城五园"（惠阳经济开发、伯恩光学城、金玉东方珠宝城、洋纳工业园、良湖工业园、怡发工业园、万兴工业园、秀山工业园），强化园区间协作与分工，突出园区主导产业特色，做大做强电子信息、汽车及零部件产业；推进坪山－惠阳（秀山）经济合作区等园区建设，不断创新与深港的产业协作对接机制，培育先进制造和战略性新兴产业基地。与深圳、东莞共建产业发展平台，通过政府之间、部门之间、企业之间及社会广泛参与的多层次合作机制，探索"业主开发型园区"、"合作开发型园区"和"飞地型园区"等多种形式，在环大亚湾新区共同建设通信设备、生物工程、新材料、新能源汽车等先进制造业和高技术产业园区。积极引导惠东区块女鞋等传统工业集中区向专业化发展，建设面向深港和国际的高端制造产业转移园，做优做专特色优势产业。着力优化重点产业园区的软硬件环境，加强园区交通、通信、供水、供气、供电等基础设施建设，加快完善重点产业园区的管理体制机制和制度，提升园区建设开发平台公司规范化运作水平，加强产业园区投融资平台和公共服务平台建设，建立健全园区配套服务体系。

3. 着力打造区域产业品牌

依托骨干企业和产业集群，不断提升区域产业品牌形象和影响力。支持专业镇和产业集群特色化发展，以制鞋、纺织服装、建材等传统优势行业为突破口，着力打造"中国女鞋生产基地"等一批区域性产业品牌。鼓励有条件的优势企业创建自主品牌、加强品牌经营，围绕电子信息、汽车及零部件、高端装备等产业领域，扶持一批具有自主知识产权的知名企业和产品品牌。加快完善坪山－惠阳（秀山）经济合作区等园区创新创业环境，聚集高端技术和人才资源，全力打造"华南智谷"等地域品牌。

4. 大力发展有活力的民营企业

相对于珠三角其他城市，惠州市民营经济比重较低，2011年民营经济产值778.5亿元，在广东省排名第12位，在珠三角9市中仅高于珠海市，大力推进民营经济发展，培育有实力的民营企业是实现制造业内生、可持续增长的重要途径。因此，环大亚湾新区要实施扶优扶强战略，制定落实促进民营经济发展的政策措施，拓宽民营企业投资领域和渠道，努力解决民营经济发展的"瓶颈"问题，培育一批产值超百亿元的民营企业；积极拓展民营企业融资渠道，发展壮大风险投资事业，提高市财政在贷款贴息方面的支持力度，引导和扶持民营企业上市融资；鼓励民营企业与外资企业开展合作，强化民营企业与外资企业在产业链上的配套，加快推进加工贸易企业本土化；积极搭建民营企业"走出去"平台，引导民营企业通过直接投资、业务合作、产业对接等方式，发展跨市、跨省、跨国经营。

（三）建设珠三角科技成果转化基地

1. 完善科技成果转化服务体系

以石油化工、电子信息、汽车及零部件、装备制造、新材料、新能源、生物医药等为重点领域，搭建技术创新综合信息服务平台、知识产权服务与技术合同登记服务平台，积极组织国家重点科技成果推介对接活动，培育重大科技成果转化示范企业，形成面向全国的科技成果转化新格局。以大亚湾开发区科技创新园、新兴产业园和惠阳经济实验区等科技园区为载体，强化与深港和国际合作，建设共性产业技术创新中心，完善科技信息服务、产品检验检测、技术推广应用、投融资支持、人才培训等公共服务功能，加强企业孵化器和加速器建设，提高科技成果转化支撑能力。建立国际科技交流和合作的创新网络，强化惠港合作，提升与欧美、日韩等国家和地区科技交流与合作的档次，集聚科技创新资源。

2. 创新科技成果转化机制

以培育企业技术中心和工程技术研究开发中心为重点，不断促进产学研结合，加快提高科技成果转化效率。支持有条件的大中型企业与高等学校、科研院所联合建设研究开发院、科技研发中心、博士后工作站，提升大亚湾石油化工技术研究院等创新平台的支撑能力和创新能力，培育电子信息、汽车零部件、装备制造、新材料、新能源等企业创新平台。推动企业通过联营、参股等多种形式，与高等学校和科研机构组建产学研创新联盟，实现产学研深度合作。积极推动银行等金融机构创建科技型中小企业融资平台；发挥科技创业投资合伙企业（有限合伙）的作用，引导民间资本投资科技创新。设立创业投资引导资金，引导外围创投机构进驻环大亚湾新区，发展壮大科技风险投资产业；

大力推动科技企业上市融资，扶持一批高成长性的创新型龙头科技企业。

3. 强化科技成果转化的人才支撑

以项目建设支持人才培养，通过实施重大产业项目和科技计划项目，促进重点学科带头人和优秀人才团队以及各类复合型人才的成长。建设博士后科研工作站、留学人员创业园、博士创业园和其他科技创新平台，培育创新能力突出的科研团队。创新人才引进方式，以产业发展集聚高层次人才，出台吸引领军人才和创新团队的支持政策，解决人才引进培养中住房、配偶工作、子女入学、创新创业扶持等实际问题，为引进高层次高技能紧缺人才开辟绿色通道。围绕珠三角地区重点产业发展需求，发展政府引导、各方参与的市场化、社会化职业培训体系，逐步实现人才孵化、人才培养到人才输出的提升和转变。加强环大亚湾新区重点产业园区和惠州职业技术学院等本地院校以及国内外先进培训机构的有机合作，培养中高级技能人才和科技人才，壮大"本地化"的专业人才队伍；鼓励企业与高校、机构联合培养复合型人才和高技能人才，完善职业培训和技能培训市场；加强与国内外教育机构、管理咨询公司的合作，推动教育培训向现代化、国际化和专业化发展。

专题六

环大亚湾新区现代服务业发展

一、现代服务业在环大亚湾新区建设中的地位与作用

（一）现代服务业是惠州进一步增强市场外部性的必修课

从产业发展现状看，环大亚湾新区是制造、石化发展专业区。2011年，环大亚湾新区第二产业比重高达74%，服务业比重仅为22.9%，呈现加工制造突出、服务业发展水平低下的类似典型资源型城市产业结构特征。实际上，无论石化产业还是制造业，环大亚湾新区确实承担着一般性资源加工及来料加工角色，石化的深加工产业、制造业的前端研发与后端营销等微笑曲线两端关键性领域在环大亚湾新区发展都很薄弱。资源型城市及一般加工贸易经济发展到一定时期暴露出来的瓶颈制约问题引起世界各国重视，资源型城市转型和加工贸易转型升级成为此类城市的必修课。当前，因来料加工的局限，在外需市场形势急剧变化后使珠三角大多数地区经济显著滑坡。从各国发展历程和经验做法看，无论资源型城市还是加工贸易城市，都需要着力做好与制造密切相关的现代服务业这篇文章。通过促进现代服务业与制造业互动，使资源型工业向资源深加工产业链延伸，加工贸易型工业向拥有自主知识产权制造业发展，从贴牌生产向设计生产转型是必然路径。在我国经济加快转型升级的重要时期，珠三角地区作为转型升级的先行区，环大亚湾新区建设客观承载着增强现代服务业发展能力，促进惠州产业升级，发挥惠州在促进珠三角地区产业转型升级过程中作用的历史使命。

一是增强经济发展的内生力量，培育本土制造企业与品牌。没有服务的制造不稳定，随着制造环节成本的不断上升，除少数带有技术独特性制造业外，制造外包是普遍规律，留下来的往往只有核心业务——新产品研发、总部管理与营销等现代服务部分。日本制造业外移后之所以存在产业空心化的大讨论，主要是因为日本生产性服务的局限所致。制造业外移除必须有现代服务业替补支撑外，更需要现代服务业国际竞争力的显著提升，并不断弥补制造业外移导致的国际市场和就业损失。日本产业空心化问题的产生很大程度上源于其现代服务业国际竞争力还不强，比如日元国际化受阻，信息服务无作为，物流枢纽功能不强，缺乏联邦快递那样的全球化大型物流企业等。日本现代服务业能力主

要在支撑国内经济发展和满足日本企业全球化需要的某些环节，制造业领域也没有如波音、空客那样处于绝对霸主地位的企业。就惠州目前情况看，制造业的外生性较强，国家石化基地布局惠州，深港等外来企业也加快了落户惠州的步伐。然而，除石化基地属国家战略性布局一段时期内不会发生变化外，其他制造业均具有"寄宿性"，一旦外部有更好区位条件，"腾笼待鸟"局面就难以避免，产生所谓的产业"空心化"问题。未雨绸缪，在大量承接制造业转移的同时，需要着力培育本土内生性增长力量。

二是增强经济发展外部性。服务贸易日益扩大是现代经济典型特征之一。一个现代化城市前期需要制造业打基础，后期则需要现代服务的积极参与，很多城市甚至主要依靠现代服务展现生产力。过去惠州在承接制造业转移发展方面比深圳、东莞慢了一步，如果没有国家石化基地的建设与布局，惠州发展的外部性则远远不及东莞，更不用说深圳。尽管近年来在其他区域增速减缓时，惠州出现了较为快速发展局面，但如果进行深入洞察与分析，进入新世纪以来，惠州正潜伏着另一部外部性危机，那就是在弥补制造这堂课的同时，又亟待上现代服务业这堂课。由于加工制造业外部市场效应在减弱，现代服务的外部市场效应不断增强，惠州在不断争取制造业外部市场效应的同时，需要加紧努力培育和扩大现代服务业领域的外部市场效应。

（二）环大亚湾新区建设需要充分挖掘现代服务业的潜力

环大亚湾新区建设是市委、市政府在新的发展时期做出的重大战略部署，是惠州进一步提升经济实力，加快跻身珠三角第二梯队步伐，在珠江口东岸地区乃至珠三角发挥更大作用、承担更强功能的新平台。这个平台的建设与发展不仅需要做好现代制造、石化基地这篇老文章，更要谋划、谱写好现代服务这篇新文章，使惠州在不断做大经济总量的同时，为珠江口东岸地区、港澳特区及整个珠三角地区提供更多、更完备的现代服务，在珠三角世界级城市群建设中发挥惠州的独特作用。

环大亚湾新区建设是惠州南部区域经济发展到一定阶段的必然要求。1990年代国家石化基地落户大亚湾，拉开了大亚湾地区开发的序幕。但当时石化规模还不大，西边惠阳发展制造业和服务业的综合条件也不如今天成熟，东边惠东的稔平半岛仍处于待开发状态，环大亚湾新区的发展前景还不明朗。进入21世纪特别是"十二五"以来，随着石化规模预期急剧扩大，深港产业东移步伐加快，还有粤港澳高端消费群体的迅速增长，不仅中部的大亚湾开发区进一步做强做大的预期显著提高，东部惠东良好的滨海文化资源优势发挥现实生产力作用的条件也基本成熟，而且西部惠阳呈现深港制造业和服务业"双转移"进入的良好局面，环大亚湾地区展现新的良好发展前景，惠州南部沿海地区的地位变得更加重要，推进环大亚湾新区建设势在必行。

环大亚湾新区经济战略地位的提升，不仅石化、制造业等第二产业呈现新的发展前景驱动使然，滨海度假发展条件成熟，现代物流快速发展，研发设计和文化创意潜在的涌动力，以及承接港澳后台服务和房地产发展的外力推动作用不断增强，使大亚湾地区诞生新的发展希望：从石化基地建设走向现代产业体系构建，从资源加工和制造走向二、三产业双轮驱动，进而从石化、能源专业基地演变为功能更加健全的新经济区，从制造迈向服务，经济形态更加复合、多元，经济发展更加健康、协调。从新区发展的长期路径看，近期石化及其深加工、现代制造会起主要作用，但中远期现代服务业的作用将越来越重要，是新区进一步发展的潜在力量，也是增强惠州城市功能，提升惠州在珠江口东岸乃至珠三角地区地位不可或缺的推进器。

从发展趋势看，深港的制造辐射将日渐减弱，服务辐射将不断增强，港深日渐扩大的服务外溢效应有利于促进环大亚湾新区现代服务业的发展。从珠三角产业结构转型升级趋势和要求看，现代服务业在构建珠三角现代产业体系中的地位不断提升。通过珠三角地区与港澳现代服务业领域的深度合作，加快构建以香港为核心，港、穗、深为三级，开放度高、影响力强、服务范围广的中国南部区域现代服务中心乃时势所趋。惠州作为珠三角地区的重要城市，无论从服务资源禀赋还是发展的客观需要看，均需要在现代服务业领域有所作为，需要发挥现代服务业的增长潜力，为惠州形成新的城市功能做出贡献。

环大亚湾新区现代服务业发展需要挖掘滨海、文化资源丰富、前景好的发展潜力，需要挖掘珠三角地区特别是深、港、澳特区高端休闲服务市场广阔的巨大潜力，需要挖掘深、港服务业发展需要分工、协作与配合的潜力。在深港服务快速发展的辐射与带动下，加快现代服务业的发展步伐，增强现代服务业在环大亚湾新区建设中的活力与作用，使环大亚湾新区不仅是制造、石化专业经济区，也是珠江口东岸地区重要的现代服务功能区，为构建体量更大、功能更强的现代产业体系发挥其应有效应。

二、环大亚湾新区服务业发展现状

（一）基本现状

1. 第二产业为主导，服务业发展水平较低

2011年，环大亚湾新区三次产业结构为3.1∶74∶22.9，第二产业占绝对主导地位。服务业增加值占GDP的比重不仅远远低于全国和全省平均水平，也低于全市平均水平12个百分点。人均服务业增加值16990元，略高于全国（15150元／人）和全市（15846元／人）水平，但与全省人均水平（1.94万元／人）差距仍然较大。

2. 服务业在空间上呈现西强东弱特征

环大亚湾新区惠阳、大亚湾开发区和惠东稔平半岛三个区域中，从2011年人均服务业增加值看，惠阳为16432元／人，大亚湾23900元／人，惠东13190元／人，形成

西强东弱格局；服务业对区域经济的贡献则呈现中部弱、两端高的局面（2011年服务业增加值占GDP的比重，惠阳为43.7%，大亚湾为10.7%，惠东为29.4%）。

3. 一些现代服务业行业呈现快速发展势头

近年来，旅游地产、现代商贸、物流等现代服务业发展步伐加快，一批涉及休闲度假、物流、文化产业等领域的重大现代服务项目相继落户环大亚湾新区，使服务业发展呈现出新的发展局面。

4. 服务业发展的优势镇初见雏形。

从新区内各镇（办、区）服务业发展现状看，淡水、澳头、巽寮、霞涌服务业发展的主导优势明显（表6-1），是工业主导型产业结构体系下展现的亮点。2011年，淡水人均服务业增加值达到2.76万元／人、澳头3.07万元／人、巽寮4.79万元／人，远远高于全市1.5万元／人和环大亚湾新区1.7万元／人的平均水平。

环大亚湾新区各镇（办、区）服务业增加值点GDP的比重（%）　　表6-1

名称	服务业比重	名称	服务业比重	名称	服务业比重
淡水	79.1	平潭	27.4	铁涌	32.7
秋长	15.7	开发区	11.3	平海	19.5
沙田	29	澳头	72.9	港口	17.3
新圩	19.1	西区	13.3	吉隆	31.4
镇隆	18.2	霞涌	58.4	黄埠	26.1
永湖	23.9	稔山	31.7	白花	13.4
良井	30.9	巽寮	78.1		

（二）主要问题

环大亚湾新区服务业不断加快发展的同时，也隐藏着一系列深层次矛盾和问题，主要是：

1. 服务业发展缺乏明确定位与导向

大亚湾地区的开发因工业而起，也期盼着继续依靠发展大石化和现代制造做强。除强化滨海旅游开发形成广泛共识外，到底能不能在现代服务业领域有所作为，在哪些现代服务业领域能有所作为方向不明。更缺乏对环大亚湾新区现代服务业发展在珠江口东岸地区乃至珠三角和粤港澳区域的深度思考，定位较模糊。究其原因，对服务业发展问题的认识和研究不够，信心不足，对现代服务业发展的总体趋势把握不够。实际上，珠三角已进入不发展现代服务业难以继续前行的阶段。

2. 对现代服务业发展的推动不强

与推动工业发展相比，对现代服务业发展的推动明显不足，缺乏对服务资源深度开发和市场拓展的有效措施。急功近利行为、未谋而动做法等严重影响了服务业的发展。环大亚湾新区拥有良好的港口、适宜滨海度假的海岸线、比邻深港的区位、优良的生态环境等适宜现代服务业发展的良好条件，但由于重视不够，推动不力，很多服务业领域仍处于初级阶段乃至待开发和发展状态。与深港服务业的合作对接也还未纳入经济发展工作的重要位置，现代服务业发展的市场潜力远未发挥。

3. 对服务业空间布局体系统筹不够

惠州有很多工业园区，做好了继续挖掘工业经济增长潜力的各方面准备，环大亚湾新区后续石化工业发展和能源工业规模扩张目标十分清晰，空间布局总体到位。但对现代服务业应集中在哪些区域发展，惠阳、大亚湾开发区和惠东各应重点发展哪些行业，重点服务业聚集发展功能区如何确立与布局等均需要统筹谋划。如何结合深港服务业合作，构筑空间服务功能差异明显的布局体系需要尽快予以回答，并形成适合环大亚湾新区现代服务业科学发展理念。

三、惠州服务业发展优势分析

（一）在广东省的区位商

以广东省为背景，通过对深圳、惠州以及东莞三市区位商进行比较分析发现，深圳市服务业发展的综合优势明显（区位商为1.17），惠州最弱（区位商为0.78）。分行业看，惠州在交通运输和房地产业具有一定的优势条件（表6-2）。通过深莞惠三市服务业发展的专业化指数分析看，深圳服务业专业化水平较高，而惠州和东莞基本处于服务业自给型水平。而且，交通运输、仓储和邮政业在惠州具有较高的专业化水平，有发展潜力。

深圳、东莞、惠州服务业在广东的区位商（2010年）　　　表6-2

	深圳	惠州	东莞
第三产业	1.17	0.78	1.08
交通运输	0.85	1.18	0.44
批发零售	0.91	0.97	0.87
金融	2.01	0.66	0.66
房地产	0.92	1.18	1.13

数据来源：由2011年广东统计年鉴数据整理计算得出。

（二）在珠三角的区位商

若以珠三角地区为背景，深莞惠三市中，深圳市区位商最高（1.07），惠州市最低

（0.71）。分行业看，惠州在交通运输、仓储和邮政业比较优势明显，其次为批发和零售业、住宿餐饮业和房地产业等行业（表6-3）。

深圳、东莞、惠州服务业在珠三角的区位商（2010年）　　　　表6-3

	深圳	惠州	东莞
第三产业	1.07	0.71	0.99
交通运输	0.88	1.22	0.46
批发零售	0.98	1.04	0.94
住宿餐饮	0.80	1.83	1.41
金融	1.85	0.61	0.61
房地产	0.95	1.23	1.17
其他服务业	0.78	0.89	1.19

数据来源：由2011年广东统计年鉴数据整理计算得出。

（三）在全国的区位商

若以全国平均水平为基准，深莞惠三市仍然是惠州市最低（区位商为0.81）。分行业看，相对比较优势仍然体现在交通运输、仓储和邮政业、批发和零售业、住宿餐饮业和房地产业4个行业上（表6-4）。

深圳、东莞、惠州服务业在全国的区位商（2010年）　　　　表6-4

	深圳	惠州	东莞
第三产业	1.22	0.81	1.13
交通运输	0.69	0.95	0.36
批发零售	0.99	1.05	0.95
住宿餐饮	0.87	1.98	1.53
金融	2.12	0.70	0.70
房地产	0.96	1.24	1.19
其他服务业	0.77	0.88	1.18

数据来源：由2011年中国统计年鉴、2011年广东统计年鉴数据整理计算得出。

（四）珠三角地区九市服务业区位商比较

若将区位商大于1.2列为"显著优势行业"，区位商大于0.8而小于1.2列为"潜在优势行业"，区位商小于0.8列为"比较劣势产业"，则珠三角地区九市服务业比较优势分析如表6-5。

珠三角地区九市服务业比较优势分析　　　　　　　　　　　表6-5

	显著优势行业	潜在优势行业	比较劣势产业
广州市	第三产业总体（1.24）、交通运输业（1.33）	批发零售业（0.99）、宿餐饮业（0.92）、房地产业（0.91）、其他服务业（1.08）	金融业（0.73）
深圳市	金融业（1.85）	第三产业总体（1.07）、交通运输业（0.88）、批发零售业（0.98）、住宿餐饮业（0.80）、房地产业（0.95）	其他服务业（0.78）
佛山市	房地产业（1.21）	交通运输业（0.91）、批发零售业（1.05）、住宿餐饮业（1.10）、其他服务业（1.03）	第三产业总体（0.72）、金融业（0.67）
珠海市		第三产业总体（0.86）、批发零售业（1.16）、住宿餐饮业（1.18）、房地产业（1.15）、其他服务业（1.02）	交通运输业（0.58）、金融业（0.78）
东莞市	住宿餐饮业（1.41）	第三产业总体（0.99）、批发零售业（0.94）、房地产业（1.17）、其他服务业（1.19）	交通运输业（0.46）、金融业（0.61）
中山市		第三产业总体（0.80）、批发零售业（1.01）、住宿餐饮业（1.17）、房地产业（1.01）、其他服务业（1.18）	交通运输业（0.58）、金融业（0.69）
惠州市	交通运输业（1.22）、住宿餐饮业（1.83）、房地产业（1.23）	批发零售业（1.04）、其他服务业（0.89）	第三产业总体（0.71）、金融业（0.61）
江门市	交通运输业（1.29）、住宿餐饮业（1.27）	批发零售业（1.16）、房地产业（0.82）、其他服务业（1.04）	第三产业总体（0.75）、金融业（0.55）
肇庆市	住宿餐饮业（1.75）	第三产业总体（0.82）、交通运输业（0.90）、批发零售业（1.11）、房地产业（0.83）、其他服务业（1.12）	金融业（0.46）

数据来源：由2011年中国统计年鉴、2011年广东统计年鉴数据整理计算得出。

　　综合分析惠州服务业在全国、全省、珠三角的区位商状况，目前具有一定比较优势的行业为交通运输业、批发零售业、住宿餐饮业以及房地产业4个行业。

四、发展的总体思路

（一）战略定位

　　定位需要回答的问题包括：为谁服务，能提供多少服务，能在哪些领域提供服务等。工业一般强调规模经济，服务业则侧重于形成功能。从服务对象看，主要为自己服务则是基础服务，是服务业的一般功能或内部性功能；不仅为自己提供服务更主要还服务于其他区域，能通过服务其他区域形成更大的影响力、市场力，在服务其他区域中展现产业竞争力则是所谓的区域功能。根据服务能级不同，可以是区域功能（比如广州商贸领域具有华南商贸中心功能，深圳资本市场具有国家级功能），可以是洲级功能（比如香港、东京、新加坡为亚洲服务中心城市），还可以是全球功能（比如纽约、伦敦为全球服务中心城市）。而且，随着条件的变化，服务业能级也在变化。

环大亚湾新区的服务业定位需要考虑粤港澳区域服务业分工与合作，惠州在珠三角地区服务资源禀赋与比较优势，惠州市域环大亚湾新区以内与以外功能差异以及服务业发展现状等因素。统筹考虑各方面条件，环大亚湾新区的服务业定位可确立为：珠江口东岸地区重要的现代服务业功能区，惠州极具发展活力和区域影响力的现代服务业增长极。依据有：

一是在珠江口东岸地区，惠州具有较好的自然生态条件，依山傍湖，沿河滨海，长期以来，为实施国家东江引水济港战略，生态环境保护程度较高，温泉、森林、海滨等资源在珠江口东岸区域具有一定组合优势，是发展休闲疗养等现代服务业的良好资源，发展潜力大。在深圳、东莞等城市为工业化耗尽力气的时候，惠州可以扬长避短，走新型工业化道路，建生态园林城市，打造滨海旅游休闲度假基地，通过为珠三角特别是深港澳区域打造休闲疗养基地等形式，将其工业化进程中积累的社会资本选择性转移至惠州。港澳、深圳等城市聚集了大量需要休养的白领高资阶层，只要打造得当，市场定位准确，惠州就可以成为一个汇聚粤港澳消费资金的聚宝盆，为不断增强消费内需拉动环大亚湾新区开发打开闸门。

二是随着深港产业升级步伐加快，出现了物流、商贸餐饮、后台管理、创意设计等服务的外溢，惠州完全可以发挥港口、交通等基础设施不断完善、比邻深港的有利条件，利用东莞难以媲美的生态环境条件，借力发展现代服务业，成为深港澳服务外溢的前沿和首选地。通过合理的功能配置，与深港建立更紧密的服务业发展关系，实现与深港服务业领域间的互动发展，构建珠江口东岸地区现代服务业发展新的重要平台。

三是尽管珠江口东岸地区制造业较为发达，但服务业发展的总体水平有待进一步提高，现代服务业是该区域未来产业转型升级的重要方向。珠三角地区除要强化港深惠3个核心城市的服务功能，共同打造具有世界影响力的城市群区域外，也离不开区域内其他城市在现代服务业领域的穿针引线，以共构功能齐全、体系完备、国家依托、影响全球的现代服务业功能区。纵观现代服务业在全球城市的发展和布局，世界级城市往往是金融、商务、航运等中心，研发设计、文化创意等服务业则由各类专业性平台承载。如美国的硅谷在旧金山，汽车设计在底特律，好莱坞在洛杉矶；英国（Rolls-Royce）飞机发动机设计在英格兰的一个小镇。因此，从健全珠三角城市群功能看，也需要惠州在现代服务业领域发挥相应功能，承担应有责任。

（二）现代服务业体系

确立了环大亚湾新区现代服务业定位，就需要构建与其地位和功能相适应的现代服务业体系。从综合条件看，深、莞、惠区域中，深圳在香港的辐射带动下，可作为国家级综合性服务业功能城市建设，惠州和东莞则可在某些服务业领域发挥独特作用，承担特殊功能。构建特色化、协作性、分工差异明显的现代服务业体系是惠州城市发展的客观要求与现实需要，也是环大亚湾新区发展现代服务业的基本方向。综合分析惠深港澳和珠江东岸服务业发展现状与特点，在协作、分工和突出重点原则下，环大亚湾新区应构建以海旅游业为龙头，现代物流、现代商贸较为发达，房地产业、文化创意产业发展特色鲜明，服务外包产业迅速发展的现代服务业体系。

1. 确立旅游业的龙头地位

珠三角地区急需发展现代服务业，从生活服务领域看，尤其缺乏便捷和功能要素高端化、品位化的休闲度假疗养与特色商务服务中心（基地）。珠江东岸地区只有惠州具备打造粤港澳生活圈类似服务的条件，离香港 47 海里，深圳、东莞就在身边，珠三角其他城市也便捷可达，仅粤港澳高端市场潜力至少在 1000 万人以上，是发展休闲度假旅游条件最好的城市，公务开会、高端疗养、休闲商务等具有休闲度假疗养性质的各类旅游活动领域十分广泛。只要建立现代化的便捷到达通道，精心设计和做好吃、住、娱文章，紧密文化旅游互动关系，发展前景广阔。

2. 培育生产性服务业发展新优势

广东省"十二五"服务业规划和国家主体功能区规划均提出，除深圳、广州外，包括惠州在内的珠三角城市"要围绕建设国际先进制造业基地的战略定位，大力发展以生产性服务业为重点的现代服务业，增强要素集聚功能，加快建设高效生产服务体系，努力提升产业结构层次，提高服务业比重"。为此，环大亚湾新区建设需要在生产性服务业领域有所作为。比如，充分发挥惠州港口优势，规划建设高效的现代港口物流体系，包括先进的物流基地和配送中心建设；又如，可以产业集群和专业镇为依托，加快建设一批产业发展公共服务平台，形成产业服务体系，特别要在科技孵化、研发设计等有利于增强惠州制造业转型升级平台功能领域有所作为；同时，适应服务外包快速发展的形势，可以培育各类专业服务及积极承接各类结算中心、数据中心、采购中心等后台服务，建设珠江口东岸地区服务外包基地，增强环大亚湾新区服务惠州和珠三角地区的能力。

（三）发展战略

把推动现代服务业加快发展作为建设环大亚湾新区和转变经济发展方式的战略举措，推进产业结构优化升级的战略重点和进一步提高人民群众生活水平的着力点，围绕提升惠州在珠江口东岸地区服务功能要求，紧紧依托珠三角地区服务市场，突出比较优势，突出重点行业，深入实施"突破发展、借力发展和聚集发展"三大战略，构建南北共进、东西互动、内外统筹服务业发展新格局。抓重大现代服务业功能区建设，抓重点服务行业发展，不断优化服务业的空间布局，不断深化深惠、港惠服务业合作，以滨海旅游为龙头，积极发展会议商务、文化创意、商贸餐饮、房地产等行业，拓展物流业发展空间，推进服务外包基地建设。着力引进、培育、建设一批投资额大、带动性强、服务范围广的现代服务业重大项目，培育壮大一批发展潜力大、服务功能强、辐射带动作用显著的现代服务功能聚集发展区。

——重点突破。环大亚湾新区需要发展的服务业很多，一些服务业也呈现了新的良好发展势头，但从长远发展要求和潜力看，从区域比较优势和分工格局变化看，并不是每个行业都能做大、做优、做强。服务业中有部分属于基础性行业，难以突破区域限制，需要重点突破那些具有区际乃至大区级服务功能的行业。

——借力发展。环大亚湾新区现代服务业发展，不仅要借深港服务外溢之力，服务资本雄厚之力，更要借大珠三角地区市场之力，需要开展区域服务合作，特别是深化与深圳、香港间的服务业合作与互动。

——聚集发展。现代服务业对聚集发展要求高，需要通过服务业功能区建设推进其发展，CBD、金融街、商贸街、主题公园等都是服务业功能区形态。比如，滨海旅游业，需要加强对关联区域的联动规划与开发，通过文化旅游联动，旅游住宅与会务、商贸的联动，度假休闲与保健养生的联动等形式，充分发挥各种服务业态、不同服务产品的组合效应。

（四）发展目标

目前，环大亚湾新区仍处于工业快速扩张时期，服务业发展在地区经济中的贡献率难以较快提升。因此，制定发展目标需要从这个现实出发，既努力进取，也不脱离实际。总体考虑是：服务业增加值占 GDP 的比重低于全国服务业增加值占我国 GDP 比重每年提升 0.8 百分点的预期要求，也低于广东省的预期目标，但必须坚持稳中求进的基本原则，尤其不能倒退，给出的目标既有难度但也展现信心。目标主要体现两个方面，即环大亚湾新区服务业发展对其 GDP 的贡献和环大亚湾新区服务业发展对全市服务业增长的贡献。具体目标是："十二五"时期，服务业增加值占 GDP 的比重每年提升 0.5 百分点，占全市服务业增加值的比重每年提升 0.5 百分点。至 2020 年，新区内服务业增加值占 GDP 的比重超过 30%，新区服务业增加值占全市服务业比重超过 30%。现代服务功能显著增强，对珠三角地区的服务能力明显提升，对惠州经济发展的贡献进一步提升。

（五）主要任务

1. 构建以滨海旅游业为龙头，生产性与生活性服务并举的现代服务业体系

惠州既是我国重要的制造业基地，也是可造就的面向粤港澳的重要生活服务基地。

环大亚湾新区现代服务业发展既需要创造条件大力发展物流、研发、信息、工业设计等生产性服务业,加大招商选资力度,吸引与当地产业相关的国内外生产服务业企业进驻,形成一批综合性生产服务平台。通过服务制造的深度融合,助推国家级现代制造业基地建设和珠三角产业结构转型升级;同时,也需要充分发挥滨海资源潜力大、比邻深港澳、生态环境好的优势,适应服务粤港澳区域提升生活品质要求,通过构建高端化目标市场取向、以粤港澳目标市场为主导的现代生活服务体系,培育新的经济增长极,并促进自身产业结构向低能耗、物耗、高附加值方向发展。

2. 着力打造一批现代服务业集聚功能区

现代服务业发展的聚集特征明显。工业发展要求形成所谓上、中、下游配套协作产业链,现代服务业发展则强调各服务业行业间的配套协作与组合效应。制造业协作主要通过流程管理和物流运输方式实现,形成所谓上、中、下流程,呈“竖型”结构关系;服务业间的协作互动往往发挥的是组合效应,即所谓“抱团取暖”的“并行”结构,形成有利于服务业各行业发展的最佳组合效应共同体。CBD、CRD、CFD等都是服务业不同类型共同体的表现形态。环大亚湾新区现代服务业发展也需要着力培育服务业共同体,包括文化产业聚合体、商务服务业聚合体、休闲疗养业聚合体等,通过打造各具特色的现代服务业发展聚集,提升环大亚湾新区服务业发展的综合能级。

——着力打造粤港澳地区一流的滨海旅游度假胜地。环大亚湾新区滨海度假资源丰富,粤港澳地区高端客源市场广阔,通过深度开发滨海旅游资源,最有可能产生即期发展效果。可以说,滨海休闲度假产业是环大亚湾新区现代服务业发展的“开闸”行业,要通过旅游产品的精品化、高端化发展,建设粤港澳地区一流的滨海旅游度假基地。通过滨海资源的深度开发、一流的服务和管理,拓展珠三角地区的高端客源市场,形成现代服务业发展的活力源。

——推进粤东地区重要的物流基地建设。随着深港服务的不断转型和升级,物流外溢是必然趋势。作为最直接的物流承接者,惠州作为粤东重要物流基地作用将明显增强,环大亚湾新区应充分发挥港口优势,积极推进现代物流业发展。

——加强文化创意产业园区与基地建设。新区内不仅有叶挺故居、平海古城等文化资源,还引进了一批大型文化创意企业,随着技术的不断发展和人民生活水平的显著提高,文化产品特别是文化创意的市场潜力将不断扩大,开拓文化产业的发展空间,有利于推动环大亚湾新区现代服务业的快速发展,有利于服务业相关行业间的互促发展。“十二五”至“十三五”时期,应以建设文化创意园区与基地为载体,着力培育品牌化、市场潜力大的文化精品,推动文化产业大发展。

——建设促进制造业转型升级的研发设计与商务服务平台。满足制造业不断向惠州聚集需要,着眼增强制造业转型升级能力,培育和引进研发设计服务企业,通过建立创意产业园和研发中心，以优质的工作与生活配套服务，期权、知识产权入股等制度创新方式，吸引相关领域的研发设计人才进驻环大亚湾新区，构筑珠江口东岸地区新的人才隆起点。建立适应研发设计需要的现代研发服务体系，提供便利可靠的风险投资、基金担保、法律服务、知识产权服务、各类科技中介等的商务服务保障。

3．优化服务资源的空间配置，实现三区联动发展

惠阳、大亚湾开发区、惠东稔平半岛三区服务资源禀赋和产业基础条件各有特色。惠阳紧邻深圳，处于深圳服务外溢的前沿地带，受深圳辐射效应明显；大亚湾开发区石化工业发展支撑作用大，近年来大量制造企业迁入后，产生了"曲线两端"服务需求，外加有港口依托便利，客观上有利于推动生产性服务业发展；惠东的稔平半岛目前总体开发水平不高，基地农业发达，滨海旅游资源有较大开发潜力，可借古城文化、海洋生态文化等形成文化旅游发展新优势，适宜发展观光休闲服务。如果三大区域能结合各自优势，构建特色化、分工互补关系的现代服务业发展格局，必将整体推进服务业发展，形成服务业快速发展效应，共同为环大亚湾新区建设做出现代服务业应有贡献。

五、推进现代服务业重点行业加快发展

（一）大力发展现代滨海商务休闲疗养度假旅游

环大亚湾新区休闲度假旅游、会展／商务旅游、生态文化旅游具有一定的比较优势，而大众观光旅游特点和优势并不明显。因此，应以休闲度假旅游为主攻方向，以滨海旅游资源为依托，会议商务休闲疗养度假为核心，瞄准"粤港澳台"地区高端客源市场，通过规模开发、整体开发和合作开发等方式，着力打造"粤港澳台"最重要的滨海休闲度假与会议商务旅游目的地和综合性旅游服务特色功能区。

——巽寮湾休闲旅游度假区。强化岸线景观设计，加强旅游设施配套与环境整治。推进滨海文化休闲中心、中西特色餐饮基地、海上运动中心、游艇基地等一批重大旅游项目建设，优化项目建设布局，打造集住宿、餐饮、文化娱乐和海洋运动于一体、文化氛围浓厚、休闲特色鲜明的生态型旅游景区。

——双月湾文化生态观光体验区。以平海古城、南门海、双月湾、海龟湾为重点区块，着力开发古城文化、海洋景观和生态资源，打造以自然景观、历史文化和海洋生态体验为特色功能的文化休闲观光景区。

——霞涌商务会议疗养度假区。依托乌山头良好的地形条件和临海优势，着力打造珠三角地区的高档商务会议及休闲疗养基地，形成以商务会议、康复疗养、健身娱乐等为特色功能的商务会议疗养度假景区。

——范和湾海洋生态度假区。结合红树林生态保育与海环境综合治理，加大范和湾

景观设计与规划建设力度。在分级控制红树林湿地资源的基础上，发展红树林保育、一般种植、育苗培养、湿地养殖等教育科研服务，适度发展休闲娱乐度假旅游产业，把范和湾湿地打造成国内一流、国际知名的海洋生态公园。

——考洲洋海洋生物观赏区。加大考洲洋水环境综合治理力度，制定分阶段整治海水养殖计划，大规模营造人工红树林景观，将考洲洋列入国家级红树林生态公园保护计划。以考洲洋红树林生态观赏旅游产品开发为导向，结合新农村建设，推进盐洲岛综合开发建设，将盐洲岛打造成为特色鲜明的海洋生物观赏休闲岛。

（二）积极发展现代物流业

发挥港口、铁路、公路和机场等物流设施优势，以石化物流发展为先导，培育和发展具有国际竞争力的现代物流龙头企业，打造辐射周边的区域性现代物流基地。借助惠州亿吨大港及惠阳东城（国际）物流园、大亚湾太东财富港国际物流园、中海油物流园（基地）和大亚湾华瀛燃料油调和配送中心等项目建设，推进"惠深港口一体化"。推进物流信息化建设，积极发展"物联网"，促进现有运输、仓储、货代、装卸、批发企业的功能整合和服务延伸，鼓励和引导物流企业向社会化、专业化的第三方物流发展。近期，在市物流规划的统一指导下，环大亚湾新区重点搞好"三园区、两中心"建设：

"三园区"：

——惠阳东城（国际）物流园建设。打造以物流配送、仓储、B型保税等为主的综合性物流园。

——大亚湾太东财富港国际物流园建设。打造以石化等产品交易市场、仓储物流、综合配套等为一体的综合性现代商贸物流园区。

——中海油物流园（基地）建设。打造以货物堆场、仓库、料棚、油库等为主的石化物流园。

"两中心"：

——大亚湾华瀛燃料油调和配送中心。以大亚湾芒洲岛为载体，建成华南地区规模最大的燃料油调和配送中心。

——中储粮惠州港粮食物流中转库。主要建设集粮食储备、加工、交易等为一体的大型粮食物流中心。

（三）建设珠江口东岸服务外包基地

适应追求更高产业层次的需要，发达国家在推进制造业外包过程中，其内部服务业也在不断升级进化，原来一些内部化、较为低层次的服务领域和环节出现加快向其他区域转移的趋势，即所谓服务外包。近年来，尽管服务外包的主体仍然是信息服务领域，但医疗信息确认、结算管理的某些环节、各类后台服务领域等也呈现加速外包化趋向。惠州比邻深港澳，具有承接外包的良好硬件基础条件，通过筑现代服务业发展的环境之"巢"，招引发达国家特别是港深地区服务外包之"凤"完全可以有所作为。通过积极承接服务外包业务，打造珠江东岸地区服务外包基地城市，充当粤港服务合作的先行军，引进一批国内外知名的法律、公证、会计、信息、咨询、广告等中介商务服务机构，结算、寻呼、物流信息等后台服务企业，提升惠州在珠三角城市群中的综合服务能力。

（四）培育发展文化创意产业

发展文化创意产业既是文化大发展大繁荣的需要，也是环大亚湾新区培育服务业增长点，推进产业转型升级的重要举措。发展文化创意产业要着力挖掘惠州文化资源潜力，着力引进文化创意企业，实施项目带动战略，以项目为纽带，打造一批文化产业园区，重点加快惠东金融街天后宫民俗文化产业园、平海古城文化产业基地、叶挺故里文化旅游产业带、惠州华力环保科技创意设计（印刷）文化产业基地、惠阳国际会议商务度假中心、金海湾国际会议会展中心、大亚湾澳头小桂湾的中国（惠州）国际文化产业基地等项目建设。大力扶持和发展一批骨干文化企业和知名品牌。扶持会展业发展，争取一批全国、全省性会展项目落户惠州。推进文化与科技融合，运用高新技术和现代生产方式，提高文化产品和服务的科技含量，促进数字广播、数字报纸、数字电视、数字出版、动漫制作、网络软件等行业加快发展。

（五）合理发展房地产业

房地产业在现代服务业中处于特殊地位，在一些发达国家和地区，房地产业成为经济发展的景气行业。环大亚湾新区建设需要发挥房地产业的促进作用。当前，无论居民房地产业还是旅游房地产业均发展较快，推进了人气聚集和环大亚湾新区开发。今后较长一段时期要继续发挥房地产业对环大亚湾新区建设的积极作用，通过政府的正确引导，发挥市场配置资源的基础性作用，搞好居民住房小区规划、建设和社区配套设施建设。高度重视和关注旅游房地产业的发展，以高端化、精品化为方向，着力打造景观型、文化特性强的现代房地产社区。尤其要避免房地产业的低级化、混乱发展。

（六）推进现代商贸业发展

以淡水、黄埔、吉隆等镇为重点，面向珠三角商贸服务需求，高标准规划建设大容量、多功能商贸中心，培育有竞争力的大型骨干商贸流通企业，支持大型连锁企业发展加盟业务。吸引大型电子商务企业，建设面向珠江口东岸地区的大型货物配送中心。积极与惠州产品网上展销平台对接，提升商贸、物流的电子商务应用水平。推进石化、电子、汽车零部件等大型专业批发市场建设。

六、空间布局

2011 年，从惠阳、大亚湾经济技术开发区、惠东关联区域服务业占比情况看，惠阳服务业增加值占整个新区服务业的比重达到 53.8%，大亚湾开发区占 26.3%，惠东占 19.9%，形成西强东弱发展格局。从人均服务业增加值看，则呈现中间高、两端低的局面。结合惠阳、大亚湾开发区和惠东资源禀赋与经济带发展需要，服务业空间发展的总体思路是：优化发展中部、加快发展东部、全面提升西部。

（一）优化发展中部

中部正在着力打造世界级石化工业基地，近年来现代制造业发展也十分迅速，是大亚湾经济带工业制造与生产核心区，目前形成了以港口物流、房地产等为特色，生产、生活服务发展迅速的局面。从客观要求看，该区域应着力强化现代物流、科技研发、工业设计等生产性服务业，东西两端可适度发展度假商务旅游、文化产业等生活性服务。控制生活型房地产业开发规模，加强商务性楼宇开发与布局。使中部在做大石化与制造业规模的同时，配套形成综合性服务功能，不断优化生产、生活服务环境。中部地区应重点推进港口物流基地、研发设计基地、黄金海岸滨海区会议商务旅游综合度假功能区和小桂湾中国（惠州）国际文化产业基地等四大服务业功能区建设。

（二）加快发展东部

东部稔平半岛拥有众多优良海湾及平海古城、国家级海龟自然保护区等生态文化资源，适合建设面向粤港澳市场一流的集会议、商务休闲旅游于一体的旅游基地。通过精心设计，高水平谋划，就部分优质海湾区块进行集中连片的规模开发，加快将丰富的休闲度假资源变成现实的服务业发展资源，形成环大亚湾新区建设新的推动力量。同时，惠东目前发展水平还不高，需要稔平半岛这个经济发展平台发挥更大作用。鉴于稔平半岛承担了滨海旅游、清洁能源、外向农业、文化发展与生态保护等复合功能，也考虑到其旅游资源的一般性，不宜对全岛进行单一的旅游开发，仍需因地制宜进行整岛开发规划，在坚持生态优先，强化环境保护的基础上，形成第一、第二、第三产业融合发展，多个经济功能区相互促进的局面，加快东部区域经济建设与开发力度，加快经济发展步伐。从旅游层面看，当前应重点开发巽寮湾、平港两大区块，尽快奠定稔平半岛滨海度假基地的基本形象。

（三）全面提升西部

近年来，惠阳区服务业呈现加速发展势头，商贸餐饮、文化创意、物流等现代服务业快速发展，市场力对惠阳现代服务业发展的推动作用显著增强。为更好发挥深港服务业外溢对环大亚湾新区现代服务业发展的推动作用，惠阳区应从环大亚湾新区产业结构调整与优化升级的战略高度，加强对现代服务业发展的规划引导，加大发展力度，从构建环大亚湾新区综合性服务中心的角度，着力发展商务服务、商贸物流、餐饮文化娱乐、居住房地产等行业。在空间布局上，以淡水镇为核心，结合城市和生态环境建设，立足长远，高水平搞好淡水镇城市规划设计，在完善软硬件环境和标准上下功夫，在提高城市品位中不断增强对现代服务企业进驻的吸引力。重点加强各类专业服务镇和特色服务业功能区、聚集区建设，努力将惠阳区打造成环大亚湾新区综合性现代服务业中心和珠江口东岸地区的服务外包基地，塑造"文化惠阳、宜居惠阳、服务惠阳"形象。

七、保障措施

（一）加快制定环大亚湾新区现代服务业发展专项规划

现代服务业对未来城市发展具有越来越重要的作用，惠州在工业强市的同时，需要加大对现代服务业发展的规划、引导与支持，从全市战略高度统筹谋划环大亚湾新区现代服务业发展。因此，需要加快编制好环大亚湾新区现代服务业总体发展规划与重点现代服务业领域专项规划，加快制定促进环大亚湾新区现代服务业发展政策，加大资金投入和招商引资力度，切实激发现代服务业发展动力与活力，进一步发挥现代服务业对环大亚湾新区建设及提升惠州城市功能的作用。

（二）进一步明确稔平半岛的主体功能定位

惠东稔平半岛主体功能目前存在不同认识，与惠阳和大亚湾开发区既认可工业也认可服务不同，稔平半岛作为旅游半岛的呼声很高。从当前发展格局和现实需要看，理念上应将稔平半岛作为绿色生态岛建设。一是稔平半岛的滨海资源品质（根据对广东滨海旅游资源评价，稔平半岛不如阳江海陵岛）还不必要扩大到全岛；二是稔平半岛在绿色生态岛建设中可以通过三次产业协调推进发挥作用，关键在于对能源项目的规模控制和资源的循环经济利用；三是稔平半岛客观上已布局了能源、制造业等项目，这些项目对惠州、惠东发展有益。实际上，稔平半岛开发最大危害不在电厂，而是主体功能不明和对宝贵滨海资源的无序、盲目开发，引进了大批缺乏现代旅游市场开发理念的房地产开发项目，导致滨海旅游资源价值的下降和损失。建议尽快编制稔平半岛绿色生态岛主体功能发展规划，规划编制完成前不再审批新的产业项目，并可根据主体功能不同重新确立行政管理范围和职能。

（三）加大改革开放力度

服务业的大发展需要大改革和大开放。中国服务业发展滞后的一个重要原因是改革力度不够，垄断之下的开放步伐缓慢，改革开放遗留空间主要在服务业领域。环大亚湾新区现代服务业发展要充分利用中央赋予广东"先行先试"政策和推进 CEPA 试点城市建设的有利条件，加快推进现代服务领域各项制度改革创新，进一步解放思想，加大服务业领域对内对外开放力度，建立环大亚湾新区国家服务业综合改革试点，搭建惠州服务业改革开放新平台，进一步调动民营、外资参与环大亚湾新区现代服务业发展的积极性，鼓励外商在带内设立面向珠三角乃至华南区域的研发设计、营销服务、专业服务、商务集成服务等生产服务机构。加快制定开放非基本公共服务投资领域的具体实施办法，建立公平、规范、透明的市场准入标准，综合运用财政、金融、土地、价格等经济政策促进服务业加快发展。

（四）加快与现代服务业发展要求相适应的环境建设

与工业发展要求"七通一平"不同，现代服务业发展对综合条件要求更高，包括一流信息服务环境、一流通达环境、一流居住休闲环境等，要重视体现生活环境的舒适感，工作环境的优越感。总体上看，环大亚湾新区还不太吸引现代服务业发展，城市建设标准缺乏超前设计，现代服务业项目内在素质较低，通达和宜居环境有待进一步完善，现代化的信息服务水平也需要进一步提高。

专题七

环大亚湾新区建设绿色生态湾区

一、资源集约利用思路和对策

（一）土地资源集约利用现状

1. 环大亚湾新区土地面积及结构

2009 年，环大亚湾新区土地总面积为 214538 公顷，农用地面积 165559 公顷，占 77.17%，建设用地面积 26041 公顷，占 12.14%，其他土地面积为 9792 公顷，占 10.69%。其中惠阳区土地总面积为 91560 公顷，农用地 70283 公顷，占土地总面积的 76.76%；建设用地 12261 公顷，占土地总面积的 13.39%；其他土地面积为 9016 公顷，占土地总面积的 9.85%。大亚湾区土地总面积为 26684 公顷。其中，农用地 17081 公顷，占土地总面积的 64.01%；建设用地 5473 公顷，占土地总面积的 20.51%；其他土地 4129 公顷，占土地总面积的 15.47%。

2009 年环大亚湾新区各区县土地利用现状见表 7-1。

2009年环大亚湾新区各区县土地利用现状　　　　　　　表7-1

区（县）	农用地（公顷）					建设用地（公顷）	其他土地（公顷）	总面积（公顷）
	耕地	园地	林地	其他农用地	合计			
惠阳区	14073	9840	40403	5967	70283	12261	9016	91560
大亚湾区	797	2715	12628	941	17081	5473	4129	26684
惠东县（6镇2区）	13121	9822	50316	4936	78195	8307	9792	96294
合计	27991	22377	103347	11844	165559	26041	22937	214538

资料来源：各区县土地利用总体规划。

2. 环大亚湾新区土地集约节约利用现状

2011 年，环大亚湾新区地均 GDP 为 37.12 万元／公顷，其中惠阳区地均 GDP 为 23.72 万元／公顷，大亚湾区为 163.18 万元／公顷，惠东县 6 镇 2 区为 15.02 万元／公顷，地均 GDP 超过 100 万元／公顷的镇为淡水镇（102.22 万元／公顷）和港口区（142.51

万元／公顷）。在大亚湾经济技术开发区已供应国有建设用地中，土地建成率为68.16%，工业用地率为57.53%。其中，综合容积率为1.1，建筑密度为32.39%，工业用地综合容积率为1.19，工业用地建筑系数为48.01%。工业用地固定资产投入强度为12715.46万元／公顷，工业用地产出强度19095.01万元／公顷，2011年惠州大亚湾经济开发区土地集约利用程度现状见表7-2。

2011年惠州大亚湾经济开发区土地集约利用程度现状　　　　　　　表7-2

目标	子目标	指标	现状值
土地利用状况	土地利用程度	土地供应率（%）	69.08
		土地建成率（%）	68.16
	用地结构状况	工业用地率（%）	57.35
	土地利用强度	综合容积率	1.1
		建筑密度（%）	32.29
		工业用地综合容积率	1.19
		工业用地建筑系数（%）	48.01
用地效益	产业用地投入产出效益	工业用地固定资产投入强度(万元／公顷)	12715.46
		工业用地产出强度（万元／公顷）	19095.01
管理绩效	土地利用监管绩效	到期项目用地处置率（%）	100
		闲置土地处置率（%）	100
	土地供应市场化程度	土地有偿使用实现率（%）（国家标准和广东省标准）	100／100
		土地招拍挂实现率（%）（国家标准和广东省标准）	47.74／45.39

资料来源：惠州市国土资源局大亚湾经济技术开发区分局，惠州大亚湾经济技术开发区土地集约利用评价更新技术报告，2012年5月。

（二）环大亚湾新区土地利用存在问题

目前，环大亚湾新区还存在大量存量土地闲置，土地集约节约利用程度低等问题。

1．大量存量建设用地闲置

20世纪90年代，惠州市房地产项目盲目、高速发展时产生了较多的存量建设用地，大部分是批而未建的土地，主要集中于环大亚湾新区的惠阳区和大亚湾区，总量为28.53平方公里，其中惠阳区闲置存量土地为20平方公里，大亚湾区闲置存量土地为8.53平方公里。惠阳区闲置存量土地主要分布在淡水街道、秋长街道和惠阳经济开发区。这些存量建设用地面积较大、分布广，处于闲置或半闲置状态，大部分已进入市场，其产权及经济关系复杂，盘整难度大。这些闲置用地绝大部分掌控在大企业和个人手中，政府可以直接支配的建设用地数量不多。此外，闲置存量土地，利用效率不高，惠阳区闲置存量土地单位建设用地产出为75.89万元／公顷，为广东省平均水平的58.18%，珠三角地区平均水平的四分之一。

2．局部地区建设和工业用地产出效益低

相比深圳、广州、东莞而言，惠州市整体单位土地产出不高。2008年深圳市、广州市、东莞市建设用地地均GDP分别高达749.59万元／公顷、444.22万元／公顷、303.84万元／公顷，而惠州市建设用地均GDP尚不足100万元／公顷，仅为95.55万元／公顷。在社会经济迅速发展的形势下，环大亚湾新区城镇工矿、农村居民点、交通运输用地等建设用地规模日益扩展，但深度开发利用不够，存在较多的闲置土地和粗放利用的现象，土地利用效益还有比较大的提升空间。在大亚湾区，建设用地内部结构和布局不尽合理，建筑密度与容积率低，存在浪费土地现象。2010年，大亚湾经济技术开发区地均GDP为18.39亿元／平方公里，与2010年国家级开发区中地均GDP排名第十位的九江经济技术开发区还有较大差距。地均工业增加值为13.72亿元／平方公里，接近国家级开发区中地均工业增加值排名第十位的萧山经济技术开发区。2009年大亚湾区人均城镇工矿用地面积为271平方米／人，建设用地节约集约利用水平有待提高。在惠阳区，工业用地布局较分散，土地集约利用率不高，特别是一些乡镇企业选址随意性强，缺乏整体规划。有些企业用地任意扩大面积，用地不合理，不少用地闲置或浪费。主要原因是由于惠阳区毗邻东莞市和深圳市，在区位条件上由于地价较低，一些产业向惠阳区转移，由于前期没有做到统一规划，形成了村村建厂的局面。

3．土地供需缺口凸显

"十二五"时期，惠州市新立项的建设项目新增建设用地超过2.5万公顷，而广东省下达惠州市的建设用地总增量指标只有1.23万公顷，仅能满足这些重大项目50%左右的需求。如何填补土地供需缺口，成为保证环大亚湾新区经济建设速度和质量的关键问题。

2010年国家级开发区地均国内生产总值对比见图7-1、地均工业增加值对比见图7-2。

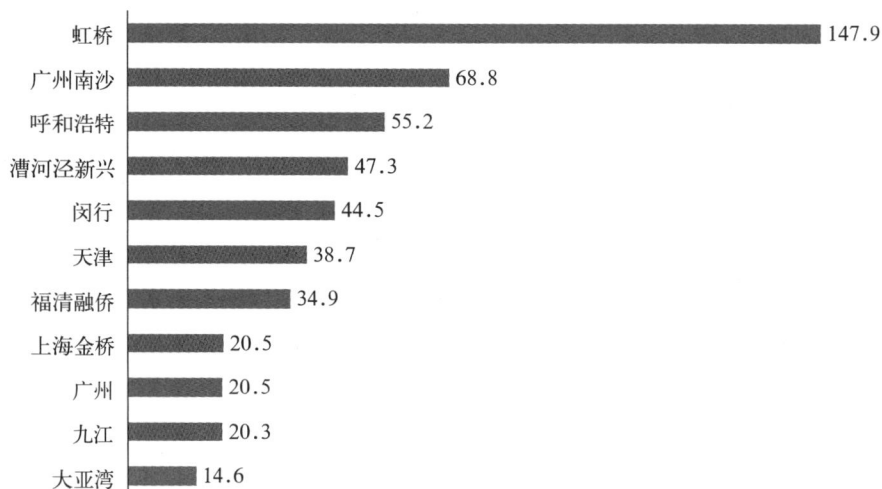

图7-1　2010年国家级开发区地均国内生产总值对比

156

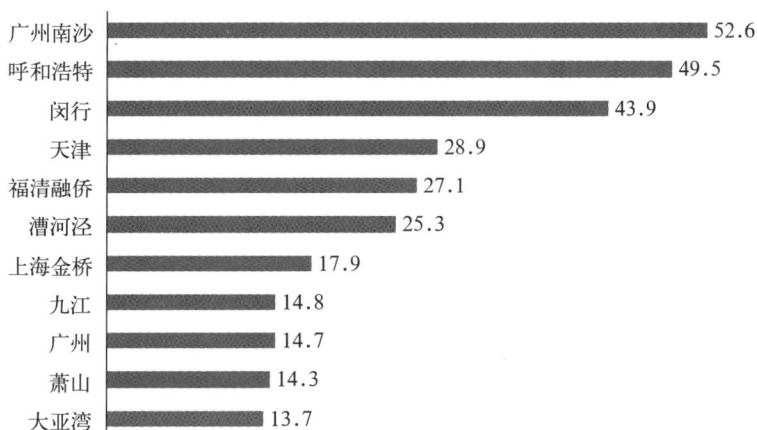

图7-2　2010年国家级开发区地均工业增加值对比

（三）土地资源集约利用总体思路和目标

1. 土地利用总体思路

严格贯彻国家"严控总量、盘活存量、用好增量、集约高效"的要求，充分利用闲置土地，挖掘低效用地，高效盘活存量土地，拓展利用地下空间，通过创新制度、制订标准和土地资源市场化配置等措施，提高土地利用效率和集约利用水平。优化建设用地结构与布局，在控制建设用地总规模的前提下，把小城镇、中心村和工业园区建设规模的扩大，与农村居民点用地整理、乡村工业用地整理置换结合起来，实现城镇建设用地增加要与农村建设用地减少相挂钩，合理安排建设用地布局，达到用地综合效益最大化，严格控制建设占用耕地与基本农田。

2. 土地集约节约利用目标

土地分区控制目标：

——至 2020 年

环大亚湾新区基本农田保护区面积为 243.4 平方公里，占 11.4%，一般农地区面积为 308.6 平方公里，占 14.4%，城镇村建设用地区面积为 321.3 平方公里，占 15%，独立工矿区面积为 11 平方公里，占 0.5%，生态环境安全控制区为 161.3 平方公里，占 7.5%，自然与文化遗产保护区 27.9 平方公里，占 1.3%，林业用地区为 868.2 平方公里，占 40.5%，其他用地区为 203 平方公里，占 9.5%。

土地节约集约利用目标：

——至 2015 年

环大亚湾新区建设用地地均 GDP 不小于 320 万元／公顷，单位建设用地第二、第三产业增加值年均提高 10% 以上。大亚湾经济技术开发区地均 GDP 达到 35 亿元／平方公里，地均工业增加值达到 30 亿元／平方公里，每平方公里建设用地第二、第三产业增加值达到 6 亿元。

——至 2020 年

土地利用结构得到进一步优化，土地利用效率和集约利用水平得到进一步提高，存量建设用地得到有效盘活，用地综合效益得到不断优化。

2020 年环大亚湾新区土地分区控制目标见表 7-3。

（四）土地资源集约利用重点任务

1. 集约节约利用土地资源

对于大亚湾经济技术开发区和惠阳开发区新增工业用地，设定单位面积土地产出强度等土地集约节约利用红线，不断提高的土地利用效率。通过设置入驻门槛，建设综合评估体系，在综合考量产业导向、投资密度、资源消耗、土地利用率、产出率基础上择优选商，实现由"招商引资"向"招商选资"的转变。实行单位面积土地最低投资限额，工业项目单位面积土地的投资额不得低于规定的最低限额。加强集约节约用地的监管与考核，根据项目实施成效、土地利用水平、产业集聚程度等指标，考核企业和园区土地利用情况，并将考核结果与用地指标分配及项目后续供地挂钩。严格控制单层厂房建设，对于翻建多层厂房的，不收取土地出让金和配套费用，实现"向空中要土地"。

2. 大力盘活存量建设用地

以内涵挖潜存量土地为主扩张新区建设用地。对于惠阳区和大亚湾区的闲置土地，逾期不开发、处长期闲置状态的实施无偿收回，对不构成回收条件的闲置土地，又无能力延期开发的土地，通过协商、补偿等鼓励进行项目调整或转让给急需用地的项目或企业。对产业园区内的存量土地、低效或淘汰企业用地采取经济行政措施予以腾退，迁移进新的好项目。将现有效益较差、产能效低的企业迁出或者置换到较边缘的区域，中心位置、优良地段安排给综合实力强、产业导向符合开发区规划的潜力公司。同时，采取"三旧"改造，加强对农村建设用地的节约集约化利用、合理配置基础设施用地、强化采石场砖厂的复绿、盘活存量土地等措施增加环大亚湾新区土地供应。

二、发展循环经济思路和对策

（一）循环经济发展现状

1. 初步建立了发展循环经济的支撑体系

目前，环大亚湾新区建立起了比较完善的循环经济措施支持体系、技术创新体系和有效的激励约束机制，制定了循环经济发展中长期规划和分段推进计划，确保了在重点行业资源利用效率上有较大幅度的提高，形成了一批具有较高资源生产率、较低污染物

2020年环大亚湾新区土地分区控制目标（公顷）

表7-3

区（县）	乡（镇）名称	基本农田保护区	一般农地区	城镇村建设用地区	独立工矿区	生态环境安全控制区	自然与文化遗产保护区	林业用地区	其他用地区	合计
惠东县	白花镇	4107	4557	1625	33	144	0	8910	1024	20400
	稔山镇	2264	3904	1647	245	418	271	8775	1631	19155
	巽寮区	226	450	194	1	0	0	5129	1428	7428
	平海镇	1471	1620	456	12	0	0	8773	1782	14114
	港口区	82	237	203	3	0	95	840	856	2316
	铁涌镇	2437	1168	400	351	1432	0	4739	1139	11666
	吉隆镇	1074	950	1125	27	288	0	8038	1300	12802
	黄埠镇	307	722	912	75	86	148	5157	1017	8424
惠阳区	淡水街道	0	481	3926	0	494	0	1516	1429	7845
	沙田镇	1195	1242	775	1	2469	54	2569	325	8630
	秋长街道	415	1951	3234	5	561	42	4023	1577	11808
	新圩镇	1112	2448	2766	25	1756	17	5935	1292	15352
	镇隆镇	1342	3304	2006	3	2968	76	4436	810	14947
	永湖镇	2318	1750	1169	4	1960	20	3418	827	11466
	良井镇	2516	1611	1180	15	201	0	1258	422	7202
	平潭镇	3267	1687	1493	9	715	0	1821	978	9970
	惠阳经济开发区	51	463	1601	0	0	0	1874	352	4340
大亚湾区		158	2313	7419	289	2641	2062	9610	2109	26600
合计		24341	30858	32131	1098	16132	2785	86821	20298	214465

排放率的清洁生产企业。按照"合理设置、方便管理"和城市每 1000～1500 户、乡镇 1500～2000 户居民设置 1 家收购站的原则，惠州市改造完善再生资源回收网站 1000 家，新建 22 个镇级和 5 个县级中转站。再生资源主要品种回收率达到 80%，城市 90% 以上回收人员纳入规范化管理，90% 以上的社区设立规范的回收站点。

2. 出台了支持清洁生产的经济激励机制

惠州市规定了利用废水、废气、废渣等废弃物作为原料进行生产的中小企业，自投产之日起，5 年内可以申请减征或免征所得税。惠州市环保部门将把清洁生产补贴奖励等相关经费纳入排污费专项资金和节能减排使用资金，对强制清洁生产审核工作开通绿色窗口，并与财政、发改、经信、科技等部门协调，联合制定应用先进清洁生产技术企业的奖励补贴制度，实行优惠税费。

3. 资源综合利用水平不断提高

2009 年，环大亚湾新区工业固废综合利用率达到 78.1%，粉煤灰和炉渣实现 100% 的综合利用，危险废物综合利用率达到 90%。如表 7-4 所示，环大亚湾新区各区县中，工业固废产生量最大的为大亚湾区，产生量为 4.85 万吨，综合利用率为 91.08%，处置率为 8.89%，未能实现综合利用的都为危险废物，粉煤灰和炉渣实现 100% 利用，而在惠阳区和惠东县 6 镇 2 区粉煤灰和炉渣同样实现了 100% 利用。而生活垃圾则全部进行无害化处理。

环大亚湾新区2009年工业固体废弃物产生量、综合利用量和处置量（吨）　　表7-4

行政区域	工业固体废物产生	其中危险废物	粉煤灰	炉渣	其他废物	工业固体废物综合利用量	其中危险废物利用量	粉煤灰利用量	炉渣利用量	工业固体废物处置量
惠州市	241468.3	74486.76	31305.81	58485.79	65357.96	188598.7	67056.34	31305.81	58485.79	60183.27
惠阳区	12317	9771.03	457	2007	82	11482.04	9018.04	457	2007	834.99
大亚湾区	48471.55	13067.54	13848	6666	9895.01	44147.64	8743.63	13848	6666	4309.914
惠东县	10720.77	1178.67	101.76	6591.84	98.5	10268.11	824.51	101.76	6591.84	452.66

（二）循环经济发展存在的问题

1. 石化行业发展增加了区域节能压力

2010 年，全市单位 GDP 能耗为 0.892 吨标准煤／万元，比 2005 年上升 4.16%。单位工业增加值能耗为 1.01 吨标准煤／万元，比 2005 年上升 65.6%。其中，大亚湾区对全市单位 GDP 能耗上升贡献率达到 156.80%，完全抵消了惠城区、惠阳区、惠东县等区县对全市单位 GDP 能耗下降的贡献。而石化行业是惠州市工业增加值能耗上升的主要原因。"十一五"期间，中海壳牌、中海炼油两大石化龙头项目相继投产拉动了惠州市能耗大幅上升，石化产业新增能源消费量达到 695 万吨标准煤，对全市能源消费增长的贡献率达到 88.9%，但对全市 GDP 增长的贡献率仅为 33.6%。

2. 部分废弃物综合利用水平有待提高

环大亚湾新区一般工业固体废弃物虽然产量大，但是回收率较高，综合利用和处置利用水平也较高。需要提高综合利用水平的主要是废旧电子垃圾、废旧汽车、生活垃圾、污泥和污废水。目前，环大亚湾新区污水处理厂产生的污泥还没有开展综合利用，全部采用处置方法处理。大亚湾经济技术开发区的中水回用项目也还没有投入运行，危险废物和电子垃圾处理项目还有待建设。

（三）发展循环经济的总体思路和目标

1. 总体思路

环大亚湾新区应遵照"减量化，再利用，资源化"的原则，依托节能减排，大力推进节能、节水、节地、节材等资源节约和废物减量化措施，促进环境友好的废弃物循环回用和再生利用。

2. 发展循环经济的目标

——至 2015 年

普遍实施清洁生产，重点行业、企业清洁生产实施率 80%，创建一批清洁生产模范企业。环境管理体系和环境标志产品认证递增率每年 10% 以上。资源生产率（单位资源的 GDP 产值）显著提高；主要产品单位产品／产值的工业用水量、能耗、污染产生量指标优于广东省同期平均水平，重点行业达到全国同期先进行列。工业用水循环回用率达到 70%，重点工业废物循环利用率处于全国先进水平。

环大亚湾新区发展循环经济的指标及目标，见表 7-5。

环大亚湾新区发展循环经济的指标及目标　　　　　　　表7-5

序号	规划主要指标	2010 年	2015 年	2020 年
1	万元工业增加值取水量降低（%）	—	30	50
2	工业用水重复利用率（%）	20	70	100
3	工业固废综合利用及处置率（%）	80	90	100
4	电子电器废物集中收集率（%）	50	90	> 98
5	城镇生活垃圾分类收集率（%）	30	65	> 90
6	废塑料、废金属、废橡胶、废玻璃回收利用率（%）	—	> 60	> 85

——至 2020 年

应当开展清洁生产审核企业全部通过审核验收，超过 40％的规模以上企业通过 ISO14000 认证。主要产品单位产品／产值的工业用水量、能耗、污染产生量指标达到国内先进水平。建立起较完善的发展城市循环经济的运行机制和支撑体系，形成具有"资源—生产／消费—再生资源"为基本特征的循环经济生态产业体系。

（四）发展循环经济的重点任务

1. 全面深化企业清洁生产

对于炼化行业，着重提高石油炼制水平，开发清洁汽油生产技术以及芳构化、催化重整、加氢裂化等深加工技术。在惠阳区工业园和大亚湾经济技术开发区，对化工行业采用绿色化学技术，降低生产工艺过程的副产物，在电镀行业采用无毒电镀技术减少重金属类危险废物的产生。对惠阳区纺织印染企业重点围绕绿色纺织品和节水与印染废水治理推进产业的生态化建设，大力推广高效短流程前处理、少水无水印染先进技术、在线检测与控制、印染废水回收利用技术、印染工业园区废水集中处理模式、印染废水综合治理技术等节能减排主流技术。

2. 提高资源综合利用水平

对炼化行业，建立大亚湾石化区废料循环利用系统，建设大亚湾石化区环境服务及资源综合利用项目，至 2015 年废酸液、废碱液、废催化剂、污泥和废渣综合利用量达到 15 万吨，综合利用率达到 90％以上。积极发展二氧化碳精制、轻烃回收、汽油吸附脱硫、含硫污水的串级使用、硫黄回收、汽提净化水的回用以及双膜污水处理等技术。加大工业用水重复率，2020 年工业用水重复率达到 80％以上，鼓励和提倡中水回用技术，2020 年大亚湾区中心区污水处理厂及石化区的中水回用率达到 10％以上。在大亚湾石化区大力发展园区内热电联产工程。将中海壳牌、中海炼油、、LNG 电厂等项目的锅炉、加热炉安装脱硝设施，加强对石化废料的利用，减少对环境的影响。建设污泥综合处理处置利用工程，2015 年底污泥处理处置利用率达到 80％以上。积极与其他城市共同构建危险废物管理信息网络，以有效加大危险废物资源化回收利用力度。

三、环境保护和生态建设思路和对策

（一）环境保护和生态建设现状

1. 环境质量总体保持稳定

2010 年惠州市城镇空气质量达到国家二级标准，惠州市环保责任考核连续多年居全省前列，2007 年、2008 年连续两年名列第一。2009 年与珠海、中山、河源，

2010 年与中山、珠海、广州同获优秀等次。"城考"从 2007 年以来连续三年荣膺广东省第一名。

环大亚湾新区主要湖（库）水质逐步改善，饮用水源水质达标率 100%。海洋环境质量状况良好，近岸海域水质基本达到功能区要求，自然生态环境基本保持平衡。城镇大气环境质量总体状况良好，TSP、SO_2、NO_x 等指标均低于国家空气质量二级标准限值，全年城镇空气质量均达二级标准。其中大亚湾区空气质量达到一级水平，污染程度属清洁。环大亚湾新区各县区的平均等效声级均属于 5 个声环境质量等级中的较好等级，环境噪声总体水平较低。

2. 重点流域综合整治取得初步成效

环大亚湾新区持续推进淡水河综合整治，实施污水截流、水环境治理、水体修复等工程，取得良好成效。2010 年，淡水河紫溪断面综合污染指数同比下降 26.7%，西湖村断面下降 42.3%，境内淡水河水质恶化趋势得到遏制并呈逐年改善趋势。此外，制定了《惠州市西枝江水源水质保护规划工作方案》，全面启动西枝江流域综合整治。开展了污染河涌整治工作，将市内横江河、新开河、青年河等 19 条重点河涌整治工作纳入各级党政责任考核。

3. 污染物减排工作取得积极进展

新区严格控制污染物新增量，严格落实环保总量前置审核，对不符合产业政策、不符合有关规划、不符合重要生态功能区要求、不符合清洁生产要求、达不到排放标准和总量控制目标的项目，坚决不予批准建设；对改扩建项目，要求实行"增产不增污"。对已经审批建设的项目，超时限未建设使用的审批量依法收回；严格落实环保限批制度，对淡水河流域实行流域限批。对电镀、印染、化工等重污染行业实行"行业限批"，不再审批基地或园区外新建项目。加大结构减排力度，关停了惠东水泥二厂等水泥厂，关闭了一批漂染、造纸等重污染企业，按照"工业进区、产业入园、分类布局、集中治污"原则，建成或正在建设大亚湾石化基地、鸿海化工工业园区等一批工业园区，新区重污染行业逐步走上集中监管、集中控制、集中处理的道路。2010 年，新区污水处理厂建设总体进展顺利，惠阳新墟等污水处理厂已全面完工并投入试运行，推动一批生活污水未纳入城镇生活污水处理厂管网收集范围、住厂员工 100 人以上或日排生活污水 30 吨以上的企业自行建设生活污水处理设施。

（二）环境保护和生态建设存在的问题

1. 淡水河流域河流污染依然严重

2011 年，淡水河流域 3 个监测断面水质仍处于劣 V 类，水质状况为重度污染，主要污染指标为氨氮、总磷和阴离子表面活性剂。淡水河流域长期处于重度污染主要原因有以下几点：一是"微容量、弱治理、重负荷"的局面短期内难以得到根本解决。淡水河河流全长不到 100 公里，地表径流少，缺乏天然水源补充，上游的龙岗河、坪山河枯水期只有 1 立方米／秒左右的流量，污径比高达 5：1，环境容量小。流域生活污水、工业废水排放量每天超过 80 万吨，而已建成的污水厂日处理能力只有 42 万吨，治污能力明显不足。此外，随着工业化和城市化进程加快，流域面临新一轮大发展，环境容量小与污染负荷大的矛盾短期内难以得到有效解决，水质短期内难有明显改观。二是流域产业结构调整压力巨大。淡水河流域共有工业企业 960 家，其中电镀、线路板、印染等重污染企业 252 家，每天排放工业废水 4 万多吨，结构型、复合型污染突出。受国际金融危机影响，地方政府面临保增长的巨大压力，产业结构调整升级和重污染企业淘汰、关闭的步伐还不够快。三是镇级污水处理设施建设相对滞后。惠州镇一级污水处理设施建设速度相对缓慢，淡水河沿岸 8 个镇（街道）目前只有 3 个建成投入运行。深圳淡水河沿岸所有镇（街道）虽然已基本建成污水处理设施，但受征地拆迁及复杂地质条件等诸多因素影响，配套管网普遍滞后于主体工程建设，已建成的污水处理厂实际处理率不到 40%，有些主要靠抽取河水进行处理。四是工业污染源监管有待进一步加强。淡水河流域的工业企业面广量大，现有环境监管能力严重不足。企业未批先建、擅自增加生产设备、扩大生产规模、超标排污等现象还不同程度存在。对部分违法排污行为未能及时查处，以罚代管现象还比较普遍。五是畜禽养殖业清理不够彻底。据 2009 年初统计，惠州市的惠阳区、大亚湾区在淡水河流域内有养殖户 477 户，生猪存栏量 7.2 万头。经过 2010 年以来的整治，目前生猪存栏量还有 4.8 万头，每天仍产生相当于 30 万人的排污量。

2. 部分区域环保基础设施建设进度滞后

虽然环大亚湾新区中的惠阳区提出 2012 年可实现"镇镇有生活污水处理厂"的目标，但惠东县的巽寮、稔山、平海、港口等镇休闲度假旅游产业和房地产的迅速发展，已对该区域环境带来较大的压力，而该区域集中污水处理设施及配套管网建设滞后，同时，考洲洋污水处理厂与吉隆、黄埠两镇的配套污水管网还有待完善。其次，淡水河区域的集中污水处理设施及其配套管网的建设要达到省下达的目标，任务也十分繁重。

3. 无序开发破坏了海洋和岸线生态景观

惠阳区、大亚湾区、惠东县都拥有一定数量的岸线资源，由于大亚湾海域封闭、水动力条件和自净能力差，任何一段岸线出现突发性污染事件都会影响到其他岸线。同时，惠州沿岸濒临南海，易受热带气旋、风暴潮、赤潮等海洋灾害的影响，这些灾害的发生会进一步加剧污染的扩散，造成一定的经济损失。环大亚湾新区各区县在海域开发利用中缺乏统一的规划和协调，存在着多部门、多行业管理交叉的情况，各涉海部门及行业多从本身角度考虑海洋资源的开发利用，造成各行业涉海规划相互矛盾。目前，大亚湾沿海岸线由于围海造地、海水养殖、码头泊位等因素,造成约8%的海岸带完全改变了属性,滨海湿地锐减,约70%海岸带被开发。

(三)环境保护和生态建设总体思路和目标

1. 总体思路

深入贯彻落实科学发展观,以主体功能分区和生态功能分区为指导,以削减主要污染物排放总量为主线,以解决危害群众健康和影响可持续发展的突出环境问题为重点,加强各类点源和面源污染防治,加快环保基础设施和管理体系建设,加大落后产能淘汰力度,不断降低新区的各类环境风险,重点推进协调融合的海—业—城生态人文景观建设,最终实现环大亚湾新区经济发展与人口、资源、环境的高度融合。

2. 环境保护和生态建设目标

——至 2015 年

二氧化硫、化学需氧量、氮氧化物、氨氮排放总量分别控制在省下达指标内。淡水河流域水体开始变清,达到《地表水环境质量标准》的 Ⅴ ～ Ⅳ 类水质标准。饮用水源水质达标率保持在 100%,90% 以上的国控、省控、市控断面按功能达标,近岸海域环境功能区达标率保持在 100%。城镇生活污水集中处理率达到 90%;固体废物资源化利用大幅提高,工业固体废物综合利用率达到 95% 以上;城镇生活垃圾无害化处理率达 85% 以上;危险废物和放射性废源全部得到安全处置,工业废水排放达标率达到 100%。

——至 2020 年

淡水河流域水体水质彻底改善,逐步达到《地表水环境质量标准》的Ⅲ类水质标准。海—业—城生态人文景观建设取得显著成效。城乡各项环境指标全面达标,生态环境质量全面提升,人与自然高度和谐,经济社会环境和谐持续发展。

(四)环境保护和生态建设重点任务

1. 加快环保基础设施建设

在污水处理设施建设上,积极提升大亚湾经济技术开发区石化区和中心区污水处理厂处理能力,2015 年,中心区污水处理厂近期处理能力达到 9 万立方米／天,石化区污水处理厂收集石化区除了炼油、乙烯大型企业之外的所有污水,近期处理能力达到 2.5 万立方米／天,中心区及西区的生活污水收集处理率达到 75% 以上,建设石化区公共事故废水收集系统,形成大亚湾区域南、北两个排水系统,南线收集新圩、秋长、淡水、澳头等地排水,经处理达标由放流管排向大亚湾南侧外湾的专设试验区;北线收集永湖、沙田、霞涌及石化工业区等地排水,经处理达标由放流管排向大亚湾北侧外湾的专设试验区。加快建设大亚湾第二条海底排污管道。积极推进新区各镇污水处理厂和配套管网建设。在主要港口建设含油废水和生活污水处理厂。农村地区推广因地制宜的分散型处理工艺如人工湿地生态处理工艺，鼓励具备条件的城乡相邻地区污水处理设施共建共享。

在固废处理设施建设上，以危险废物、电子废物和惠东鞋材废料等的安全处置及城市生活污水处理污泥处理处置为重点，统筹规划，推进固体废物处理处置基础设施安全、经济地处置固体废物，重点建设 20 万吨／年电子废物拆解处置中心和惠阳沙田镇垃圾综合处理基地。

2．加强各类点源和面源污染防治

在稔山、铁涌、平海、平潭、良井、镇隆 6 镇引导和鼓励农民使用生物农药或高效、低毒、低残留农药，推广测土配方施肥技术，控制氮肥施用量，平衡氮、磷、钾比例，调整优化用肥结构，大力推广有机肥和秸秆还田，提高肥料利用效率。加强荃湾港区、东马港区、碧甲港区和澳头渔港、霞涌渔港、范和渔港、港口渔港的环境污染治理，力争实现进入港区的船舶油类污染物基本达到"零排放"，港区污水排放全面达标。加强防治船舶及其有关作业活动造成的海洋环境污染，提高日常处理和应急能力。

对于西枝江水源保护区实行强制性保护措施，不得建设水污染型工业项目，不得经营大规模的养殖业。在惠阳区新圩镇、淡水街道洋纳工业园（珠三角电镀重点防控区）全面推进重金属污染综合防治，重点加大落后产能淘汰力度，严格涉重金属污染行业的环评、土地和安全生产审批，严格控制新建、改建、扩建增加重金属污染物排放的项目，遏制低水平重复建设，强化对现有的重金属排放企业监管和治理，实施强制性清洁生产审核，着力提升现有企业清洁生产水平。切实加强对电镀、化工、制革等重点行业重金属污染整治力度，严格电镀、制革园区管理。对淡水、秋长、沙田、永湖、新圩等城镇禁止审批重污染项目，在淡水河水质目标达标前，暂停审批酸洗、磷化、表面处理等水污染型项目。

提高新车准入门槛，全面实施机动车国Ⅳ排放标准和摩托车国Ⅲ排放标准，对不符合相应标准的汽车和摩托车，不予办理登记和转入手续。提高车用燃油质量，全面供应粤Ⅳ车用成品油。淘汰"国 0"汽车、摩托车，限制摩托车总量。全面开展油气回收治理，2011 年底前完成所有加油站、油罐车和储油库的油气综合治理及验收。推行环保标志管理制度，规范机动车环保标志发放和管理工作。全面开展机动车工况排气检测线建设，加强机动车排气污染道路抽检和停放地抽检，重点加强机动车尾气监督。建立机动车排气监督管理信息网络体系。加强对中海壳牌、中海炼油等石化、化工及相关产品制造企业的挥发性有机化合物排放的全过程控制，实行化工行业统一规划统一定点，集中治污和集中监管。制定石油化工企业及涂料、油墨、胶粘剂等化学原料和化学制品制造生产企业重点监管名录，对重点名录中的企业强制推行清洁生产审核，强制采取挥发性有机化合物排放削减措施，严控工艺过程中飘逸性有机气体的排放。加强对惠东平海电厂 2 台 1000 兆瓦机组在内的达不到脱硫脱硝降氮效率要求机组的监管。

3. 加大落后产能淘汰力度

惠阳区纺织行业应按照国家产业结构调整要求，淘汰 74 型染整生产线、使用年限超过 15 年的前处理设备、浴比大于 1 ∶ 10 的间歇式染色设备，淘汰落后型号的印花机、热熔染色机、热风布铗拉幅机、定形机，淘汰高能耗、高水耗的落后生产工艺设备；淘汰 R531 型酸性老式粘胶纺丝机、年产 2 万吨以下粘胶生产线、湿法及 DMF 溶剂法氨纶生产工艺、DMF 溶剂法腈纶生产工艺、涤纶长丝锭轴长 900 毫米以下的半自动卷绕设备、间歇法聚酯设备等落后化纤产能。在制革行业加快推进惠阳区制革行业统一定点基地建设，继续深入推进落后制革产能淘汰，淘汰年加工 3 万标张以下的制革生产线。水泥行业淘汰窑径 2.5 米以下水泥干法中空窑（生产高铝水泥的除外）、水泥湿法窑生产线（主要用于处理污泥、电石渣等的除外）、直径 3.0 米以下的水泥磨机（生产特种水泥的除外）以及水泥土（蛋）窑等落后水泥产能；年产 1000 万块以下的砖瓦生产企业，18 门以下砖瓦轮窑以及立窑、无顶轮窑、马蹄窑等土窑；70 万平方米／年以下的中低档建筑陶瓷砖、20 万件／年以下低档卫生陶瓷生产线；所有平拉工艺平板玻璃生产线（含格法）。

4. 积极打造淡水河绿色沿河景观带

加强惠阳区与深圳市的水污染联防联治，围绕保护东江水质和淡水河、茅洲河水环境综合整治，实行上下游污染防治联合行动。按照"谁开发谁保护，谁破坏谁恢复，谁受益谁补偿，谁污染谁治理"的基本原则探索建立上下游生态补偿机制，研究上下游地区生态补偿责任、权利和义务。建设环保信息共享系统，包括重点污染源综合系统、环境监测信息系统、危险废物越境转移信息共享和报送机制等。建立突发环境事件联动处置机制和预警信息共享平台，健全应急处置联动运行机制，高效地处置跨界河和跨界区域突发环境事件。

划定惠阳区西枝江、淡水河沿江沿河两岸 1 公里陆域范围、高速公路、国道、省道及城市（城际）主要干道两旁 500 米范围内为畜禽禁养区，逐步清除禁养区内所有畜禽养殖业。着力提升三和区段工业开发区滨水休闲功能，以沿水河两岸的线形景观为主轴，以东西向的景观带为次轴，结合两岸的滨水广场，打造符合信息时代工业新区气质与形象的滨水景观。以洋纳区段优良的自然景观资源为基础，依托东侧沿河为生态湿地景观区，重点建设洋纳湿地公园，打造成为城市的天然花园。中心区段在保有老城特色的基础上进行环境品质提升，与滨水绿地及广场、步行系统等相结合，建设生态驳岸，打造特色明确的人性化生活岸线。在淡澳河区段，充分利用区段内的景观资源，把滨河绿带定位为服务于周边居民的滨河公园，提供各种休闲、娱乐、健身、亲水、休憩空间。在淡水河南区段，将运动项目、场地设计与滨水景观设计有机结合，重点打造四个特色景观区（休闲活动景观区、城市农艺景观区、湿地动植物景观区和滩地景观区）。

5. 建设协调融合的海—业—城生态人文景观

建设环大亚湾海洋生态景观。建设稔山蟹洲红树林海洋生态园，扩大红树林种植面积，整治养殖秩序，调整养殖布局，打造滨海湿地公园。逐步清理规范考洲洋围海养殖，建立红树林自然保护区，完善考洲洋污水处理厂和吉隆、黄埠的污水收集配套管网，减少污废水排放量，把盐洲岛建设成为生态滨海旅游岛。

构建石化区工业生态景观。建设以簇群模式发展的植被系统和以人工湿地为主的生态基础设施，形成以小层面的植被斑块与迷你公园为依托的生态踏脚石系统，塑造石化园区与生态栖地共存理念，构建石化区工业与生态景观相融合的空间格局。

塑造国际化旅游城市景观。建设标志性建筑和城市雕塑，对巽寮、平海、港口等旅游发展重点镇区建筑形象进行统一设计、改造和包装，提升旅游城市形象。在主要旅游景区和道路设置外文标识系统。依托滨海绿道，构筑环大亚湾滨海观光长廊。推进绿道网、城市景观林、公共绿地和绿化带建设。

6. 构建以绿能、绿城、绿道为支撑的绿色低碳示范区

在能源结构调整上，应加快能源利用结构多元化步伐，积极推广水源热泵、空气源热泵、风能、生物质能等其他可再生能源。在产业发展上，应积极发展新能源和清洁能源交通工具与交通设备制造业，以低碳、节能为特征的新一代家电制造产业等。加大对企业自主创新的支持力度，引导企业在新能源电池、智能电子产品的关键技术研发上取得突破性进展。重点开展绿色低碳城镇建设，统筹规划城镇自行车道网络与快捷公共交通和快速轨道网络，实现换乘节点的便利联系，鼓励绿色出行方式。加大 LNG 公交车、CNG 出租车的投放力度。开展机关办公建筑和大型公共建筑能耗统计、审计、公示工作，积极推广绿色建材、智能围护结构、低能耗环境控制系统等绿色适用技术，引导建设被动式住宅。实行用水总量控制和行业用水定额管理，构建便利、和谐、再生的城镇水系以及分类、密闭、压缩、资源化的生活垃圾收运系统。

继续推进对 10 大类高效节能产品的使用，减少一次性用品和包装材料的使用，引导居民建立绿色消费理念。全力推进省立绿道网、市域绿道网、县区绿道网和城市景观林、公共绿地、城（镇）郊围城防护绿化带、村道绿化带建设。加快推进惠阳区文化体育公园二期、打铁岭公园、卢屋山公园等公园绿地、大亚湾开发区虎头山公园一期建设。维护农田保护区、农田林网等绿色开敞空间。

专题八

环大亚湾新区创新海洋经济发展

一、环大亚湾新区海洋经济发展环境及现状

（一）环大亚湾新区海洋经济发展环境

1.海域情况和海洋资源禀赋

环大亚湾新区拥有海域面积约 4520 平方公里，海岸线 281.4 公里，大小岛屿 140 多个，干出礁 108 个，暗礁 83 个，岛岸线长 133.7 公里。−10 米水深等深线以下的浅海滩涂面积有 389.14 平方公里，−20 米水深等深线以下的海域面积 1221 平方公里，海岸线向海一侧至领海基线的内水面积约 4520 平方公里。

环大亚湾新区所辖海域生物资源丰富，是南海著名的浮水鱼类产卵场和鲷科鱼类的繁殖场所，是多种亚热带海洋重要经济鱼类幼体的孵育场和索饵场所，更是我国仅有的多种海洋重要水生生物种质资源宝库之一。环大亚湾新区海域已发现海洋生物 1000 多种，其中浮游植物 300 多种，浮游动物 100 多种，底栖动物 200 多种，潮间带生物近 200 种，鱼类约 400 种，头足类近 20 种，甲壳类 130 多种，以及多种大型海洋植物资源。

环大亚湾新区惠东县巽寮湾、十里银滩、金海湾、双月湾等港湾，地处北回归线以南，大亚湾的东部，依山傍海，山海相嵌，海天交融，是发展滨海五星级大酒店和滨海旅游地产的极佳之地。巽寮湾的山、海滩、海岛巨石遍布，海湾一带有摩崖石刻 30 多处，在总长 20 多公里的海岸线内，海湾连绵，沙滩优质，小岛星罗棋布。大亚湾有岛礁 176 个，总面积 12.38 平方公里，岛屿海岸线长达 89.78 公里，有一定的海岛资源优势，三门岛、大辣甲岛和东升岛旅游开发初具规模，以东升岛渔村为代表的渔家风情旅游资源丰富，具有一定的区域影响力。

2.海洋经济发展面临周边城市竞争

环大亚湾新区海洋经济发展迅速，"十一五"期间年均增长率达 21%，仅次于江门市，在珠三角临海 7 市中位居前列，经济规模达 390 亿元左右，位居 7 市中第四位，占 GDP 的比重较高，为 22.54%，仅次于珠海。但是，环大亚湾新区海洋经济发展也

面临珠三角其他城市的强烈竞争，如珠三角各城市中有 6 市都将海洋交通运输业定位为海洋经济发展的重点产业，这必然使得珠三角各城市的港口建设重点都放在规模扩张上，但由于各自为政，很可能导致港口的低水平重复建设，在航运需求增长跟不上港口建设时，无序竞争现象将更为严重。此外，7 个城市都将海洋旅游业作为海洋经济重点发展产业，这也将导致旅游客源市场竞争非常激烈，使得部分城市出现旅游设施客源不足的现象。

2010 年珠三角临海 7 市海洋经济发展和产业定位见表 8-1。

2010年珠三角临海7市海洋经济发展和产业定位 表8-1

城市	生产总值（亿元）	年增长率（%）	占 GDP 比重(%)	海洋重点市	海洋经济产业定位
广州	900	20	8.5	是	海洋交通运输、海洋船舶工业、滨海旅游业
惠州	390	21	22.54	是	临海石化工业、海洋交通运输、海洋旅游业
深圳	2000	17	21.06	是	海洋交通运输、海洋旅游业、海洋渔业、海洋服务业、海洋油气业
江门	275	22.8	17.74	否	临海工业、海洋旅游业、海洋渔业
珠海	323	10	25.28	是	海洋渔业、临海工业、海洋交通运输业、滨海旅游业
东莞	555	14.8	13.07	否	海洋交通运输业、滨海旅游业、海洋渔业、海洋电力
中山	140	—	7.67	否	海洋渔业、交通运输业、装备制造业、滨海旅游业

资料来源：广东省海洋经济发展十一五规划；各市 2010 年国民经济和社会发展统计公报。

（二）海洋经济发展现状

1. 海洋经济规模增长迅速

如表 8-2 所示，2010 年，环大亚湾新区海洋经济生产总值为 390 亿元，其中，临海石化工业生产总值为 264 亿元，占海洋经济生产总值的 67.7%，滨海旅游业生产总值为 39.66 亿元，占 10.2%，海洋交通运输业生产总值为 23.57 亿元，占 6.04%，海洋渔业生产总值为 20.36 亿元，占 5.22%。"十一五"时期，临海石化工业生产总值、海洋交通运输业、滨海旅游业生产总值增长迅速。2010 年，惠东巽寮湾接待的游客 180 余万人次，比 2005 年增长 6 倍。2010 年新区港口货物吞吐量达到 4534 万吨，比 2005 年增长 299%，2010 年港口集装箱吞吐量达到 26.90 万国际标准箱。

新区海洋经济相关产业生产总值变化趋势　　　　　　　　　　表8-2

年份 (年)	海洋渔业生产 总值（亿元）	海洋交通运输 业生产总值 （亿元）	滨海旅游业生 产总值（亿元）	临海石化工业 生产总值 （亿元）	临海电力生产 总值（亿元）	港口吞吐量 （万吨）
1995	5.6	0.52	4.35	—		74
1996	7.02	0.56	3.97	—		83
1997	9.15	1.43	4.24	—		476
1998	9.53	3.37	18.35	—		533
1999	10.65	3.16	22.85	—		669
2000	10.84	4.5	10.24	—		787
2001	15.08	4.33	11.72	8		834
2002	17.08	4.96	13.85	10		956
2003	21.77	5.70	12.05	11		1098
2004	24.43	8.02	16.11	18		1543
2005	23.88	7.86	18.76	20.6		1512
2006	24.95	10.82	23.90	80.2		2082
2007	26.7	12.07	29.55	122.6		2323
2008	18.29	12.78	27.32	136.4		2459
2009	19.2	18.78	32.51	177	6.46	3613
2010	20.36	23.57	39.66	264	17.3	4534

　　注：滨海旅游产业生产总值在1999年之前为惠州市旅游总收入，2000年后为惠阳、大亚湾和惠东县旅游总收入。海洋交通运输业生产总值2001～2010年数据根据1995～2000年海洋交通运输业生产总值与港口吞吐量函数关系，结合2001～2010年港口吞吐量数据计算所得。

2. 海洋基础设施进一步完善

　　2010年，新区港口共拥有76个泊位，其中万吨级以上泊位15个，30万吨级泊位2个。惠州港已建成大小泊位29个，年吞吐能力达到5000万吨，成为华南地区规模最大的原油接卸基地。到2010年，新区有海洋捕捞渔船1844艘、国家级群众渔港2个、水产品交易市场3处、冷库16间。新区大力发展水产养殖业，建设了2.5万亩养蚝、养虾基地，25万立方水体的海水网箱、工厂化养鱼基地，以及7万亩贝类护养增殖基地。但是新区滨海旅游的配套基础设施建设还相对滞后，导致交通、住宿等跟不上新区滨海旅游产业的发展，使得在节假日旅游高峰时出现游客进不去、出不来、住不下的问题。

3. 海岛资源开发进程加快

　　惠州市现已不同程度开发利用的海岛有15个，包括4个有居民岛（指户籍上有居民常住海岛）和11个无居民岛，目前海岛的利用情况主要以海水养殖业为主，传统捕捞业为辅。如盐洲岛2005年海水养殖产值为14028万元，海洋捕捞产值为4856万元，截至 2008 年有网箱 8000 多个，面积约 333 公顷，主要养殖黄花鱼、石斑鱼和贝类等，年产量超过 1.4 万吨，产品经水路运往香港、澳门及深圳等地。通过调整和优化渔业生产结构，盐洲岛的海水养殖逐渐走上基地化、集约化和规范化道路。大三门居民自办多个鲍鱼和海胆养殖场。还有屹仔洲、鹅公洲和鹅兜等岛已开发为珍珠养殖区，内圆洲、内赤洲等岛已开发为珍珠贝苗产地。同时，马鞭洲、盐洲等岛屿已划为荃湾、东马、惠州等港区的拓展空间，盐洲岛、大辣甲等岛屿还将逐步被开发为滨海旅游区。

4. 海洋生态环境保护取得积极进展

近年来，新区通过开展大规模人工鱼礁建设转变海洋渔业传统发展模式，降低渔业饵料投放对海洋生态环境的影响。新区在全省第一个设立"休渔放生节"，通过休渔放生、建设人工鱼礁等来保护渔业资源、改善海域生态环境。到 2010 年，新区建成了大亚湾大辣甲南准生态公益型、灯火排生态公益型、青洲生态公益型人工鱼礁区，共建造和投放了 10 种不同类型的钢筋混凝土礁体 4800 多个，共 17.3 万立方米，建成礁区面积 21 平方公里。

目前新区已建立 3 个自然保护区，即 1983 年 4 月广东省政府批准建立的大亚湾水产资源省级自然保护区，保护区面积 900 平方公里；1985 年国务院批准建立的惠东港口海龟国家级自然保护区，保护区面积 18 平方公里；1999 年惠州市人民政府批准建立的惠东红树林自然保护区，保护区面积约 5.3 平方公里。同时新区积极筹建总用地面积达 873.32 公顷、以红树林生态保育为主，教育科研、休闲娱乐适度发展的滨海湿地生态园，此外还计划在考洲洋建设我国规模居前的红树林湿地公园。

二、环大亚湾新区海洋经济发展存在的问题

（一）传统海洋产业发展模式粗放

目前，新区临海石化产业、电力产业，滨海旅游业发展迅速，但也存在围填海过度和滨海房地产开发过热、过度现象，旅游房地产项目开发各自为政，呈点状、条块化发展趋势，房地产项目之间缺乏统一的功能规划，服务同质化，缺乏差异化竞争。部分岸线开发项目临海而建，有些甚至直接建在沙滩上，缺乏足够的缓冲空间，破坏了岸线的自然生态环境和自然景观，削弱了自然岸线在防潮消波、蓄洪排涝、防灾减灾、维护自然生态系统方面的功能。在海洋渔业发展方面，水产品深加工技术还不完善，海洋渔业发展仍处在养殖、捕捞为主的传统发展阶段，导致海洋渔业附加值低，没有形成自主品牌。在滨海旅游上，惠州滨海旅游业产品单一，地区雷同，旅游开发主要以海水浴场为主要旅游项目，缺乏文化娱乐、体育、购物等富有参与性的产品，属于低层次开发的初期阶段。

（二）海洋新兴产业未成规模

目前，新区在海洋生物产业、海水淡化和综合利用、海洋新能源行业、海洋装备制造业这些附加值高、技术水平先进的海洋经济领域发展上还是空白，新区海洋产业的发展在很大程度上是得益于临海石化、电力行业的发展，而这些行业还不能算真正意义上的海洋产业，因此，对于新区而言，实现海洋产业的多元化、高端化是未来海洋经济发展的重要方向和目标。

（三）陆海经济联系不紧密

惠州市区域经济中心离海较远，惠州市的经济中心目前还是惠城区，基本上还是一个内陆临江城市，由于地貌、交通等条件的限制，一城三区的联系不是很紧密，再加上惠城区作为经济中心的辐射能力本来就不强，导致经济中心的辐射和拉动作用不明显，新区海洋经济与惠州市的陆地经济的联动不显著。其次，惠州市陆地地域呈南北向椭长形，导致广阔陆地与海域直接接触的有效面不够，导致海洋经济与陆地经济的联系度不高，产业的带动效应较低。但近年来随着大亚湾经济技术开发区的发展，环大亚湾新区的中海壳牌南海石化、中海油惠州炼油项目，LNG、国华热电、平海电厂等能源项目相继投产，以及东风本田汽车零部件、比亚迪等机械、电子产业的发展，极大地推高了新区海洋经济的总量，同时也拉动了诸如海洋运输、海洋信息服务等上游产业和仓储物流、旅游、地产等下游产业的发展，使得陆海经济联系不紧密的状况有所缓解。

（四）海洋科技研发力量十分薄弱

新区海洋科研机构和海洋开发人才相对缺乏，尤其是高端人才数量与其他城市和省份差距很大。海洋科技自主创新能力薄弱，缺乏核心竞争力。具体表现为：涉海企业自主研发能力较弱，产品竞争力不强，海洋科技创新体系形成缓慢；主要海洋产业多以资源开发型和劳动密集型为主；海洋产业的知名品牌和龙头企业数量有限。海洋经济发展缺少与之相适应的服务支撑体系，尚未建立与海洋经济发展密切相关的科技平台、信息平台等公共服务平台。

三、环大亚湾新区海洋经济发展的思路及对策

环大亚湾新区海洋经济发展的思路是：大力发展海洋产业，推进陆岛资源一体化开发，打造永续发展的黄金海岸，加强海洋生态文明建设，打造蓝色增长引擎，把环大亚湾经济区建设成为我国海洋经济创新发展示范区和海洋生态文明示范区。

（一）大力发展海洋产业

1.推进海洋渔业优化升级

加快海洋渔业的转型升级，培育海洋渔业新的经济增长点。建立一批深水网箱养殖基地和工厂化养殖基地，提高海洋渔业科技水平。加大海洋生物的人工增殖，建立以鱼类为主的多元化、立体、综合的生态增殖模式，营造海洋牧场，有效保护和增殖渔业资源，改善海洋生态环境。继续开展现代渔港建设。

2.扩大海洋生物产业规模

针对大宗海洋低值鱼类和海珍品综合加工利用，集成创新加工技术，优化生产工艺、设备，提升海产品精深加工水平，研发具有市场前景的新型高值鲜活、冷鲜等水产食品和海洋保健食品。针对海洋生物营养成分和生理活性物质，研发组合酶工程、糖工程等现代生物技术及配套工艺，研制高附加值、具有特效的海洋功能食品和生物制品。

3.重点发展游艇装备制造业

大力引进国内外游艇制造企业，游艇零配件制造企业和代理商落户，积极发展游艇制造业和艇用发动机、艇用通信导航和其他控制设备等游艇配套业，在澳头构建游艇研发设计、生产制造和旅游服务的全产业链。

4.培育海水综合利用产业

积极研究开发利用国华热电、平海电厂余热以及核电厂核能、风能、海洋能和太阳能等进行海水淡化的技术。鼓励海水直接利用和循环利用，在大亚湾石化、平海电厂等一批高耗水产业项目中推广海水冷却和低温多效蒸馏技术，推动海水循环冷却技术产业化。推广浓海水制盐技术，提高制盐产量。建立海水利用和海水资源综合开发产业链，推进海水提取钾、溴、镁等系列产品及其深加工品规模化生产，配套中海油二期工程开发海洋精细（无机）化工产品。

5.建设海洋能源产业示范项目

合理开发沿海陆上风能，加快推进东山海风电等项目进程。积极参与海洋油气资源开发，推进海洋油气资源勘探开发后勤基地建设。在平海湾海域规划建设潮汐能、潮流能、波浪能等海洋新能源和可再生能源发电示范项目，逐步加快海洋能的开发利用步伐。选择大、小三门岛等一批条件适宜的海岛，建设海水淡化站等配套设施，开展集风能、太阳能等可再生能源发电为一体的海岛独立电力系统应用示范。

（二）推进陆岛资源一体化开发

1.发展陆岛一体化港区物流

依托荃湾港区，整合开发黄毛洲、纯洲、合卵洲、沙鱼洲、鸡心岛陆域，发展以储运、中转和增值服务为主的现代港口物流业。依托东马港区，通过连岛栈桥连接芒洲和锅盖洲，建设石化化工原料码头，重点发展油品中转和储运。

2．开辟湾—岛一体化旅游线路

推进海岛组团式开发，积极发展大亚湾中央列岛、辣甲列岛和沱泞列岛岛群旅游，以海洋主题旅游为特色，打造一批海岛旅游品牌。对无居民海岛限制环境容量，开发以满足中、高档旅游消费为主的旅游产品。开辟霞涌——人工岛群——宝塔洲专题性旅游线路，开发商务休闲度假、海岛观光、海上垂钓等产品。依托百里国际滨海旅游长廊建设，开辟巽寮湾—人工岛群—坪峙岛旅游线路，开发影视基地旅游、"3S"旅游等旅游产品。在惠东港建设水上飞机泊位，开辟惠东港—桑洲岛水上飞机旅游线路，开发航海旅游产品。在巽寮湾建设游艇休闲运动基地，开辟巽寮湾—三角洲岛—桑洲岛—惠东港、惠东港—桑洲岛—大辣甲岛游艇旅游线路，开发游艇观光、水上运动、帆船赛事、游艇展会、海底潜游、海岛生态旅游等产品。依托双月湾旅游区，开辟双月湾—小星山—浪咆屿旅游线路，开发休闲度假、游艇游钓产品。深惠合作开辟大鹏半岛—大三门岛—小三门岛旅游线路，建设海底生物观光体验园，开发地质地貌遗迹观光、游艇会、海洋探险产品。

3．建设海岛科研基地

在考洲洋盐洲岛建设海水养殖新品种研发基地，推进海洋生物基因资源的保护、研究与开发利用。在小辣甲、印洲仔等海岛开展海岛典型生态系统和物种多样性保护科学研究，建设小辣甲生态建设实验基地。在大、小三门岛适度开展以水产资源保护、海岛生态为主题的科学考察、教学实习、科普教育等科研活动。

（三）打造永续发展的黄金海岸

1．优化协调岸线生态—生产—生活功能

树立保护性开发岸线资源的理念，改变岸线资源开发模式。在岸线资源的开发利用上充分体现岸线资源的稀缺性经济价值、公共性社会价值和生态型海洋环境价值。对环大亚湾岸线资源的开发利用进行统筹管理和统一、长远的规划，改变沿海岸线长条形开发模式，探索实行一定长度海岸线与其纵向连带土地统一开发的模式，进行纵向梯度开发，有效提高岸线资源开发利用效率。严格控制建设宾馆、酒店等排他性经营项目和别墅、公寓等私人住宅性质的项目，主要建设景观大道、带状公园、林区绿地、休闲广场、海水浴场、步行道、自行车道、沙滩运动设施、海洋公园和水上运动等公众度假休闲旅游项目，以及直接为旅游者服务的设施和项目。有序推动考洲洋渔业养殖岸线逐步转化为自然生态和旅游岸线，适度控制小桂湾、巽寮湾、双月湾房地产业占用岸线比重，增加小径湾、范和湾自然生态岸线比重。

2．合理调控生产性岸线开发强度和时序

科学分段评估岸线开发价值，对已划定开发用途的生产性岸线，合理调控投资强度，提高岸线利用效率。科学确定生产性岸线开发优先顺序，严禁无序占用岸线，切实提高生产性岸线开发的经济、社会和生态效益。

3. 构建多元开放共享的生活性岸线

结合不同区段生活性岸线利用情况，采用"点—线—面"结合的方式，提高生活性岸线的利用效率。丰富生活性岸线的多元特征，建设公共服务和配套设施，提高生活性岸线的共享性和开放性。

4. 严格保护自然生态岸线和预留岸线

合理划定生态岸线，严格保护小桂保留区、港口海洋保护区等自然生态岸线，保持充足的生态空间。有效控制东角头—大地岭段、莲花山西—葫芦墩段预留岸线的开发利用。制定海岛岸线开发、利用、保护方案，合理利用海岛岸线资源。

5. 建立岸线使用淘汰和退出机制

制定海水质量、岸线保护、环境安全等方面的审核标准，建立岸线使用的年度审核机制，对不符合标准的予以警告、整顿和停业退出。

（四）加强海洋生态文明建设

1. 实现海洋资源集约节约开发

推行海洋表层、中层、底层立体开发方式，提高海洋资源综合利用效率，重点建设纯洲等集中集约用海区。严格执行对考洲洋、范和港、平海湾、纯洲的围填海计划，限制顺岸平推式围填海，鼓励围填海造地工程设计创新，提高围填海造地利用效率，减少对海洋生态环境的影响。强化海岛分类分区管理，建立有居民海岛综合协调管理机制，规范无居民海岛使用程序，促进无居民海岛合理开发。本着"三低一高"（低层建筑、低密度开发、低容量利用、高绿化率）的开发原则，在尽量保证原生态的前提下，对稔平半岛进行整体开发，建设集生态、文化、休闲旅游为一体的旅游岛。

2. 加强近岸海域入海污染控制

成立专门的海洋管理和保护委员会，严格按照《惠州市海洋环境保护规划（2008～2015年）》、《惠州市海洋功能区划》和《广东省近岸海域环境功能区划》要求对环大亚湾新区3个区县所辖的近岸海域的开发活动和海洋环境保护进行统一管理。逐步实施大亚湾等重点海域入海污染物排放总量控制制度，建立海洋环境容量"以海定陆"的保护模式，严格执行相关环境保护法规和条例。加强港区环境污染治理，力争实现进港船舶油类污染物"零排放"，港区污水排放全面达标。加快生态农业建设和无公害畜禽养殖技术，改进海水网箱养殖的投喂技术，提高饵料利用效率。

3. 修复和保护海洋海岛生态系统

以重点渔港海湾、入海河流、港口码头和主要海水养殖区为重点，对污染严重的各类海洋环境功能区和退化严重的海洋生态系统进行综合整治，推进考洲洋、范和港等海洋生态系统修复及示范工程建设，保护和恢复海岛、滨海湿地、红树林、珊瑚礁、海草床等典型生态系统。实施海岸防护林建设工程，重点建设海岸基干林带和纵深防护林，构筑沿岸生态林防护屏障。做好惠东港口国家级海龟自然保护区和大亚湾省级水产资源自然保护区的强制性保护，开展人工鱼礁建设，推动大亚湾等海洋牧场建设，加强重要海洋生物繁殖场、索饵场、越冬场、洄游通道和栖息地保护。加大对中央列岛、辣甲列岛海洋牧场示范区、小辣甲典型生态系统和物种多样性保护区、沱泞列岛海岛自然遗迹保护区保护力度，保护针头岩领海基点。

4.建立健全海域污染防控体系

建设赤潮灾害预警系统、海洋灾害风险评估系统、渔港实时监控系统、海上渔业安全应急救助指挥系统、溢油和危险品泄漏等海上突发事件应急响应决策系统。配套制定港口危险品储运应急预案，建立健全事故应急系统和快速反应机制。

专题九

环大亚湾新区特色农业发展和布局

　　惠州市气候温和、雨量丰富、日照充足、土壤肥沃，农业资源丰富，耕地面积172.9万亩，其中水田112.9万亩、旱地60万亩。2011年全市农作物总播种面积371万亩，农作物种类主要有水稻、蔬菜、花生、甜玉米、马铃薯等，水果主要有荔枝、龙眼、年桔等。经过多年的发展，惠州市种植业形成了梅菜、甜玉米、马铃薯、韭黄、荔枝、龙门年桔、花卉、紫番茄、淮山、大顶苦瓜、番薯及特色蔬菜等12大特色产品。

　　惠州市历来是广东省粮食主产区，所辖的博罗县、惠阳区、惠东县和龙门县是省级优质稻生产基地。2011年，全市粮食作物播种面积180.1万亩，粮食总产量61万吨。其中，水稻播种面积126.9万亩，产量43.7万吨；甜玉米和马铃薯种植面积位居全省首位，是广东省最大的甜玉米和马铃薯生产基地。

　　惠州市也是广东重要的外向型农业生产基地和我国最大的供港蔬菜基地。2011年，全市蔬菜复种面积147.3万亩，蔬菜产量214.6万吨，水果产量58.9万吨，肉类产量26.21万吨。全市农业增加值117.7亿元，占全市地区生产总值5.6%；农民人均纯收入10938元，增幅连续5年达到两位数，连续6年超过城镇居民人均可支配收入增长幅度，比全省平均水平9372元高1566元。

一、环大亚湾新区农业资源状况

　　环大亚湾新区位于惠州东南部，南临南海，土地资源质量好，海域面积广，外向型、都市型农业特色鲜明，发展特色高效、高端农业条件优越、前景广阔，是惠州市发展特色农业的重要区域。

（一）土地资源情况

　　环大亚湾新区地势南高北低。地貌类型较为复杂，兼有山地、丘陵、台地和平原等多种地形地貌，山地、丘陵面积较广，平原主要分布在惠阳、大亚湾等两个区。2011年，环大亚湾新区耕地面积约40万亩，占全市的23.1%，其中惠阳区21.2万亩、大亚湾0.9

万亩、惠东县 8 个镇（区）17.8 万亩。

（二）水域滩涂资源状况

环大亚湾新区海域面积 4520 平方公里中，水深 0 ～ 10 米海域面积 302 平方公里，10 ～ 20 米海域面积 555 平方公里，20 米至领海外缘线面积 3664 平方公里。在 −10 米水深线以内的浅海滩涂中，可利用的养殖面积有 21 万亩，滩涂面积为 5.3 万亩，其中惠东县 3.9 万亩、大亚湾区 1.4 万亩；滩涂面积最大的是考洲洋，为 2.1 万亩，占环大亚湾新区滩涂总面积的 38.8%。环大亚湾新区河流众多，境内的主要河流有西枝江、淡水河及其他小型河道；有大小湖泊、水库近百个，其中库容较大的有黄沙水库、水东陂水库等（见表 9-1）。

2011年环大亚湾新区陆水域面积（公顷）　　表9-1

市（县、区）	辖区水域	河流	湖泊	水库	坑塘	沟渠
全市	52420	16549	114	12941	17510	5306
惠阳市	6391	2808	—	1054	1683	846
惠东县	12808	2956	—	5162	3444	1246
大亚湾区	—	—	—	—	—	—

资料来源：惠州市农业局。

（三）气候概况

环大亚湾新区地处低纬度，属热带、南亚热带季风气候区，水热同季，雨水、热量丰富。日照充足，辐射强，终年气温较高，基本无霜冻，年平均气温 22 ～ 30℃，极端最高气温为 37.6℃，极端最低气温为 2.3℃。雨量充沛，年平均降水量 1884 毫米，最高年份超过 2000 毫米，但地域和时间分布均不平衡，呈现西多东少、夏多冬少的特点。

（四）生物资源状况

环大亚湾新区生物资源丰富，特色物产众多。农作物盛产稻谷、花生，水果以荔枝、柑橙等闻名，惠州梅菜、惠阳三黄鸡等土特产驰名港澳和东南亚地区。水产品种类达 840 多种，其中淡水鱼类 125 种，海洋鱼类约 400 种、贝类 200 多种、甲壳类 100 多种、棘皮类 60 余种、藻类 30 多种。淡水鱼类中花斑拟腹鳅、三线拟鲹、白线纹胸鮡等名贵珍稀鱼类有 9 种。海洋鱼类、贝类、甲壳类和藻类主要有花鲈、鲫鱼、真鲷、平鲷、石斑鱼、军曹鱼、卵形鲳鲹、蓝子鱼、杂色鲍、马蹄螺、泥蚶、翡翠贻贝、华贵栉孔扇贝、近江牡蛎、文蛤、西施舌、对虾、梭子蟹、紫海胆、中国龙虾、玉足海参、广东紫菜、真江蓠、半叶马尾藻等。

二、环大亚湾新区特色农业发展的基础和条件

近年来，环大亚湾新区各区县认真落实国家强农惠农富农政策，立足当地资源条件，积极推进农业现代化建设，加快发展优势特色农业，取得了明显成效。

（一）发展现状

2011年，环大亚湾新区第一产业完成增加值27.1亿元，比2006年增长26.0%，年均增长4.7%；占全市的比重从2006年的31.4%下降至23.0%。惠阳区、大亚湾区和惠东县农民人均纯收入分别为13001元、11257元和10907元，惠阳区、大亚湾区均高于惠州市平均水平，惠东县略低于全市平均水平。

1. 优势特色产业体系初步形成

目前，环大亚湾新区已基本形成沿海外向型、城郊都市型、丘陵生态型等3种农业发展模式。沿海地区重点发展以马铃薯、大顶苦瓜以及供港蔬菜等经济作物和海水养殖业为主的外向型农业；城郊地区重点发展以荔枝、龙眼、商品蔬菜、甜玉米、大棚西瓜、草莓、瘦肉型猪等农产品为主的都市型农业；丘陵地区重点发展以甘薯、沙姜、生姜、三黄鸡、青梅、板栗、春甜桔和经济生态林为主的生态型农业。

2. 现代农业基地建设成效显著

现代农业加快推进，创办了2个省级现代农业园区和数十个市、县级现代农业示范园区，涌现了镇隆（荔枝）、平潭（淮山）、稔山（马铃薯）、平海（鲍鱼）等一批农业专业镇，建成了一批现代农业示范基地，其中连片面积1万亩以上的基地10个以上，形成了13万亩马铃薯、40万亩优质稻、50万亩商品蔬菜、10万亩甜玉米、40万亩荔枝的生产规模。拥有6个万头猪场、3个10万只鸡场、1个万只养鸽场、25个万只养鸭场等一批规模化禽畜养殖基地；建成了1.25万箱网箱养鱼、5000亩高位虾池、9.5万立方米水体工厂化养鲍、2.95万亩贝类护养增殖和1.5万亩养蚝等一批海水养殖基地。

3. 农业龙头企业不断发展壮大

近年来，环大亚湾新区农业产业化龙头企业积极推行"公司＋基地（网点）＋农户"、"公司＋经纪人＋农户"等生产经营模式，大力发展订单农业，通过种子供应、技术指导、农资配送、农机服务、产品收购等一体化经营，在带动农民增收的同时，也使自身获得到快速发展。截至2011年，环大亚湾新区有县级以上农业产业化龙头企业90多家，其中国家级农业产业化重点龙头企业1家、国家级扶贫农业龙头企业2家、省级农业龙头企业5家、省级扶贫农业龙头企业3家、市级农业龙头企业30家。2011年，农业龙头企业固定资产总值6.16亿元，销售收入20.16亿元，完成出口额1亿多美元。

4. 农产品品牌影响力稳步提高

经过多年发展,环大亚湾新区已经形成了甜玉米、冬种马铃薯、菜心、梅菜、优质番薯、大顶苦瓜、优质紫番茄、淮山、荔枝、花卉等 10 大特色农产品。主要农产品品牌有"平海"、"美味皇"、"好运莲"、"九华"等 56 个,其中国家驰名商标 1 个、省著名商标 3 个、市知名商标 8 个。"九华"、"平海"马铃薯,"粤农"荔枝干,"美味皇"花生油,"赤岸"蚝等 12 个省、市级农产品品牌的形成有效提高了环大亚湾新区农产品的知名度和美誉度,提升农产品的国际竞争力,如"平海"牌马铃薯出口到新加坡、马来西亚、泰国等东南亚国家的价格比"荷兰土豆"品牌每吨高 40 多元。目前,环大亚湾新区已成为广东省重要的供港蔬菜生产基地和最大的冬种马铃薯生产基地。

(二) 条件和优势

环大亚湾新区具有发展特色农业的诸多条件和优势。

一是区位优势明显。环大亚湾新区位于惠州市南部、珠三角东岸,地处深港都市圈,东连粤东的汕尾市,是连接粤东和珠三角东岸城市的重要通道;西与珠三角核心城市的深圳和东莞交界,毗邻港澳,具有靠近消费市场的便利条件。

二是资源条件良好。环大亚湾新区雨热充足,地势较为平坦,耕地质量好,海域面积宽阔,河流纵横交错,生物资源丰富多样,生态环境良好,具有发展特色农业的巨大潜力。

三是农业发展基础较好。特色效益农业快速发展,产业化和规模化经营水平较高,机械化、信息化建设进程加快,具有发展特色现代农业的良好基础。

四是外向型农业优势突出。惠州是我国内地最大的供港蔬菜和畜产品生产基地,供港蔬菜约占香港进口总量的 40%,供港生猪、家禽和水产品约占香港市场的 1/3,环大亚湾新区是其中的核心地区,具有发展外向型农业的独特优势。

(三) 问题和挑战

环大亚湾新区发展特色农业面临诸多突出问题。

一是资源环境制约日益突出。目前,环大亚湾新区人均耕地面积只有 0.55 亩,随着环大亚湾新区建设的加快推进,将来还会有一部分耕地转变为工业或城镇建设用地,农业发展受耕地资源的制约越来越大。

二是农产品质量安全隐患较大。随着化肥、农药、类激素和农膜等农用化学品的长期大量使用,加上工业污染,农业生态环境趋于恶化,海洋环境质量逐年退化,局部海域受到较严重污染,大亚湾区淡澳河入海口和考洲洋部分海域水质只有海水四类标准,对农牧渔业生产造成了不利影响。

三是农田基础设施建设滞后。农田水利基础设施年久失修，渠道渗漏堵塞严重，水资源利用效率仅为 43%，低于全国 48% 的平均水平。环大亚湾新区地处东南沿海，属于亚热带气候，洪涝、台风、地质灾害频发，致使农田水利基础设施薄弱的问题更加突显，农业抗风险能力较弱。

四是农业分散经营不利于现代农业发展。农业生产仍以家庭分散经营为主，经营规模小，组织化程度低，抵御自然和市场风险能力较弱，与现代农业的规模化、标准化、机械化、信息化等要求不相适应。

三、环大亚湾新区发展特色农业的主要思路

按照在工业化、城镇化深入发展中同步推进农业现代化的要求，坚持走中国特色农业现代化道路，紧紧围绕粤港澳三地市场的需求，以优质、高效、安全、生态为方向，大力发展都市型农业、外向型农业，调整优化农业结构，做优做精绿色生态种植业、优质高效畜牧业、现代海洋渔业、休闲观光农业等 4 大特色产业，完善现代农业支撑体系，加快构建"三带四区"的农业发展新格局，建设面向港澳、服务深莞惠的农产品生产供应基地。

（一）大力发展"两型"农业

1. 积极发展外向型农业

充分发挥毗邻香港的区位优势，加快建设一批高水平的农产品出口基地，培育壮大农产品出口企业，为巩固惠州市供港农产品在全省的优势地位提供重要支撑。鼓励农业企业引进国外先进的农业新品种、新技术和管理经验，支持有条件的企业走出去开展农业对外交流与合作，积极参与国际市场竞争，培育具有国际竞争力的农业龙头企业。以各类农产品交易会、博览会、展销会为平台，加大农产品推介和宣传力度，打造知名农产品品牌。加快构建覆盖港澳地区、辐射部分国外市场的农产品销售网络，拓展农产品市场空间。着力提升出口农产品质量，健全与国际接轨的农产品质量标准、质量检测和质量认证体系，建立出口农产品质量预警系统和应急预案。

2. 加快发展都市型农业

依托珠三角东岸城市的资金、科技、人才和市场等优势，以服务城市发展为目标，加强"菜篮子"产品生产基地建设，大力发展蔬菜、水果、花卉等高效园艺产业和畜禽水产业，稳步提高城市"菜篮子"产品供给能力。适应城市发展对农业的多元化需求，在稳定食品供应保障能力的基础上，进一步挖掘农业的生态涵养、观光休闲、科普教育和文化传承等多种功能，不断拓展农业发展空间，提高农业综合效益。

都市型农业基本特征

都市农业（Agriculture in City Countryside）的概念，是 20 世纪 50～60 年代由美国经济学家首先提出来的。它是指靠近都市，在城乡边界地区发展起来的，可为都市居民提供优良农副产品和优美生态环境的集约化、多功能的农业。

都市农业不仅可以提供农产品，还可以为人们休闲旅游、体验农业、了解农村提供场所。都市农业具有以下几个特点：一是它包括的范围是指都市城市化地区与周边间隙地带的农业，不同于一般城郊型农业；二是都市农业的生产、流通和消费、空间布局和结构安排及与其他产业的关系等，必须首先服从城市的需要并为此服务；三是都市农业不仅是经济功能的开发，而且也要开发生态、社会等功能，成为融各种功能于一体的大农业；四是都市农业的生产经营方式表现为高度集约化的经营方式，实现生产、加工、销售一体化发展，具有高级的农业发展形态和为都市服务的特殊功能。

都市农业大致有以下几种类型：一是观光农园，如开放成熟的果园、菜园、花圃等，让游客入内采果、拔菜、赏花，享受田园乐趣；二是市民农园，即由农民提供农地，让市民参加耕作；三是休闲农场，这是一种综合性的休闲农业区，游客不仅可观光、采摘、体验农作，了解农民生活，享受乡土情趣，而且可住宿、度假、游乐；四是假日花市、农业公园、教育农园等其他类型。

（二）做优做精四大特色产业

1. 绿色生态种植业

实施优质粮食产业工程，建设高标准基本农田，以优质稻谷、甜玉米和冬种马铃薯为重点，打造全国知名的甜玉米和冬种马铃薯生产基地。建设供港优质蔬菜生产基地，以菜心、淮山、梅菜、大顶苦瓜等特色蔬菜为重点，培育种植大户、专业村和专业镇，增强对港澳市场的供应能力。培育发展园艺产业，加强优质品种引进选育，建设荔枝、龙眼标准化果园和花卉园艺生产基地，满足市场对园艺产品的需求。

2. 优质高效畜牧业

按照规模化、标准化、专业化、规范化生产的要求，重点发展以瘦肉型猪为主的生猪养殖业和以黄鸡为主的家禽养殖业，建设现代畜禽养殖基地。大力推进标准化规模养殖，建设一批设施完备、技术先进、质量安全、环境友好的现代化养殖场。完善畜产品质量安全检验体系，建立产品可追溯制度，提高畜产品质量安全水平。

3. 现代海洋渔业

依托靠海优势，合理利用海洋资源，适度控制近海捕捞，大力发展现代渔业。优化渔业养殖结构，重点发展鲍鱼、多宝鱼、金鲳、牡蛎等名贵鱼类。加快转变传统养殖方式，实施科技兴渔战略，重点发展深水网箱养殖和工厂化养殖，加快推进标准化池塘改造。积极发展渔业养殖专业合作组织，完善"龙头企业＋合作社＋养殖户"等产业化经营方式，提高渔业养殖组织化程度。培育发展水产品加工龙头企业，努力提高深加工水平，推进渔业生产、加工、销售一体化经营，建设珠三角重要的现代海洋渔业生产基地。

4. 休闲观光农业

结合旅游业发展和名镇名村建设，进一步挖掘农业的生态涵养、观光休闲、科普教育和文化传承等功能，拓展农业发展空间。依托农业、森林、渔场等资源优势，大力开发农家乐、农耕文化体验、田园风光游、森林生态游、滨海休闲渔场等生态休闲观光农业旅游项目。以特色马铃薯观光园和荔枝、龙眼采摘园为重点，建设一批集中连片、特色鲜明的休闲农业示范区。依托特色主导产业，发展创意农业，深度挖掘农业的文化价值。

（三）加快构建"三区四基地"发展格局

综合考虑环大亚湾新区各区县自然资源条件和农业发展基础等因素，按照因地制宜、分类指导、突出重点、发挥优势的思路，鼓励和支持粮食、果蔬、畜牧、水产等主要农产品生产向优势乡镇集中，推进形成"三区四基地"农业发展格局。

1. 着力打造"三区"

按照因地制宜、分类指导的原则，鼓励和支持主要农产品生产向优势产区集中，发展供港农产品生产区、生态观光农业区、海洋渔业养殖区等三大特色农业区。供港农产品生产区以惠阳平潭、良井、沙田、永湖，惠东白花和大亚湾区西区为主，重点发展面向港澳市场需求的优质特色蔬菜生产和肉猪、禽类养殖。生态观光农业区以稔平半岛为主，结合冬种马铃薯、优质水稻、大顶苦瓜等农产品生产，建设若干农业休闲观光和农耕文化体验园，发展休闲观光农业。海洋渔业养殖区以大亚湾澳头、辣甲岛、三门岛和惠东延州为主，重点发展以鱼、虾、贝类为主的深水网箱养殖和工厂化养殖。

2. 加快建设"四基地"

按照专业化、规模化、标准化的要求，以港澳市场需求为导向，加快建设特色蔬菜、甜玉米、冬种马铃薯、优质荔枝和海洋渔业等5大生产基地。特色蔬菜生产基地以惠阳良井、沙田、永湖和惠东白花为主，坚持走优质化路线，重点发展菜心、淮山、大顶苦瓜、梅菜等特色蔬菜。甜玉米生产基地以惠阳平潭、良井为主，加大优良新品种推广力度，调整优化品种结构，稳步提高甜玉米产量。冬种马铃薯生产基地产区以惠东稔山、铁涌、平海为主，结合稔山镇国家级万亩马铃薯高产创建示范点建设，提高规模化集约化经营水平。优质荔枝生产基地惠阳镇隆为主，重点提高产品质量，发展精品果业。

四、环大亚湾新区特色农业发展的主要措施

环大亚湾新区发展现代特色农业必须从本区域农业发展实际出发，突出重点，加大投入，强化支持，狠抓落实，建立健全以工哺农、以城带乡、工农互促、城乡互动的长效机制。

（一）建立农业投入稳定增长机制

1. 加大财政支农投入力度

落实中央关于"三农"政策有关规定，按照总量持续增加、比例稳步提高的要求，不断增加"三农"投入，确保各级财政对农业的投入增长幅度高于财政经常性收入增长幅度，预算内固定资产投资继续向农业农村建设项目倾斜，土地出让收益重点投向农业土地开发（特别是高标准农田建设）和农村基地设施建设。保证财政农业科技投入增幅明显高于财政经常性收入增幅，逐步提高农业研发投入占农业增加值的比重。严格执行耕地占用税税率提高后新增收入全部用于农业的规定，严格按照有关规定计提和使用农业土地开发、农田水利建设的土地出让收益，严格执行新增建设用地土地有偿使用费全部用于耕地开发和土地整理的规定。

2. 完善农业补贴政策

强化农业补贴对调动农民积极性、稳定农业生产的导向作用，扩大补贴范围，提高补贴标准，完善补贴办法，增强补贴实效。继续完善种粮直补政策，逐年提高种粮补贴水平。在现有粮食作物以及生猪等良种补贴的基础上，把马铃薯原种和花生良种纳入良种补贴覆盖范围。加强农业生产成本收益监测，完善与农业生产资料价格上涨的农资综合补贴动态调整机制，完善渔用柴油补贴政策。扩大农机具购置补贴规模，加大对农机化薄弱环节生产机械补贴力度，提高动物强制免疫补贴水平。逐步完善农业生产关键技术应用与服务支持政策，大幅度增加农业防灾减灾、稳产增产关键技术和良法的补助。

3. 提高金融支农服务能力

创新金融支农体制机制，加大对农村金融政策的支持力度，加快农村金融组织、产品和服务创新，放宽农村金融准入政策，鼓励和规范发展村镇银行、小额贷款公司、农村资金互助社等农村中小金融机构，拓宽农村融资渠道。落实和完善涉农贷款税收优惠、农村金融机构定向费用补贴和县域金融机构涉农贷款增量奖励等政策。鼓励将农村储蓄存款主要用于农业农村发展，县（区）域内银行业金融机构新吸收存款主要用于当地发

放贷款。坚持农业银行为农服务的方向,鼓励加大农业中长期贷款。深化农村信用社改革,支持其开展信用合作,落实农民专业合作社和农村金融有关税收优惠政策。扶持农业信贷担保公司发展,扩大农村担保物范围。加快发展农业保险,完善农业保险保费补贴政策,探索完善财政支持下的农业重大灾害风险分散机制。

4.引导社会资本投入农业

各部门要主动服务"三农",在制定规划、安排项目、增加资金时切实向农业倾斜。积极推动建立城乡要素平等交换关系,鼓励和促进工业与城市资源要素向农业农村配置。通过组织动员和政策引导等多种途径,鼓励各种社会力量投资现代特色农业,努力形成多元化投入新格局。

(二)加快农业科技创新和技术推广

1.提高农业科技创新能力

立足环大亚湾新区的基本情况,面向市场需求,完善现代农业产业技术体系。设立农业科技创新基金,支持现代农业示范区建设,改善农业科技创新条件。深化农业科研院所改革,完善农业科研立项和评价机制,积极培育以企业为主导的农业技术创新战略联盟,支持农业企业加强技术研发。强化农业新品种新技术转化应用,加快优质水稻、超甜玉米、高产马铃薯等新品种推广,积极推动精准作业、智能控制、灾害预警、物联网大数据等现代技术在农业的应用。大力发展现代种业,建设标准化、规模化、集约化和机械化的良种繁育和生产基地。

2.提升农业技术推广能力

切实加强基层农技推广服务能力建设,健全乡镇或区域性农业技术推广、动植物疫病防控、农产品质量监管等公共服务机构,明确其公益性定位。加快把基层农技推广机构的经营性职能分离出去,真正实现按市场化方式运作。按照"一个衔接、两个覆盖"要求❶,把基层农技推广机构履行职责所需经费纳入地方财政预算,提高基层农技推广人员待遇,改善工作条件,改进服务手段。推动高等院校、科研院所同基层农技推广机构、农民专业合作社、龙头企业、农户开展多种形式的合作,促进农业科技转化。

3.加强农业技术人才培训

加强农业科技培训,发展壮大农业人才队伍。认真落实现代农业人才支撑计划,大力培养农业科研领军人才、农业技术推广骨干人才、农村实用人才带头人和农村生产型、

---

❶"一个衔接、两个覆盖"是指在岗人员工资收入与基层事业单位人员工资收入平均水平相衔接,将基层农业技术推广体系改革与建设示范县项目基本覆盖农业县(市、区、场)、农业技术推广机构条件建设项目覆盖全部乡镇。

经营型、服务型人才。围绕农业生产服务、农村社会管理和涉农企业用工等需求，加大农村劳动力培训阳光工程实施力度。大力发展农业职业教育，加快技能型人才培养，培育一批种养业能手、农机作业能手、科技带头人等新型农民。鼓励和支持高校毕业生和各类优秀人才投身现代农业建设。

（三）扩大农业对外开放

1. 大力支持农业"走出去"

发挥毗邻香港的优势，建设一批农产品出口基地，加大农产品对外推介和宣传力度，打造知名农产品品牌，加快构建面向港澳和东南亚的农产品销售网络，拓展农产品出口市场空间。积极培育外向型农业企业，鼓励大型企业、农业产业化龙头企业、渔业企业等有条件的企业在港澳及其他国家进行农产品加工、仓储运输、市场营销，逐步建立农产品国际产销加工体系。支持农业企业通过参股、并购等方式，加入农业跨国公司全球供应链。

2. 积极实施农业"引进来"战略

提高农业"引进来"质量和水平，积极争取和有效利用好国外优惠贷款的同时，更加注重"引资"和"引智"相结合，加大引资引智力度，提高先进适用技术、装备的引进、消化和吸收能力。

（四）提高农业规模化经营水平

1. 深化农村土地改革

坚持以家庭承包经营为基础、统分结合的双层经营体制，全面推进集体林权改革，稳定和完善家庭承包经营制度。加快推进农村承包土地确权颁证工作，保持现有土地承包关系稳定并长久不变，全面落实农村土地承包地块、面积、合同、证书"四到户"，赋予农民更加充分而有保证的土地承包经营权。完善土地承包经营权能，依法保证农民对承包土地的承包、使用、收益等权利。在依法自愿有偿和加强服务基础上完善土地承包经营权流转市场，允许农民以转包、出租、互换、转让、股份合作等方式流转土地承包经营权，发展多种形式的规模经营。

2. 推进农业产业化和规模化经营

培育壮大农业产业化龙头企业，鼓励和支持龙头企业采取参股、合作等方式，与农户建立紧密型利益联结关系。大力发展农民专业合作社组织，支持其从事农业生产、农产品加工和市场开拓，提高服务带动能力。引导土地承包经营权向种养大户、家庭农场、农民合作社等新型生产经营主体集中，发展多种形式的规模化和专业化生产经营。

3. 发展农业社会化服务

健全农业公益性服务体系，不断提升各级农业技术推广、动植物疫病防控、农产品质量监管等公共服务机构的服务能力。培育壮大专业服务公司、专业技术协会、农民经纪人、龙头企业等各类社会化服务主体，提高农业社会化服务水平。

（五）加强农业资源和生态环境保护

1. 加强农业资源保护

认真执行最严格的耕地保护制度，加强耕地质量建设，确保耕地保有量不减少，质量不下降。科学保护和合理利用水资源，大力发展节水增效农业。加大海洋生物资源保护力度，强化海洋生态修复和建设。

2. 加强农业生态环境治理

鼓励使用生物农药、高效低毒低残留农药和有机肥料，回收再利用农膜和农药包装物，加强规模养殖场粪污处理利用，有效控制农业面源污染。加快开发以农作物秸秆等为主要原料的肥料、饲料、工业原料和生物质燃料，建立秸秆禁烧和综合利用的长效机制。继续实施农村沼气工程，加快推进农村清洁工程建设。

3. 大力推进农业节能减排

树立绿色、低碳发展理念，积极发展资源节约型和环境友好型农业，大力推广节地、节水、节肥、节药、节能和循环农业技术，淘汰报废高耗能老旧农业机械，加快老旧渔船更新改造，推进形成"资源—产品—废弃物—再生资源"的循环农业方式，不断增强农业可持续发展能力。

（六）加强组织领导

1. 健全政府工作机制

惠州市各有关部门和环大亚湾新区辖区的各级政府要切实加强组织领导，认真贯彻落实中央各项强农惠农富农政策，结合本部门、本地区发展实际，明确职责分工，强化协调配合，科学安排政府投资，合理引导社会资源，统筹推进与农业发展相关的各项重点工程。加强宣传，共同营造全社会重视农业、关注农业发展的良好氛围，形成推动现代特色农业发展的强大合力，努力开创环大亚湾新区特色农业发展的新局面。

2. 完善考核评价体系

完善体现科学发展观和正确政绩观要求的干部政绩考核评价体系，把粮食生产、农民增收、耕地保护、农村环境治理作为考核市直有关部门特别是区（县）领导班子绩效的重要内容，制定考评指标，严格监督检查，全面落实耕地和基本农田保护领导干部离任审计制度。

专题十

环大亚湾新区重要基础设施建设

以供水、能源、信息等为重点，加强基础设施建设，保障优质安全供水，提高能源供应保障能力，积极打造智慧新区。

一、保障优质安全供水

惠州市位于广东省东南部、珠江三角洲的东北端，南临南海大亚湾，东接汕尾市，北与韶关、河源两市为邻，西与广州、东莞、深圳三市交界。东江流域纵贯全境，是珠三角及惠州市重要的水源地，也是珠三角重要水资源一体化保护和综合开发利用的重要组成部分。

（一）现状分析

1. 惠州市水资源较为丰富、水质较好

惠州市地处东江中下游地区，东江干流自东北向西南横贯全市。集雨面积超过 1000 平方公里的河流有东江、西枝江、淡水河、公庄河、沙河和增江（上游称龙门河）等 6 条，大于 100 平方公里（含 100 平方公里）的河流有 37 条。惠州市多年平均地表水资源总量为 127.49 亿立方米，其中地表水资源量为 127.43 亿立方米，地下水资源量为 32.37 亿立方米。惠州市水资源主要集中在龙门县、博罗县和惠东县东部，占到全市水资源总量的 76.3%；环大亚湾新区所在区域水资源总量相对较少，约仅占全市总量的 15% 左右，主要依靠东江干流和西枝江。

惠州市多年平均水资源总量成果表见表 10-1，水资源可利用总量成果表见表 10-2。

惠州市河流现状总体水质较好，全年综合评价河流总长 723 公里，水质为 Ⅱ 类的河长 549.25 公里，占总评价河长 76.0%，水质为 Ⅲ 类的河长 14.25 公里，占总评价河长 2.0%，水质为 Ⅳ 类的河长 65.5 公里，占总评价河长 9.1%，水质为劣于 Ⅴ 类的河长 94 公里，占总评价河长 13.0%，劣于 Ⅴ 类集中在淡水河。

惠州市多年平均水资源总量成果表　　　　　　　　　　表10-1

分区	计算面积 (km²)	地表水资源量 R (10⁸m³)	地下水资源量 Q (10⁸m³)	地表地下水不重复计算量 (10⁸m³)	水资源总量 W (10⁸m³)	产水模数 M (10⁴m³/y.km²)	年降水量 P (10⁸m³)	产水系数 W/P	Q/W (%)
东江下游	7061	76.64	21.67	0.01	76.66	108.56	129.41	0.59	28.3
东江三角洲惠州	3267	41.54	8.19	0.05	41.59	127.29	67.54	0.62	19.7
粤东沿海诸小河	845	9.25	2.52	—	9.25	109.41	15.23	0.61	27.2
其中：龙门县	2267	31.28	5.61	—	31.28	137.96	49.02	0.64	17.9
博罗县	2855	31.45	8.19	0.05	31.49	110.31	52.82	0.60	26.0
惠城区（含仲恺）	1439	15.21	4.02	0.01	15.23	105.80	24.42	0.62	26.4
惠东县	3398	36.43	10.93		36.43	107.22	64.60	0.56	30.0
惠阳区	992	10.63	2.97		10.63	107.16	17.02	0.56	27.7
大亚湾	222	2.43	0.66	—	2.43	109.41	3.87	0.63	27.3
全市	11173	127.43	32.37	0.06	127.49	114.10	211.94	0.60	25.4

惠州市水资源可利用总量成果表　　　　　　　　表10-2

分区	地表水可利用量 (亿 m³)	地表水与地下水不重复可利用量 (亿 m³)	水资源可利用总量 (亿 m³)
东江下游	33.110	0.011	33.121
东江三角洲惠州	5.982	0.031	6.013
粤东沿海诸小河	0.394	—	0.394
全市	39.486	0.042	39.528

2. 供水基础设施较为完善，保障力明显增强

惠州市的供水工程主要集中在东江干流和西枝江，水资源相对比较丰富，多年提、引水工程主要以地表供水为主。其中，惠阳区的主要水源地采用西枝江干流河道，应急水源则可采用沙田水库水源；大亚湾供水水源采用风田水库，水库水源不足时从东江和西枝江调水；惠东县城饮用及工业用水水源采用西枝江河道，应急水源则采用县城附近的黄湾小型水库。供水总量基本满足了该地区城乡用水需求。

目前，惠州市资源水可利用总量为39.528亿立方米。20世纪90年代后供水量增长速度放缓，2000年比1990年增长了14122万立方米，其中1995年还比1990年减少了2303万立方米，这主要是由于1990年后惠州市工业产业结构向低耗水的电子行业转变，因此工业用水量的增长幅度大大低于工业产值的增长。2000年以后，随着一批重化工企业的建设投产，如大亚湾石化基地、平海电厂等，工业用水量的增长幅度大大增加。

3. 过境水丰富、是珠三角重要的水源地

东江流域及东江三角洲历年来都是珠江三角洲地区重要的供水来源，目前东江（含东江三角洲）水资源开发利用率已经达到 25.4%，开发程度较高。惠州市多年平均入境总水量为 180.3 亿立方米，出境总水量为 287.2 亿立方米。与本地产水量 127.4 亿立方米相比，惠州市的过境水量比较丰富。目前，惠州市已建成起自惠城东江太园泵站经惠阳区至深圳东部的东江供水通道，为深圳东部地区供水。

4. 防灾减灾任务重，设施逐步完善

惠州市地处东江中下游地区，其洪水特点是水情复杂，遭遇多种，峰高量大，流量变化率大，年最大洪水一般发生在 4～9 月。尤其是，惠城区由于处于东江、西枝江流域洪水夹击之中，历史上该地区一直被称为洪涝泛区，大洪水出现比较频繁。近年来，通过实施城乡水利防灾减灾工程，已经具备防御一定洪水、风暴潮灾害的能力，惠州市主城区堤围已基本达到国家规定防洪标准，洪（潮）灾害大幅减轻。

5. 水资源保护任务重，并取得初步成效

惠州市作为珠江三角洲重要的水源地，水资源保护任务繁重。尤其是近年来，珠三角工业发展迅速，而污染治理相对滞后，再加上珠三角河网纵横交错，水流运动复杂，部分取、排水口设置不合理，造成水污染严重及供排水混杂，进一步加剧和扩大了水质性缺水的范围和程度。惠州市严格贯彻环境保护和节能减排政策，水资源保护取得初步成效，尤其是加强了排水通道的综合治理。目前排水通道主要有两条：一是惠城、东莞、深圳方向的石马和东引运河排水通道；二是惠阳、深圳方向的淡水河排水通道。目前，惠州市集防洪排涝、水环境治理、市政建设于一体的淡水河流域综合整治一期工程已竣工，二期中心城区段正加快推进中。

综上所述，惠州市水资源保护开放利用已经取得重大成就，但是目前仍存在一些主要问题：（1）季节性及区域性缺水；（2）水质污染造成局部地区水质性缺水；（3）节水措施不足，水资源浪费较严重；（4）供水工程设施老化失修，配套达标率较低；（5）一体化的水资源开发管理体制未尽完善。

（二）发展思路及建设重点

统筹珠江三角洲水资源保护开发利用一体化，以保障惠州市及珠三角供水安全为出发点，积极加强水利基础设施建设，推动供水、排水系统完善；积极贯彻环境保护和节能减排政策，推进水资源全面节约、高效利用和合理配置，建设优质水源地和安全供水体系。

1. 推动深莞惠水源一体化建设

合理配置东江流域与西、北江流域水资源，实施东江流域水资源分配方案，实施江库联合，统一调配，增加流域水资源调配能力，优化供水系统，推动深莞惠水源一体化建设。重点推进观洞水库扩建工程，实现莞惠水资源一体化；推进东江下矶角梯级建设，优化深圳东部供水工程布局，推进深惠水源一体化建设。

2. 加强环大亚湾新区供水工程建设

严格保护水源地，积极调整水源布局，优化现有供水系统，因地制宜建设东江、西枝江引水等工程，进一步完善以本地水资源和江库引水为重点的供水水源系统，形成江库联通、相互补给、灵活调度的多层次供水网络，提高供水能力和水资源开发利用效率。进一步协调东江水资源分配方案，积极推进大亚湾开发区东江饮水二期工程、惠阳区东江饮水工程、稔平半岛引水工程和白花供水管道等工程建设。建设惠阳区鲤鱼寨和龙衣窝，大亚湾开发区厚福径、蕉子园和白水寨，惠东县南坑、森木坑等一批水库工程。推动发展海水淡化、中水回用和雨水利用等项目。按照"以集中供水为主、分散供水为辅"的模式，加大供水厂网建设改造力度，实现城乡供水管网一体联通，保障城乡供水安全。

3. 推进淡水河流域综合整治工程建设

根据《淡水河（惠阳中心城区段）景观规划》，淡水河流域综合整治工程，主要包括防洪排涝、水环境综合整治和市政景观三大专项内容，按照"清淤、岸净、治污、增绿、造景"的思路，把淡水河打造成为防洪治水与营造生态景观共进，集生态、文化、休憩、旅游观光、防洪等功能于一体的城市滨水景观长廊，形成惠阳中心城区重要的景观轴线其对于改善城区水环境，丰富城市文化内涵，提升城市品位有着重要意义，也是打造以淡水为中心的现代服务业区的重大配套工程。到2015年底，淡水河流域水体水质要恢复工业和景观用水功能，生态有所恢复，深惠交界断面水质和龙岗河、坪山河水质基本达到IV类。到2020年底，流域水体水质基本满足功能要求，生态基本恢复，深惠交界断面达标交接，龙岗河和坪山河水质全面达到III类。

4. 加快污水处理厂建设

合理布局建设污水处理厂，加大污水处理力度，严格污染物总量控制，源头控制和末端治理相结合，保障供水安全优质。重点加快推动惠阳区太阳城污水处理厂，惠东县县城污水处理厂，大亚湾区生活污水处理厂的建设。

二、提高能源供应保障能力

（一）现状分析

1. 电力

消费及供应。2010年惠州市全社会用电量达到209亿千瓦时，近年来年均增长率超过10%，其中环大亚湾新区（惠东无法分出）共用电达到80.1亿千瓦时，占到惠州全市的

38.3%。大亚湾区是环大亚湾新区电力消费重要的增长点，用电量为 31.2 亿千瓦时，占到环大亚湾新区和惠州市的 39.0% 和 14.9%。未来随着大亚湾世界级现代化石化基地的建设，大亚湾区仍将是本区域重要的电力消费增长点。与电力消费同步，电力供应 2010 年业达到 209.2 亿千瓦时，其中环大亚湾新区为 78.5 亿千瓦时，占到全市的 37.0%。

电源。至 2010 年年底，惠州地区电源总装机约 5285 兆瓦，其中火电装机 3196 兆瓦，约占总装机比例的 58.6%；水电装机约 2089 兆瓦。除惠州抽水蓄能电站（装机 1800 兆瓦）外，惠州地区的水电站均为小水电，分布在各县区，其中大部分接入 110 千伏电网。2010 年实际发电量 51.6 亿千瓦时，与实际消费量差距较大，主要依靠外调。其中，环大亚湾新区电源总装机（除小水电外）2830 兆瓦，全部为火电，主要为平海电厂（煤电）1000 兆瓦、昭阳电厂（气电）1170 兆瓦、霞涌电厂（煤电）660 兆瓦，主要分布在大亚湾区和惠东县，惠阳区没有电源点布局。

惠州市水能资源理论蕴藏量为 593.2 兆瓦，其中可开发的为 348.8 兆瓦，占理论蕴藏量的 58.8%。建成了东江水利枢纽工程 46 兆瓦发电机组；抽水蓄能电站 8×300 兆瓦发电机组中 1 号、2 号、3 号机组，4 号机组正在调试之中；惠东县平山水利枢纽工程 5 兆瓦等电力项目。截至 2010 年年底，全市已建成小水电 318 座，总装机 311 兆瓦，其中已建成电站装机容量占可开发量的 89.0%，年发电量达到 11.8 亿千瓦时。

惠州市主要电厂基本情况见表 10-3。

惠州市主要电厂基本情况 表10-3

序号	项目	类型	规模（MW）	地址
1	平海电厂	煤电	1000	惠东
2	惠州蓄能	蓄能	1800	博罗
3	国电霞涌电厂	煤电	66	大亚湾
4	昭阳电厂	气电	1170	大亚湾
5	白盆珠水电站	水电	27	惠东
6	剑潭电厂	水电	46	惠城
7	小金河水电站	水电	9.6	博罗
8	天堂山电厂	水电	19.5	龙门
9	瑞威垃圾电厂	火电	6	惠城
10	丰达电厂	气电	360	惠城
11	小水电		187	

电网。惠州市电网已形成 220 千伏双回骨干外环网、南北电网分网运行、相互支援、安全可靠的供电格局。全市用电量达到 209 亿千瓦时，最高用电负荷达到 3850 兆瓦。年

均增长率分别为 14.7% 和 15.9%。截至 2010 年年底,惠州市电网有 500 千伏变电站 2 座,总容量 375 万千伏安,500 千伏线路长度 745 公里;220 千伏变电站 22 座(含用户站 1 座),总容量 843 万千伏安(含用户站 24 万千伏安),220 千伏线路长度 2217 公里;110 千伏变电站 100 座(含用户站 12 座),总容量 850 万千伏安(含用户站 56 万千伏安),110 千伏线路长度 2035 公里(其中电缆 15 公里)。

2. 天然气

目前,惠州市天然气主要采用广东大鹏 LNG 项目天然气作为主气源,主要通过大鹏接收站至昭阳电厂管道和至惠城区管道向惠州提供服务,中远期将通过"西气东输二线"工程供气。同时,利用城市燃气系统向居民提供日常服务。广东大鹏 LNG 于 2003 年 12 月在广东大鹏湾东岸秤关角开工建设,项目一期工程规模 370 万吨／年,二期工程规模 700 万吨／年,于 2006 年 6 月投产。该项目主要以气化外输为主,广东大鹏 LNG 距惠州市的公路运输距离约 100 公里。"西气东输二线"工程西起霍尔果斯,南至广州,年设计输气能力为 300 亿立方米,管道及其支线全长 9102 公里,已于 2010 年全线建成通气。

目前,市区以及惠阳大亚湾区域,建有两座液化石油气气化站,分别为江北公路局气化站和桥西气化站,目前主要负责为市区的供气,惠州城区已敷设中压燃气管道约 130 公里,拥有调压箱约 2500 台,承担 8 万户管道燃气居民用户和 300 多户商业用户的供气负荷。惠州市区现拥有 LNG 气化站一座,为惠州数码园 LNG 气化站。主要供应数码园内工业和部分其他用户。拥有 LPG 气站 32 座,其中一座大亚湾大诚石油化工有限公司二级库储存容积为 3000 立方米;其余三级站(包括管道及瓶装),共计 31 座,总储存容积为 9509 立方米。2008 年液化石油气消费量为 1.57 万吨。

3. 新能源

惠州拥有丰富的水能、太阳能、风能、核能、生物质能和潮汐能等可再生能源,具备发展新能源产业的资源优势和产业基础。近几年,全市新能源产业才刚刚起步,发展缓慢。

截至 2010 年年底太阳能用户累计近 350 多家单位,900 多栋宿舍中安装使用太阳能热水系统,太阳能吸热面积累计 20 万平方米,其中工厂、学校、医院、酒店占 80%,住宅占 20%,每年可节约燃油约 2 万吨,节约燃气 2400 万标准立方米,节约用电近 1 亿千瓦时。

自 2008 年始,惠州开展了"新时代花园"二期风能、太阳能联合发电在建筑上应用示范,开发风能、太阳能互补联合发电系统,该项目共有 15 台风力发电机,每台 1 千瓦,并对每台风力发电机配备一个太阳能发电补充系统,每个 200 瓦,合计发电量 18 千瓦时,经初步测试,风力发电可达 50% 的时率,太阳能可达 40% 的时率,月发电量可达 6000 千瓦时以上,可供 600 盏小区公共照明灯用电和使用。

2010 年，全市累计建成并正常使用的沼气池共 7441 个，总池容为 21.2 万立方米，年产沼气为 1255 万立方米，折合标煤为 3.1 吨。比 2007 年初增加 4680 个，增长 1.6 倍（其中 80 立方米以上的大中型沼气池 735 个，增加 484 个，增长 1.9 倍）。

（二）存在的问题

电力。总体判断，根据《2011 年度惠州电网滚动规划》，惠州市规划电源较少，规划期内负荷的增长远大于区内电源的增长，惠州电网规划的电源容量不能满足惠州电力需求发展的需要。未来，惠州电网的大部分电力是靠省网供给，500 千伏变电站是惠州市 220 千伏及以下电网的主要电源。为保证惠州电网的供电，满足惠州市负荷发展的需求，需加快惠州市 500 千伏电网建设，加强惠州电网与省网的联系，并确保惠州市有充足的 500 千伏变电容量。随着惠州市负荷的发展，惠州市 110 千伏及以下电网电力缺额日益增加，同时惠州市 220 千伏降压负荷在规划期内不断增大，需尽快对惠州 220 千伏变电站进行布点规划。局部电网存在单回路供电的"一线多站"薄弱供电结构，这些将导致供电损耗大，电压偏低，安全可靠性降低，电网结构难以简化，有些变电站主变仍为无载调压变电站，运行维护困难，需进行调整和改造。电网调度自动化还不完善，变电站无人值守率低。线路走廊及站址的落实非常困难，征地拆迁难度大，在一定程度上制约了电网的发展。

天然气。惠州市城区现状城市燃气气源主要是液化石油气，只有部分地区工业用户采用天然气供应，目前运行的液化石油气桥西气化站和江北气化站由于受气化站供应规模的影响，供气较为紧张，供气能力不足。由于现有气化站供应规模有限，新增使用管道气用户增长缓慢，公司供气规模与开发规模不相匹配，极大制约了城市管道燃气的发展步伐。供气范围不大，尚未完全发挥其供气能力。早期建设城市燃气管道以钢管居多，由于投产时间较长，部分管网腐蚀较为严重，管网管径偏小，另有部分中压管网在道路改扩建过程中被置于慢车道和主干道上，造成燃气管道埋深不够，致使管网阀门井等燃气设施存在安全隐患。

新能源。（1）太阳能。太阳能应用总体比例偏低，尤其是居住建筑太阳能热水器的普及比例远低于国内先进城市的水平。太阳能利用的领域单一，全市的太阳能利用主要集中在公共建筑的太阳能热水系统上，太阳能光电包括离网、并网发电照明和居住建筑的太阳能热水系统以及太阳能光导等均没有广泛开展。政府投资项目中太阳能利用项目很少，没有试点示范项目，没有起到政府工程的模范示范带头作用。最适合广泛使用太阳能产品的农村广大市场没有撬动。（2）沼气。虽然近年来全市农村沼气建设工作取得了较好的成绩，但面对新形势、新要求，发展农村沼气仍面临一些亟待解决的困难和问题，主要表现在如下两个方面：一是农户沼气发展不平衡。二是服务体系建设相对滞后。

一些地方仍存在重建轻管的现象，沼气服务网点少，技术服务跟不上，影响了沼气建设的持续发展。

(三) 发展思路及建设重点

以调整优化能源结构为抓手，以电力建设为中心，加快推进一批电源设施建设，因地制宜发展新能源；加快电源输出工程建设，推进火电"上大压小"、燃煤电厂节能环保技术应用，完善能源项目周边环保和安全设施；积极实施一批电网工程，促进能源电网协调发展；将惠州市打造成为珠江口东岸的重要清洁能源输出地。

1. 加快电厂布局建设

统筹惠州市及环大亚湾新区电源布局，积极推动电源结构优化调整，向能源清洁化、低碳化方向转变。优化发展煤炭，推动清洁煤发展示范项目建设。全面建成平海电厂一期工程、国华热电联供二期，努力推进平海电厂二期工程。大力发展清洁能源项目建设。重点建设惠州 LNG 电厂二期、东山海风力发电等能源项目，努力推进惠州核电项目建设，因地制宜发展太阳能发电、沼气发电、余热发电，积极探索地热能、潮汐能等新能源。到 2015 年，争取电力总装机容量达到 6000 兆瓦，成为广东省重要的清洁能源输出地。

主要电厂规划建设项目见表10-4。

	主要电厂规划建设项目			表10-4
序号	项目名称	建设规模 （MW）	投资估算 （10^8 元）	完成时间 （年）
1	惠州平海电厂一期 2 号机组	1000	10	2011
2	惠州核电一期工程	2×1250	100	
3	惠州大亚湾热电二期扩建项目	2×350	30	
4	惠州平海电厂 3～4 号机组	2×1000	48	
5	惠州 LNG 二期扩建工程	3×4600	41	
6	广控惠东东山海黄埠风电场	49.5	5	2012
7	国电惠东卡子崀风电场	49.5	5	2012
8	国电惠东斧头山风电场	49.5	5	2012

2. 推动珠三角一体化智能化电网建设

加快推动珠三角地区 500 千伏变电站及骨干网络建设，推动珠三角一体化智能化电网建设。重点推动环大亚湾新区大亚湾输变电工程和祯州站扩建工程建设，以及惠州市福园至博罗线路工程、博罗站扩建工程和海丰电厂送出工程（惠州段）建设。

3. 完善区域电网建设

在现有电网的基础上，经过建设和改造，形成一个安全、可靠、经济、合理、适应性强、技术先进的现代化电网。220千伏输变电工程重点建设惠阳区维布输变电工程、莲塘输变电工程，惠东县稔山牵引站接入工程、埔仔输变电工程、白盆珠（多祝）输变电工程，大亚湾区大亚湾站配套220千伏工程、西部输变电工程、绿湾输变电工程，新建220千伏变电站5座。110千伏输变电工程重点建设惠阳区行诚输变电工程、南坑输变电工程、潘屋输变电工程、220千伏维布站配套110千伏输变电工程、楼角输变电工程、220千伏 塘站配套110千伏输变电工程、长布输变电工程、白石输变电工程，惠东县景湾输变电工程、船澳输变电工程、220千伏埔仔站配套110千伏输变电工程、园区输变电工程、南门输变电工程、德兴输变电工程，大亚湾区苏埔输变电工程、荃湾输变电工程、上杨输变电工程、220千伏西部站配套110千伏输变电工程、220千伏绿湾站配套110千伏输变电工程、飞帆输变电工程，新建、扩建110千伏变电站14座。

4. 推动广东省天然气"全省一张网"建设

随着西气东输二线、广东省天然气"全省一张网"建设等项目的建设，惠州市采用多气源供气的方式，进一步保证惠州市的供气量和供气安全。重点推进广东省天然气管网一期工程惠州干线，惠州与粤东天然气管网连接工程，推动珠三角天然气管道内环、外环联网，并加快城市燃气管网、加气站的建设，形成覆盖广东省、资源统一调配的天然气输送利用网络。

5. 因地制宜发展新能源和可再生能源

积极推进太阳能热水系统与建筑一体化应用、太阳能光伏发电与建筑一体化应用，尤其是太阳能光伏照明应用在城乡建设领域中应用取得实质性进展。到2015年，全市太阳能应用面积占新建建筑面积比例为25%以上，其中，新建公共建筑太阳能热水器应用比例为60%以上，居住建筑太阳能热水器的普及率为10%，到2020年，太阳能应用面积占新建建筑面积比例为50%以上，其中，新建公共建筑太阳能热水器应用面积比例为85%以上，居住建筑太阳能热水器普及率为25%。

加快利用地源热泵技术（包括浅层水源热泵、浅层土壤源热泵、污水源热泵、江河湖泊水源热泵）对建筑供热制冷应用进行推广，到2015年，全市建成各类实用沼气池8000个以上，争取突破10000个，形成比较完善的沼气服务网络体系。

三、积极打造智慧新区

（一）现状分析

1. 信息网络体系取得成效

惠州市通过全力推动互联网普及，加快实施宽带大提速，强力推进城乡"光进铜退"和接入网光纤化转型升级工程，已经初步建成覆盖全市的骨干光网。2010年扩充城市出口带宽达到 440G，居全省第 5 位；城区光纤进楼率达到 73%，20M 光接入覆盖率达到 62%；全市所有（1064 个）行政村、25%（1834 个）的自然村实现"光纤到村"，全市城乡光纤覆盖已达 42.7 万纤芯公里；宽带总用户达 70 万，用户平均速率达到 5.3M（其中城市用户达 6M，农村用户达 4M），互联网公众上网出口流量比上年增长 57.3%，有效提升了全市互联网应用水平。

2."宽带惠州·光网城市"工程取得突破

惠州市积极推进光纤入户改造工程，加快宽带网的光纤化升级，在城市新建楼盘小区采取 FTTH 光纤入户技术，实现 50 ~ 100M 的用户上网速率；农村地区采取光纤到村技术，实现 8 ~ 12M 的上网速率。2011 年全年完成 130 个小区光网规模改造运营，5.7 万户城市家庭实现宽带光纤入户（上网速率达到 20M 以上）。

3.无线城市率先启动建设

目前，惠州市已基本实现城市有效面积覆盖 100%，高速公路、国道、铁路覆盖 100%，主要商业大楼（大厦、小区）覆盖率 100%，实现星级以上宾馆酒店、重要政企楼宇及热点地区的 WLAN 网络覆盖 100% 的"四个 100%"无线覆盖率。截至 2012 年 3 月底，全市累计完成 3G 网络及配套投入 12.8 亿元，3G 基站已达 3186 个、3G 移动用户达 86.7 万户，WLAN 热点 4096 个，用户 48.6 万户，无线宽带网络覆盖率达 70%。

（二）发展思路及重点

全力发挥信息化建设带动作用，整合资源，加大投入，提升基础网络能力，以"移动网＋互联网"为主骨架，全方位推进无线网络和光纤网络建设，为建设"智慧新区"提供支撑。到 2015 年，互联网普及率和无线宽带普及率均达到 85%，2017 年实现全覆盖。

1.推进"三网融合"建设

借鉴深圳等试点城市"三网融合"经验，建设有线无线相结合、全程全网、三维立体、互联互通、可管可控的下一代宽带信息网络，推进通信网、广播电视网和互联网的高速互联及业务应用的融合发展，建设数字社区和数字家庭。

2.推动光网新区建设

加快宽带光纤接入，全面提升宽带网络速率。政企商务楼宇和城市新建楼盘全面实施光缆进楼入户，现有商业楼宇和住宅小区实施光缆进楼入户整体改造，逐步实现光纤进楼入户全覆盖。在信息化基础条件较好的镇村实现村村通光纤，家家通宽带。

3.加强无线新区建设

优化提升通信网络，推动以第四代移动通信技术（4G）为主的覆盖全区的无线宽带基础网络建设，构建无线宽带应用平台，实现人口密集区 4G 速率提升。加强政府机构、事业单位和学校的 WiFi 覆盖，提高无线宽带普及率。完成移动多媒体广播电视和地面数字电视的网络覆盖，开展无线、移动数字电视服务。

4. 提升公共信息服务水平

加快推进电子政务建设，建立以信息共享、业务协同为核心的统一的电子政务应用平台，推动实施网上政府一站式服务。联合搭建区域"医疗通"、社会保障卡"一卡通"、公共交通"一卡通"等民生公共服务平台，推进公共服务在线化。建设便捷、高效的商务电子化公共平台，推进"物联网"建设。完善人口、交通、地理空间、科教、卫生等基础性信息资源共享平台。

专题十一

环大亚湾新区公共服务体系建设

公共服务是保障和改善民生的直接途径,也是经济和产业发展的配套支撑。高标准建设公共服务体系,对于提高环大亚湾新区城乡居民生活水平,对于全面推动转型升级,都具有重要意义。

一、基础条件

(一)主要优势

环大亚湾新区位于全国经济发展最具活力的珠三角地区,位于在广东省内具有较高社会发展水平的惠州市,经过近年来的发展,已经积累了一定的基本公共服务优质资源,具备进一步加强公共服务体系建设的经济和财力基础,同时也拥有良好的社会环境,有利于在更高层次上发展各项社会事业和公共服务。

1. 基本公共服务领域具备一定的优质资源

惠州市社会发展和公共服务水平较高。根据《广东省社会发展水平综合评价方案和广东省社会发展水平综合评价体系》的测评,惠州市社会发展水平综合评价指数连续多年位居广东省各地市前三分之一位置,属于第一层次,即社会发展水平最高地区。其中,公共服务分项指数位列广东省第四位,仅次于广州市、珠海市和东莞市。

广东省各地市社会发展水平综合指数见图 11-1、广东省各地市公共服务水平分项指数见图 11-2。

惠州市是广东省委、省政府确定的全省深入推进基本公共服务均等化综合改革首个试点市,在教育、医疗卫生、社会保障等领域已初步建立起比较完善的公共服务体系。

"十一五"时期,惠州市全面实现了城乡九年免费义务教育、普及高中阶段教育、创建省教育强市的目标;幼儿教育和学前教育健康发展,职业教育和高等教育稳步提升;到 2010 年,人均受教育年限达到 10 年,高中阶段教育毛入学率达到 90.6%,分别比全国平均水平高 1 年和 8.1 个百分点。

目前,惠州市率先在全省实现了城镇职工基本医疗保险、城镇居民基本医疗保险和

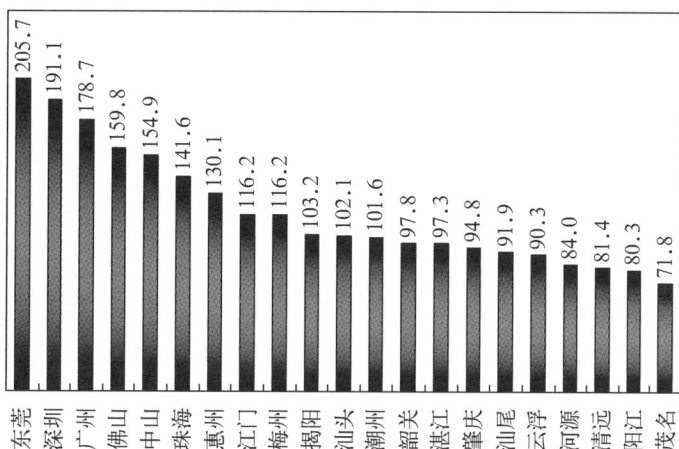

图11-1 广东省各地市社会发展水平综合指数

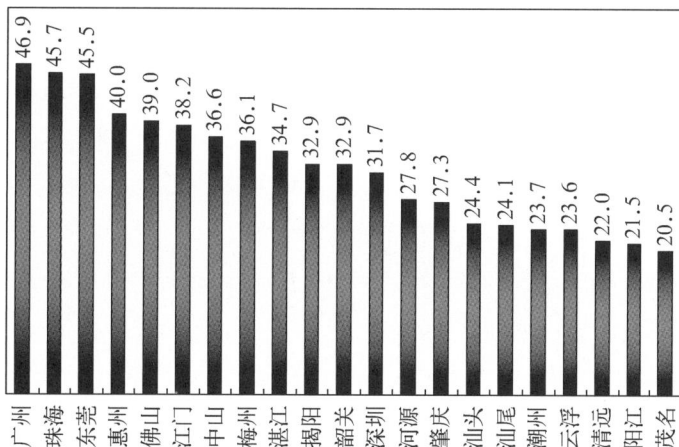

图11-2 广东省各地市公共服务水平分项指数

新型农村合作医疗的"三网合一",社会基本医疗保险制度实现全覆盖;基层卫生服务机构覆盖率达到 100%,行政村全部实现"一村一卫生站一医生",部分经济条件较好的村还配备有护士。

近年来,惠州市城镇职工基本养老保险迅速扩面,到"十一五"末,实际参保人数达到规划目标的 116.5%;新型农村社会养老保险试点工作扎实开展,近万名农村独生子女和纯生二女结扎夫妇、22 万名被征地农民纳入养老保险范围;全市近 8 万名低收入居民纳入城乡最低生活保障范围,实现了动态管理下的应保尽保。

环大亚湾新区在教育、社会保障等领域的公共服务水平总体上高于全市平均。

新区所覆盖的大部分乡镇(街道)已成功创建为省教育强镇(街)。其中,惠阳区 2009 年就实现了"镇镇皆强镇",并被授予"全国推进义务教育均衡发展工作先进地区"

称号。2011 年，惠阳区幼儿毛入园率已达 90.2%，农村达 85%；义务教育阶段适龄儿童小学入学率和升学率均保持在 100%，初中入学率和升学率分别为 98.9% 和 98.7%；户籍适龄人口高中阶段教育毛入学率达到 95%。2011 年，大亚湾区也实现了全部街道均创建省教育强镇（街道）的目标，全区 16 所义务教育阶段公办学校全部通过规范化学校督导验收，规范化学校覆盖率达 100%；学前 3 年儿童入园率达 88%，小学适龄儿童入学率和升学率保持在 100%，初中毕业生升学率达 99.2%，高中阶段毛入学率达 92.7%。

惠阳区和大亚湾区已在全市率先实现了居民养老保险制度的全覆盖，被省通报表彰并授予"新农保试点全覆盖达标县区"牌匾；两区还率先统一了城乡最低生活保障标准。惠东县纳入新区有关乡镇也正在按照全市统一部署推进城乡居民社会养老保险全覆盖和基本公共服务均等化工作。

2. 民生投入快速增长且具有可持续性

惠州市委、市政府高度重视保障和改善民生，围绕惠民之州建设总目标，着力打造民生财政。近年来，市级财政民生投入占一般预算支出的比重平均每年提高 2 个百分点，市级新增财力的 70%、县级新增财力的 50% 以上投入民生领域，建立起公共教育、医疗、社保、就业、住房保障、文化等公共服务财政投入的稳定增长机制。"十一五"时期，全市各级财政民生支出占一般预算支出的比重从 56.3% 提高到 62.4%，累计提高 6.1 个百分点；2011 年，全市财政民生支出占比提高到 63.9%，比上年增加 1.5 个百分点；2012年 1-5 月，这一比重进一步提高到 65.4%，比上年末又提高了 1.5 个百分点。

惠州市财政民生投入占比如图 11-3。

在财政投入的有力支持下，一系列重大民生政策得以颁布，一系列公共服务重大项目得以启动，民生和社会建设快速推进，公共服务水平整体提升，惠民利民效应充分发挥。

例如，在教育领域，义务阶段中小学校规范化建设快速推进，九年义务教育在城乡均实现了免费提供，教师待遇实现了"两持平"，即县（区）内教师待遇与公务员

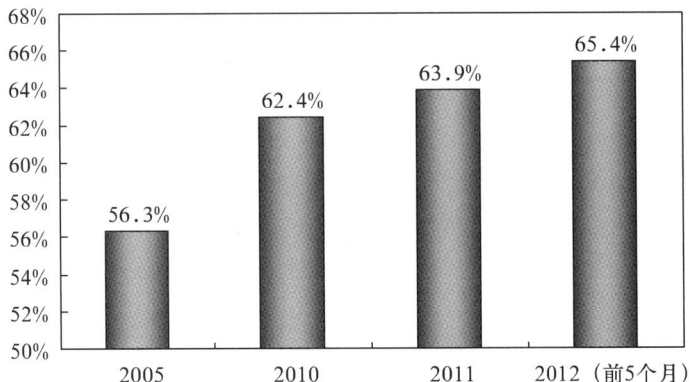

图11-3　惠州市财政民生投入占比

待遇基本持平、乡村教师待遇与城市教师待遇基本持平；在医疗卫生领域，市第一人民医院建成并投入使用，市第一妇幼保健院建成，6个县级以上医院传染病区改造和70余个乡镇卫生院改造基本完成，1000多间农村卫生站、近60间社区卫生服务中心和卫生站建成；在住房保障领域，建成7600余套保障性住房，改造农村贫困危房1万多户；在公共文化领域，市科技馆、博物馆、文化艺术中心、会展中心等一批设施相继落成。

惠州市还非常注重增强县级公共服务的财政保障能力，近年来，市级财政坚持每年将财力的约四分之一用于补助县区。2011年，市本级补助县区支出安排达12.7亿元，占市本级财力的25%；2012年市本级补助县区支出安排达18.2亿元，占市本级财力的24%。在目前基本公共服务事权主要由县级及以下政府承担的财政体制下，加大对县级的转移支付，对公共服务的供给具有重要作用。

环大亚湾新区是惠州市经济社会发展最具活力地区之一，发展水平较高，人均财力较为充足，民生保障和公共服务具备良好的物质基础，当前及今后一个时期的产业升级和区域跨越发展将进一步提供持续性保障。

环大亚湾新区二区一县GDP占全市比重如表11-1。

环大亚湾新区二区一县GDP占全市比重（%）　表11-1

地区 ＼ 年份	2007	2008	2009	2010	2011
惠阳区	10.5	10.7	10.9	10.6	10.5
大亚湾区	14.0	13.0	15.0	19.9	19.3
惠东县	16.0	15.4	15.3	14.5	14.3
合计	40.4	39.1	41.2	45.0	44.1

注：纳入新区的二区及惠东8镇（街）2011年GDP占全市比重为37.9%。

从经济总量看，环大亚湾新区二区一县的地区生产总值占全市的比重在40%以上，而且这一比重在总体上呈现出不断提高的态势。特别是大亚湾区，近5年占全市经济总量的比重提高了5个百分点以上。

从人口规模看，环大亚湾二区一县的户籍人口占全市的38.3%，常住人口和外省市流动就业人员分别占36.4%和36.3%，后两者略低于前者；惠阳区、大亚湾区户籍人口占全市11%和2.4%，常住人口占12.4%和4.2%，外省市流动就业人员占15.6%和11.1%，常住人口和外省市流动就业人口占比明显高于户籍人口占比。以上两组人口数据说明：第一，环大亚湾新区的发展具有可持续的人口基础作为支撑；第二，惠阳区和大亚湾区的经济活力明显强于市内其他地区；第三，新区具备较强的人口吸纳能力和就业吸引力。

环大亚湾新区二区一县人口情况（2011年），见表11-2。

环大亚湾新区二区一县人口情况（2011年） 表11-2

地区 \ 年份	户籍人口（万人）	占全市比重（%）	常住人口（万人）	占全市比重（%）	外省市流动就业人员（万人）	占全市比重（%）
惠阳区	37.8	11.0	57.7	12.4	12.5	15.6
大亚湾区	8.3	2.4	19.4	4.2	8.9	11.1
惠东县	85.2	24.8	91.3	19.7	7.7	9.6
惠东8镇	34.0	9.9	—	—	—	—
合计1	131.3	38.3	168.4	36.4	29.1	36.3
合计2	80.2	23.4	—	—	—	—

注：合计1为二区一县合计，合计2为二区及惠东8镇街合计。

3. 居民幸福感较强且社会大局稳定

惠州近3年连续进入中国城市竞争力研究会"中国十佳最具幸福感城市"排行榜，2010年排在第9名，2011年上升一位至第8名，2012年进一步升入"三甲"——在近300个城市中位列第3名。

中国十佳最具幸福感城市排名见表11-3。

中国十佳最具幸福感城市排名 表11-3

排名 \ 年份	2010年		2011年		2012年	
1	青岛	90.56	杭州	94.18	青岛	95.08
2	杭州	87.19	成都	94.14	杭州	94.44
3	成都	85.55	青岛	93.77	惠州	93.47
4	大连	82.25	长春	93.68	成都	93.26
5	金华	79.02	重庆	93.48	长春	92.48
6	威海	78.25	江阴	93.26	南京	92.06
7	无锡	77.87	南京	90.62	哈尔滨	91.66
8	长春	77.36	惠州	90.24	烟台	90.04
9	惠州	76.54	香港	89.74	苏州	89.77
10	宁波	75.27	苏州	89.52	重庆	89.59

注：城市幸福感是指城市市民主体对所在城市的认同感、归属感、安定感、满足感，以及外界人群的向往度、赞誉度。其特征是：市民普遍感到城市宜居宜业、地域文化独特、空间舒适美丽、生活品质良好，生态环境优化，社会文明安全，社会福利和保障水准较高。中国城市竞争力研究会《GN中国幸福城市评价指标体系》由包括满足感指数，生活品质指数，生态环境指数，社会文明指数，经济福利指数在内的5项一级指标、21项二级指标、47项三级指标组成。通过运用该指标体系对中国295个城市进行评价，产生十佳最具幸福感城市。

居民幸福感较强，得益于经济发展和收入水平的提升，得益于就业和社会环境的总体稳定，得益于公共服务特别是社会保障体系的不断完善，也为进一步促进经济发展与社会和谐创造了良好的主观条件。

与全市平均水平相比，环大亚湾新区经济更具活力，就业吸纳能力更强，城乡居民收入增长更快，公共服务水平处于领先地位，有条件形成居民幸福感提升、社会大局持续稳定、公共服务体系建设和服务能力不断加强、经济社会科学发展的良性循环。

（二）突出问题

环大亚湾新区内部各县区之间，在经济社会发展水平和公共服务体系建设上存在不小的差距，统筹推进的难度较大。在未来跨越式发展的过程中，与居民搬迁转移、企业关停转产等相伴随的社会风险点有可能不断积累。更值得高度重视的是，目前的人力资源及配套服务状况，难以形成吸引力和新的竞争优势，对转型升级将产生一定的抑制作用。

1. 区域内公共服务水平分化比较严重

环大亚湾二区一县的经济社会发展水平差距较大。从经济发展水平看，2011年，大亚湾区人均GDP达到22.4万元，相当于全市平均水平的4.9倍，惠阳区人均GDP约为3.8万元，相当于全市的83%，惠东县人均GDP仅为3.3万元，是全市平均的73%。从经济结构看，2011年大亚湾区三次产业增加值的比例关系为0.4%：88.9%：10.7%，惠阳区为4.6%：51.7%：43.7%，惠东县为9.9%：60.7%：29.4%，大亚湾的经济结构明显偏重，惠阳区的服务业发展相对领先，惠东县仍然具有一定的农业县特征。

2011年环大亚湾新区二区一县经济发展水平和结构见表11-4。

2011年环大亚湾新区二区一县经济发展水平和结构　　　　　表11-4

地区	人均GDP（万元）	相当于全市平均（%）	第一产业占比（%）	第二产业占比（%）	第三产业占比（%）
大亚湾区	22.4	494	0.4	88.9	10.7
惠阳区	3.8	83	4.6	51.7	43.7
惠东县	3.3	73	9.9	60.7	29.4

由于经济发展水平和经济结构存在较大差异，环大亚湾新区内各县区提供基本公共服务的基础条件特别是财力存在比较明显的差别。从人均可用财力角度看，以2011年年末常住人口数平均的人均地税收入，大亚湾区为1.3万元，惠阳区为2900多元，惠东县8个镇街为1700多元，分别相当于全市平均水平的4.4倍、99%和58%。在相对充裕的财力支持下，大亚湾区和惠阳区已经实现了新型农村社会养老保险的全覆盖，而惠东县尚未达到。大亚湾区和惠阳区已经统一了各自的城乡最低生活保障标准，而惠东县尚未

统一标准。其中，大亚湾低保标准为 365 元／（人·月），人月均补差为城镇 277 元、农村 275 元；惠阳低保标准为 300 元／（人·月），人月均补差为城镇 237 元、农村 229 元；惠东低保标准为城镇 288 元／（人·月）、农村 213 元／（人·月），人月均补差为城镇 171 元、农村 135 元。

未来统筹推进环大亚湾新区经济社会发展和公共服务体系建设，一个必然要求就是统一基本公共服务标准特别是社会保障标准。而惠东县与大亚湾区、惠阳区的低保标准存在明显差距，惠东县内部城乡之间也存在不小的差别。未来统一并提高标准后，还面临纳入新区镇街和新区以外镇街之间的待遇差距问题，统一标准会给惠东县带来不小的财政压力，也对新区内部跨行政区财政转移支付乃至市级财政加大转移支付力度提出了新的更高要求。

2. 潜在社会风险因素呈现出多发态势

环大亚湾新区正处于转型跨越的关键阶段，客观上存在经济波动性较强，产业结构调整较快，利益格局变化较大等问题，潜在社会风险有逐步积累的趋势。

一方面，经济波动和产业结构调整有可能带来多种类型的失业风险叠加。

从经济增长情况看，环大亚湾二区一县的年度 GDP 增长率表现出较大的波动性。近 5 年来，惠阳区 GDP 年度增长率最高与最低水平之间相差 5.2 个百分点，惠东县相差 6.4 个百分点，大亚湾区则高达 34.5 个百分点。大亚湾区的经济结构相对单一，就业发展主要依赖于炼化及其上下游项目，存在一定程度的系统性就业风险。新区内各区县经济波动较大，周期性失业、摩擦性失业的风险不容忽视。未来经济结构和产业结构加快调整，结构性失业风险的挑战将会更加严峻。

环大亚湾新区二区一县 GDP 增长率见表 11-5。

环大亚湾新区二区一县GDP增长率（%）   表11-5

年份\地区	2007 年	2008 年	2009 年	2010 年	2011 年
惠阳区	17.5	12.3	13.5	15.4	16.5
大亚湾区	44.7	10.2	23.0	30.7	11.2
惠东县	15.3	12.5	13.1	15.3	19.3
全市	17.6	11.6	13.2	18.0	14.6

近年来，惠州市登记失业率一直保持在略高于 2% 的低水平，环大亚湾新区二区一县的就业状况略好于全市平均水平。截至 2011 年年末，全市城镇单位从业人员 72.3 万人，年末登记失业人员 1.62 万人，城镇登记失业率为 2.2%。其中，环大亚湾新区二区一县城镇单位从业人员合计 22.1 万人、占全市城镇单位从业人员总数的 30.5%，年末登记失

业人员 0.48 万人、占全市总数的 29.6%。

然而，登记失业率统计仅涵盖了拥有本地城镇户籍的失业人口，大量流动人口的就业意愿没有反映出来，失业风险的揭示也就不甚充分。随着"村改居"工作和城镇化的快速推进，农村待就业和待转移劳动力也将反映在失业率中。此外，未来环大亚湾新区的产业转型升级中，还不可避免地会对低端、低技能的劳动力造成一定程度的挤出，结构性失业和摩擦性失业问题将更加凸显。

另一方面，跨越式发展中搬迁改造等引发的社会不稳定因素有多点并发甚至集中爆发的风险。

环大亚湾新区面临着比较严峻的城中村改造问题，即便是工业化和城镇化水平已经较高的大亚湾区，也仍然有 20 多个需要改造的"城中村"。惠州市在《推进基本公共服务均等化综合改革试点方案》中提出了"两步走"的工作方案：第一步先对"城中村"进行集体经济股份制改革，确定股东身份，折股量化到个人，确保原住村民合法权益；第二步开展"村改居"工作。但是，根据《村委会组织法》规定："村委会的设立、撤销、范围调整，由乡镇人民政府提出，经村民会议讨论同意后，报县级人民政府批准"——这就使得"城中村"改造和"村改居"的难点凸显——无法保证有关村民能够依照法定程序同意撤村，有些村民由于担心原享有的利益受损，不愿意撤销村委会。要按照到 2013 年年底前全部完成"村改居"的进度，在较大的压力下，具体承担此项工作的一线人员与村民之间可能产生的直接矛盾冲突。

除城中村改造和村改居问题以外，环大亚湾新区还面临着其他一些社会风险点：一是涉山林土地问题不稳定因素及其诱发群体性事件的风险，惠东县平海"3.3"事件就是一起典型案例；二是因劳资纠纷引发群体性上访事件的风险，特别是大规模开发建设中拖欠工人工资问题；三是企业关停转产引起的下岗失业风险；四是流动人口不能平等享有基本公共服务可能引发过激的利益诉求表达等。社会风险点的积累既可能有公共服务配套不足造成的原因，又反过来对公共服务的公平性和质量水平都提出了更高要求。

3. 人力资源不足以支撑转型跨越

环大亚湾新区开发建设，特别是经济总量的跨越式发展和产业的转型升级，离不开具有一定规模和素质的人力资源的支撑。但是从目前的情况看，人力资源无论是量还是质都还没有达到相应要求。

从量上看，"招工难"、"用工荒"问题在持续。近年来广东省人力资源市场的求人倍率始终大于 1，一直处于人力资源供不应求的状态，部分月份求人倍率甚至高于 1.3，即人力资源需求超过人力资源供给 30% 左右。包括惠州市环大亚湾新区在内的珠三角地区，求人倍率高于全省平均水平，劳动力短缺的矛盾更加突出。

从质上看，高素质劳动力短缺尤为严重。技能人才的求人倍率在 1.3 ~ 1.7，高于人力资源市场平均水平；其中高级技师的求人倍率更高，在 1.7 ~ 2.2 左右，技能人才需求平均超过供给 50%，高级技师需求平均超过供给 100%。目前，惠州全市高技能人才总量为 6.65 万人，占技能劳动者 39.6 万人的 16.8%，这一比例比全国平均水平低 8 个百分点。

从最低工资标准看，劳动的体面性不足，对人力资源的吸引力较弱。根据 2011 年 1 月 8 日省政府发布的最低工资标准，惠州市属于广东省的三类地区（汕头、惠州、江门），企业职工月最低工资标准为 950 元，明显低于二类地区（珠海、佛山、东莞、中山）的 1100 元，远低于一类地区（广州）的 1300 元，与深圳市 1500 元的差距更大；而与四类地区（韶关、河源、梅州、汕尾、阳江、湛江、茂名、肇庆、清远、潮州、揭阳、云浮）相比，仅高出 100 元，并没有明显的优势。

深莞惠最低工资标准见图 11-4。

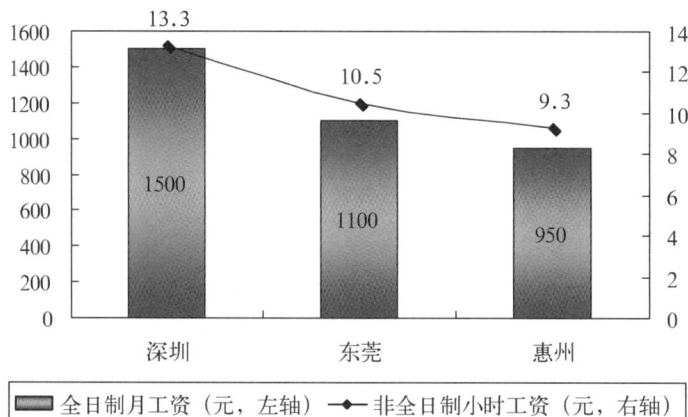

图11-4 深莞惠最低工资标准

从相关配套服务看，教育和医疗卫生服务水平不及广州，异地就业人员享有的社会保障待遇不及深圳，工资福利待遇在深莞惠乃至珠三角地区属于偏低水平，对人才和人力资源的吸引力不足。

进入"十二五"时期，新的形势对环大亚湾新区人力资源发展提出了新的要求。

从国际上看，世界经济格局深化调整，全球再平衡进程不断推进，以美国为代表的发达国家为解决高消费低储蓄和逆差问题，"再制造"政策取向鲜明，劳动密集型产业集中转入的时代已经结束；主要经济复苏过程复杂曲折，全球市场普遍缺乏有效需求支撑，欧美发达国家困难重重，少数出现复苏迹象的也正在经历"无就业的增长"，外部需求不足以确保规模庞大的熟练劳动力岗位；全球化竞争加剧，特别是新兴市场国家的崛起对我们的劳动密集型产业构成一定冲击，产业梯度转移开始向更具成本优势的国家和地区发展，珠三角已经出现大量企业向国外和内地转移的情况。

从国内看，宏观经济增长速度放缓，潜在增长率很可能出现明显下降，企业经营困难，就业增长所依赖的经济基础有弱化苗头，近期宏观经济周期性下行与系统性下行同时出现，潜在的失业风险正在积累；劳动年龄人口比重 2011 年已出现下降，2012 年劳动年龄人口的绝对规模也开始持续减少，加之老龄化快速发展，人口红利减弱，人口负担加剧，劳动力低成本优势逐步消失；新成长劳动力权利意识和职业发展预期不断强化，低收入、无保障、没前景的岗位变得毫无吸引力，依靠低成本高强度投入劳动力获取竞争优势的产业和企业难以为继，结构性失业问题也将进一步加剧。

在上述新形势下，通过增加工作时间和提高劳动强度来提升劳动生产率、维持竞争优势的模式已经走不下去了，必须推进人力资源转型，培育适应产业转型升级需要的教育文化素质，保障可持续做出职业化、专业化贡献的身心健康素质，激发包括各行业、各类岗位的全体劳动者的创新创造素质，形成劳动报酬增长与劳动生产率提高同步的良性循环。

比照新的要求，亟需改善的一是文化素质方面的学而无用；二是身心素质方面的过度透支；三是创新素质方面的简单重复，分别应转向学以致用、持续健康和创造性劳动。

二、思路目标

（一）基本思路

基于环大亚湾新区公共服务领域的主要优势和突出问题，在加快推进环大亚湾新区开发建设中，应高度重视公共服务体系建设的基础性、配套性和支撑性作用。一方面，应合理满足城乡居民不断增长且呈多样化发展趋势的公共服务需求，在更高层次上保障改善民生和维护社会和谐稳定。另一方面，要大力开发人力资源，并提供优质的配套服务，为新区增强内生经济增长动力，成功实现产业转型升级提供高素质劳动者的有力支撑。

环大亚湾新区公共服务体系建设的总体思路是：坚持新型城镇化与公共服务均等化互促共进、产业发展与民生保障互惠共赢，统一城乡公共服务制度，创新公共服务管理模式，打造高素质劳动者队伍，提升新区生活品质，在全省率先实现基本公共服务城乡一体、区域均等和常住人口全覆盖，争创珠三角城乡协调发展和公共服务均等化示范区。

（二）阶段目标

环大亚湾新区公共服务体系建设近 3 年目标，见表 11-6。

环大亚湾新区公共服务体系建设近3年目标   表11-6

年份 目标 内容	2012 年	2013 年	2014 年
社会保障	实现城乡居民社会养老保险全覆盖；实现城乡低保标准一体化，达到全省先进水平；居民医保政策内平均报销比例达到 75%、住院报销比例达到 90%；实现省内异地就医实时结算；建立全市联网的住房保障管理信息系统	异地务工人员全部纳入城镇职工养老保险范畴；进一步提高养老、医疗保障和社会救助水平；完成农村低收入住房困难户住房建设和改造任务；各类保障性住房房源实现合并管理和并轨运行	建立不同养老保险制度之间的衔接机制；实现城市"三无人员"和农村五保供养标准一体化；建立健全异地医保关系转移机制；社会保障卡"一卡通"发卡量达到参保人数的 85%；镇街社保所均达到省规定的建设标准；初步建立健全以公租房为主体的新型住房保障制度
公共就业	中心镇街人力资源社会保障服务平台完成标准化建设；惠东县、大亚湾区完成职业培训示范区建设任务	全部镇街人力资源社会保障服务平台完成标准化建设；惠阳区完成职业培训示范区建设任务	大亚湾区达到省级创业孵化基地标准；县区、镇街、社区、行政村公共就业服务覆盖率达以及街镇、社区公共就业服务信息网络覆盖率达 100%
医疗卫生	三级医院全面实施同级医疗机构间医学检验和医学影像检查结果互认；所有医疗机构全面使用全省统一的"门（急）诊病历一本通"；享受财政补助的村卫生站 100% 配备国家基本药物和实行零差率销售；实现镇村卫生一体化管理	为常住异地务工人员建立统一规范的居民健康档案，将其健康教育、预防接种、0～6岁儿童和孕产妇的健康管理、慢性病患者健康管理纳入基层医疗卫生服务管理系统，统一实行信息化管理	每个县区建设 1 间具备三级甲等医院规模和标准的县级综合医院；城乡居民健康档案规范化电子建档率达 65% 以上；开展基本职业卫生服务的乡镇和街道达到 100%；建立优质医疗卫生资源向基层倾斜机制、公立医院医护人员在城乡区域间定期交流机制、重大医疗设备共享机制；建立基本医疗保险、医疗救助和定点医疗机构的信息共享平台
公共文体	巩固 20 户以上已通电自然村"村村通"成果，着力解决 20 户以下已通电自然村覆盖问题	街道图书馆（室）实现文化信息资源数字化及图书借阅通借通还"一卡通"服务；初步实现广播电视"户户通"	镇（街道）综合文化站覆盖率、村（社区）文化室"五个有"设施建设完成率、广播电视覆盖率、农村公益电影放映完成率、基层体育设施建设覆盖率均达到 100%；特色文化体育活动品牌效应明显显现
公共教育	实现"镇镇皆强镇"；惠阳区通过县域义务教育均衡发展督导验收	惠东县、大亚湾区通过县域义务教育均衡发展督导验收；惠阳区、大亚湾区创建成为广东省教育现代化先进区	义务教育规范化学校覆盖率、乡镇中心幼儿园规范化比例、符合条件的异地务工人员随迁子女学位供给率均达到 100%；惠东县创建成为广东省教育现代化先进县；民办义务教育学校规范化覆盖率达 80%

——近 3 年。在全市率先实现区域内基本公共服务均等化，城乡差距明显缩小，建设成果向市内其他地区辐射。

——近 5 年。建立城乡一体的基本公共服务制度，实行统一的公共服务标准，城乡发展更趋协调。

——到 2020 年。公共服务走上优质均衡轨道，优质公共服务公平、便捷地向全体居民提供，人民生活明显改善。

——到 2030 年。建成幸福广东标杆地带和优质公共服务典范区。

三、重要举措

按照上述思路，环大亚湾新区在已经具备的公共服务资源基础上，应更加注重公共服务制度的整合与衔接，更加突出公共服务的优质均衡提供，以更好地惠民生、维权益、促稳定；同时应加快提升人力资本，深度创新服务方式，为转型升级创造良好条件和坚实基础。

（一）统一城乡公共服务制度

1. 推进公共教育均等化

——深入实施素质教育，奠定人力资源创新基础。全面改进教育方式，有教无类，因材施教，提高学生身心健康水平，重点培育创造性和创意性思维，为向环大亚湾新区提供学习型研发型创新型的建设者提供基础教育保障。加大地方课程和校本课程开发力度，适当引进市外优秀课程和教学资源，加大"生本教育"实验的广度和强度，培养学生自主发展的意识和能力，创新教育教学方法，学为主体，全面发展、弘扬个性。强化学生创新素质和实践能力培养，推进各级学校与教育科研机构的密切合作，探索从幼儿园到高中学生创新素质培养的方法和途径，积极开展研究性学习、社会服务和社会实践，充分调动每一位学生创新的主动性。

——加快普及政府主导的学前教育。财政新增教育经费向学前教育倾斜，合理确定并逐步提高学前教育经费占同级财政性教育经费的比例，支持规范化公办幼儿园建设，建立家庭经济困难儿童、孤儿和残疾儿童学前教育资助制度，显著提高学前教育毛入学率和优质幼儿园比例。大力发展公办幼儿园，探索多种办园模式，新建和改扩建一批标准化幼儿园，支持区域内各镇街利用中小学布局调整富余校舍、师资和社会资源建设中心幼儿园，采取大村独办、小村联办等方式加快农村幼儿园发展。探索采用政府购买学前教育服务等途径，鼓励和扶持民办学前教育的发展。建立县（区）儿童早期教育指导中心，开展 0～3 岁儿童早期教育服务。实施学前教育师资队伍建设工程，规范队伍管理，拓宽培养渠道，完善培训体系，依法落实待遇，维护合法权益。

2. 整合城乡社会保障体系

——统一城乡基本养老保险制度。进一步完善城镇职工基本养老保险，重点扩大本市户籍第二、第三产业从业人员参保率，加大扩面征缴力度，确保本市户籍中青年农村居民外出务工和异地务工人员按规定全部纳入城镇职工基本养老保险保障范畴。在新农保试点基础上建立健全城乡居民社会养老保险制度，将农村居民和城镇非从业居民全部纳入社会养老保障体系，将农村基层干部、农村独生子女、纯生二女结扎夫妇和被征地农民养老保险并入管理。加快建立城镇职工基本养老保险、城乡居民社会养老保险、农村现行各种社会养老保险制度之间的衔接机制，形成全面覆盖、城乡统筹的社会养老保险体系，在全市率先实现统一政策和管理、统一征收和发放、统一经办和服务。

——整合社会救助制度。加快构建以城乡最低生活保障制度为主体，以五保供养、医疗救助、灾害救助、教育救助、住房保障、司法援助、流浪乞讨人员救助专项制度为辅助，以临时救助、社会辅助为补充的社会救助体系，确保社会救助政策无死角。统一新区范围内的城乡最低生活保障标准，按照上年度城镇居民人均消费性支出水平和农村居民人均纯收入的 70% 确定城镇"三无人员"和农村五保供养标准，并向惠东县全县和全市范围辐射，实现社会救助标准一体化。建立健全最低生活保障线、优抚对象抚恤补助、城镇"三无人员"和农村"五保"供养标准正常增长和同步提高机制，确保达到并保持在全省先进水平。

——建立以公共租赁住房为主体的新型住房保障制度。将廉租住房、经济适用住房、直管公房、公务员过渡性住房和现有公租房等保障性住房合并管理、并轨运行，统一为新的公租房，着力解决城镇中等偏下和低收入住房困难家庭、新就业无房职工和在城镇稳定就业的异地务工人员等群体的基本住房需求。坚持政府主导、社会参与、市场运作的原则，充分调动社会力量参与建设和运营，通过新建、改建、收购、租赁、盘活存量房源等方式，多渠道筹集公租房房源。加快完善农村住房保障服务体系，大力实施农村安居工程，大幅提高财政补助标准，探索多渠道、多形式筹集改造建设资金，基本满足农村低收入住房困难户的合理需求。将农村安居工程、整村改造和探索解决渔民住房困难问题等工作纳入保障性住房建设，统筹规划，有序实施。建立健全政策性农房保险机制，实现农村住房保险全覆盖。

专栏 11-1

实物保障性住房的主要类型

住房保障有实物保障和货币补贴两种方式。实物保障性住房根据保障对象和提供方式的不同，主要分为 3 类。

一是以租赁方式提供的，面向城镇低收入、中等偏下收入住房困难家庭出租的保障性住房，有两种：

——廉租住房。是指政府向具有城镇常住居民户口的低收入住房困难家庭提供的租金相对低廉的普通住房，新建廉租住房单套建筑面积控制在 50 平方米以内。

——公共租赁住房。是由政府提供政策支持，以低于市场租金向城镇中等偏下收入住房困难家庭、新就业无房职工和在城镇稳定就业的外来务工人员出租的具有保障性质的住房。公共租赁住房租金水平，由市、县人民政府统筹考虑当地经济社会发展水平、住房市场租金水平和供应对象的支付能力等因素综合确定，并实行动态调整。公共租赁住房单套建筑以 40 平方米左右的小户型为主。

二是以出售方式提供的，面向城镇具有一定支付能力的中低收入住房困难家庭提供的具有产权的保障性住房，有两种：

——经济适用住房。是政府给予土地划拨、减免税费等政策优惠，限定套型面积和销售价格，按照合理标准建设，面向城市低收入住房困难家庭供应，具有保障性质的政策性住房，单套建筑面积控制在 60 平方米以内。购买后不满 5 年，不得上市交易，确需转让的，由政府按照原价、考虑折旧等因素回购；购买后满 5 年，可以转让，但要按规定缴纳增值收益，并规定在同等条件下政府优先回购。

——限价商品住房。是城市政府为加大中低价位、中小套型普通商品住房供应采取的措施之一。主要做法是，在限套型、限房价的基础上竞地价、竞房价，通过公开竞争方式确定开发建设单位，面向本地区中低收入住房困难家庭销售。这项政策在房价较高的城市实行，面向中低收入无房或住房困难家庭供应，建筑面积一般在 90 平方米以内。各有关城市都规定了购买条件、上市交易的条件和上市交易的收益调节办法。

三是以危旧房改造方式解决群众住房问题的，包括：

——城市棚户区改造。是指政府对规划区内集中连片棚户区住房进行改造，实行政府投入和引入商业开发相结合，将符合条件的居民纳入廉租住房、经济适用住房等保障性住房的保障范畴，其余居民采取房屋安置、回迁、货币补偿等方式改善住房条件。

——国有工矿棚户区、国有林区棚户区和国有林场危旧房、国有垦区危房和中央下放煤矿棚户区改造。主要由政府、企业进行统一规划和组织建设。改造过程中采取政府适当支持、企业和个人合理负担的办法，改善职工群众的居住条件。

3. 促进人力资源市场一体化

——统一就业促进政策和人力资源市场。打破不同人群、不同行政区划之间的就业制度分割，清理消除城乡劳动者之间、本地异地劳动者之间的歧视性就业政策，将城镇各项优惠扶持政策向农村和异地务工人员延伸。以就业困难人员为突破口，推行区域内公共就业服务待遇互认，率先实现就业困难人员凭证在区域内平等享受各种无差异待遇，实现对有就业意愿的困难人员就业援助全覆盖，新区范围内跨县区在本地就业的登记失业人员、就业困难人员和高校毕业生等异地务工人员享受与本地同类人员同等的就业再就业优惠政策。整合人力资源市场和人才市场，建立统一、规范、灵活的人力资源市场体系。

——健全就业公共服务体系和服务平台。完善服务机构职能，理顺管理体制，健全规章制度，合理配备、强化优化工作人员队伍及结构，加强队伍专业化建设和服务窗口标准化建设，强化服务功能，优化服务流程，全面提高服务管理水平。完善镇街平台，新建和改扩建一批镇街服务场所，积极推进乡镇、街道人力资源社会保障机构规范化和标准化建设，做到规划设计、机构名称、建设标准、设备配置标准、服务标识"五个统一"。加强基层人力资源社会保障服务站、村劳动力转移服务站、就业人才工作服务站建设，加大奖励扶持力度，夯实服务基础，实现服务站点和信息网络覆盖全部社区和行政村，免费提供就业信息、政策咨询、职业指导、工作介绍、失业登记、就业援助等全过程、一站式、网络化服务。

——提高创业支持制度和扶持政策的普惠性。将符合条件的高校毕业生、就业困难人员和异地就业返乡农民工纳入统一的创业政策体系，尝试开辟"小本创业政府项目"，做大做优全民创业专项基金，增强引导示范作用。完善创业服务公共平台，加快建设创业孵化基地，积极推进大亚湾开发区创建省级基地，创造条件争创国家级创业带动就业孵化基地，开展创业型乡镇、创业型街道创建试点活动。优化创业环境，对小型、微型企业在财政税收政策上采取投资税收减免、再投资补助等方式予以扶持，建立和完善小额担保贷款激励机制、担保基金风险补偿机制。强化创业培训管理和服务，扩大创业培训规模，提升培训质量，加强创业项目库和创业指导专家资源库建设。

专栏 11-2

创业带动就业孵化基地基本条件

根据《广东省创业带动就业孵化基地建设工作指导意见》：

——申报孵化基地的单位或个人应具有独立的企业或事业法人资格，有固定的办公场所和健全的财务制度，具有相应专业知识和技能的服务管理人员。

——申报孵化基地其场地面积、位置以及可提供创业者的户数等必须达到规定要求。

省级孵化基地的场地面积一般为 5000 平方米左右，一次性入驻创业主体不少于 40 家。国家级孵化基地的场地面积一般为 7000 平方米左右，可一次性入驻创业主体不少于 50 家。孵化成功率都在 60% 以上。市、县级孵化基地具体要求由地级市人力资源社会保障部门制定。

——有相应的道路、供电、供水、消防、通信、网络和职工生活等基础配套设施。

——有为孵化基地定向服务的管理机构和中介服务机构。

——孵化基地有很好发展前景，具有连续滚动孵化的功能。

4. 统筹医疗卫生服务

——巩固基本医疗保险一体化制度。继续按照"不分户籍、全面覆盖、保障终身"的方向，巩固和完善医保城乡统筹成果，不分城乡户籍与职业有无，统一管理、分档缴费、分别享受不同待遇，逐步与城镇职工基本医疗保障体系并轨运行。逐步提高居民医保财政补助力度和个人缴费标准，提高居民医保政策内平均报销比例特别是医保基金在基层医疗卫生机构政策内的住院报销比例，适度缩小居民医保与职工医保在筹资缴费标准、报销比例及最高支付限额上的差距。参加社会保险的异地务工人员在中小学、幼儿园就读的随迁子女，可由所在学校组织参加居民医保，享受同等财政补助政策。建立完善基本医疗保险、医疗救助和定点医疗机构的信息共享平台，推动基本医疗保险与医疗救助顺畅衔接，基本医疗保险、医疗救助实行同步结算、即时救助，实现"一站式"服务。

——加强医疗和公共卫生服务体系建设。建立以县（区）级医院为龙头、乡镇卫生院和社区卫生服务中心为骨干、村卫生站和社区服务站为基础的医疗卫生服务网络，全面推进二区一县三级甲等医院建设、镇街医疗卫生服务机构规范化标准化建设和创建省示范社区卫生服务中心等工作。实施镇村卫生服务一体化管理，将村卫生站纳入乡镇卫生院（社区卫生服务中心）统一管理，对人员实行聘用制、工资补助制和社会保险制，对村卫生站实行统一行政管理、统一人员管理、统一业务管理、统一财务管理、统一药械管理和统一考核管理，实行基本药物制度和普通门诊统筹。建立健全城乡统一的公共卫生急救体系，加强 120 急救指挥中心分中心建设，强化培训演练，提高联动能力。

——引导优质医疗卫生资源向薄弱地区倾斜。建立二级与三级公立医院（区域医疗中心）之间、公立医院与城乡基层医疗卫生机构之间的协作机制，巩固深化城市二级以上医院对口支援县级医院长期合作帮扶机制，鼓励县（区）级公立医院开展团队式帮扶对口支援乡镇卫生院。健全城市医疗卫生机构新聘人员取得医师执业证后定期到农村服务、城市卫生技术人员晋升高级专业技术资格前到农村卫生机构工作、基层医疗卫生机构骨干人员到二三级医院进修学习、全科医生培养实训等常态化机制。鼓励引导有资历的医师到基层医疗卫生机构开展多点执业，有效利用二三级医院的优质医疗资源，充分发挥社会组织和中介机构的作用，依托医药卫生人才市场和社会化服务网络，提升基层公共医疗卫生机构的医疗服务水平。有计划开展流动式服务以及山区、海岛巡诊服务。

(二) 创新公共服务管理模式

1. 整体推进公共服务建设

——整合公共服务资源。彻底改变不同行政区、不同部门、不同层级各自为战的方式，坚持一盘棋谋划和一张图规划，整合财力，分工协作，整体推进，大幅提高公共服务资源特别是优质资源的综合利用效率和辐射带动效应。完善激励型财政体制和财政转移支付制度，财政资金分配进一步向农村和薄弱环节倾斜，促进基本公共服务财力均等化。推进教育、医疗卫生等社会事业资源自由流转，缩小城乡间、区域内不同镇街之间的公共服务资源差距，引导教师、医护人员等公共服务人才在城乡间、地区间、不同层级间定期交流，并把交流作为绩效考核、职务晋升考察的重要内容。条件成熟的地方可积极稳妥探索镇街范围内社会主体共同治理，推广社区约请部门现场办公制度。

——建立科学考评体系。结合国家社会发展水平综合评价和广东省社会建设评价工作，建立健全考核评价制度，正确运用评估指标、等级标准，发挥其导向引领和规范约束作用。加大行政监督力度和整合推进力度，把公共服务体系建设纳入县区政府主要负责人政绩考核范围，加大镇街公共服务内容考核权重。建立跨地区、跨部门、跨行政层级的公共服务高层次统筹协调机制，定期分析研究重大事项，督导推动重点项目和体制改革。

2. 多元化提供公共服务

——积极稳妥引入市场力量。立足非公有制经济发展活跃的特色优势，在政府保障基本民生的前提下，更加充分发挥市场机制作用，消除体制机制障碍，放宽公共服务领域投资准入限制，灵活采用购买服务、特许经营、管理外包等方式，推动公共服务供给主体多元化和供给模式现代化。重点吸引社会资本举办学前教育和职业培训机构、参与医疗卫生服务和公立医院改制、推动养老服务和社会福利建设。

公共服务供给多元化的国际经验见表11-7。

公共服务供给多元化的国际经验   表11-7

模式	分类描述	医疗	养老	教育	文化体育
基本模式	政府主导	基本医疗保险管理；各级卫生防疫站、综合性公立医院；相关法律建设	城乡养老保险的管理和统筹，基本养老服务体系的建立	公立中小学，教育法律建设	基本文体公共服务，政府投资修建三馆一场
	私营部门主导	私立医院、门诊部	企业退休年金、个人养老保险或储蓄、私人养老院	私立学校	文化创意产品，健身会所
	第三部门主导	非营利性医院，私立医院、门诊行业准则	非营利组织兴办的养老院	慈善机构等兴办的学校，如希望小学；私立教育行业准则	非营利性文化体育场馆服务
衍生模式（PPP模式）	外包类	公立医院管理外包、医疗服务内容外包	将公立养老院外包给私营或第三部门负责管理；聘请专业机构对基本养老保险进行管理，并根据合同标准由政府支付管理费用	管理外包；课程外包；特殊学生培养计划	社会机构承包文化体育场馆设施的运营管理权
	特许经营类	医院基础设施、后勤管理等	私人或第三部门出资建设养老设施并负责后期运营，政府购买与基本养老相关的项目	学校基础设施	文化体育服务设施基础建设
	私有化类	小型社区公立医院的部分私有化		部分职业培训学校	

——鼓励引导社会组织参与。深化社会组织登记和管理体制改革，率先实行公益服务类社会组织直接登记制和社区社会组织备案制。建立相关部门综合监管机制和社会组织分类指导制度，设立社会组织扶持发展专项资金，建立社会组织孵化基地。推动政府向社会组织转移职能，购买社会组织服务。积极扶持培育民办社工服务机构，在场地、税收等方面落实相关优惠扶持政策，对重点扶持的社工机构给予补助，推进社会工作专业化、职业化发展。

——探索公共服务新型付费机制。重点推行电子公共服务券制度，包括教育券、公共卫生券、基本医疗券、公租房券、公共文化券、就业券等，变财政补助提供者为补贴消费者。各类合法的公共服务机构，均可通过公共服务券享受财政支持。条件成熟时把电子公共服务券整合到"惠民卡"中，简化服务流程，提高服务效率。

3. 探索推进公共服务民主管理

——建立公共服务需求调查制度。树立和强化问需于民导向，利用现行入户调查统计制度框架，定期开展公共服务抽样调查，全面、充分、准确地了解群众对公共服务的需求和满意程度，对区域内重大公共服务决策提供基本依据。在必要的情况下，由统计部门或委托机构进行专项调查，掌握群众对公共服务领域某一方面、某一环节的特殊需要和突出要求。

——创新基层公共服务决策机制。大力推广"四民主工作法"，培育社区居民和村民议事会等形式的代表议事机构。城乡基层筹资提供的公共服务项目，要在广泛征求民意的基础上，依据多数居民的意见提出初步方案，经公开征集意见后提交居民自治机构或代表议事机构表决。

——健全公共服务项目监督监测机制。公共服务重点建设项目在实行过程中应坚持"三公开"，即项目方案和工程预算公开、项目资金使用情况公开、项目综合测评结果公开。在有关部门实施行政监测监督的同时，应组织居民代表对项目的资金使用、运营管理和实施质量进行监督监测，确保项目成果公平高效地向社会提供。

专栏 11—3

成都村级公共服务的民主管理

成都市将村级公共服务分为文体、教育、医疗卫生、就业和社会保障、农村基础设施和环境建设、农业生产服务、社会管理 7 大类 59 项。界定供给格局为"一主多元"，即政府居主导地位，做好基本的公益性公共服务；村级自治组织做好自治组织内部的服务和管理；引导和规范社会组织开展公共服务；依托市场主体开展以市场化方式供给的村级公共服务。

在推进村级公共服务改革中，成都初步形成了"政府主导、城乡统筹、还权赋能、村民自主"的新型村级治理机制。民主管理渗透到公共服务项目的议定、监督、评议各环节，民主选举产生的村民议事会成员通过村民议事会议决专项资金的使用、管理和监督。在实践中，民主管理机制主要包括三个步骤：首先，民主议定项目，由村民集体决定项目内容和实施顺序，最大程度地体现公正；其次，民主监督项目，村民选举产生的村民议事会或监事会，定期对项目的实施和经费的使用进行监督；第三，民主评议项目，一评是否达到合同要求，二评村民满意程度，三评如何改进提高。

（三）打造高素质劳动者队伍

1. 优化职业教育布局

——优化专业结构。根据产业发展新需求新要求，提前谋划布局职业教育和技能培训，加快资源整合步伐，合理调整专业结构和课程设置，重点发展石油化工、新材料、电子信息、生物医药、工业设计、现代商贸、旅游管理、商务会展等专业，尽快形成从中等职业教育到高等职业教育的一体化发展格局。广泛推行工学结合、校企合作和订单式培养，建立教育培训机构与行业企业合作共同体，实现从教育培训机构到企业适宜岗位的顺畅对接。加快技工教育发展，大幅提高培训能力和实际培训规模，打造珠三角地区重要的高端技能人才培养基地。

——加大投入力度。建立保障中职教育快速发展的财政投入机制，稳步扩大中职办学规模，适度提高中职学校与普通高中的在校生比例，不断增加保障学生学业及基本生活的财政补贴，推动中等职业教育健康发展。制定推动校企合作的政策，发挥企业参与中等职业学校发展的积极作用，建立中等职业学校与行业、企业合作机制。加大对民办职业教育的扶持力度，鼓励社会资本参与职业教育。探索完善学校教育与企业培训紧密结合的办学模式以及"四环对接"模式，着力培养高层次应用型技能人才。加大中职学校师资队伍建设力度，显著提高本科及以上学历和双师型专业教师占比。支持惠阳区职业技术学校创办成国家级重点，支持惠东县创办国家级示范性中等职业学校，支持大亚湾区高起点、高标准、高水平建设1所中等职业技术学校（或分校）。

专栏11—4

德国"双元制"职业教育模式的借鉴意义

德国是公认的开展职业教育非常成功的国家，其职业教育的基本形式是所谓"双元制"。这是一种从学徒制发展而来，以学生在企业接受实践技能训练为主，同时部分时间在职业学校接受相关专业理论知识学习相结合的职业教育培训形式。德国每年初中毕业生中，约有70%参加双元制职业教育培训，成为初中毕业后的首选。

德国的双元制教育培训有以下几个值得借鉴的特点：

第一，企业是职业培训的责任主体。培训企业始终对培训负有完全的法律责任，企业与符合条件的毕业生签订培训合同，企业承担大部分的培训经费，企业有义务配备受过良好职业训练并有丰富经验的实训教师，以师傅带徒弟的方式，在生产一线指导学徒实习。

第二，培训内容可根据企业需要进行适当调整。政府通过"受承认的培训职业一览表"对培训职业进行调整；行业协会根据实际情况适当变通；企业并根据技术进步、劳动力市场的要求，自行选择培训的内容和方式，在培训计划中追加有关的知识和技能。

第三，政府通过法律保障和补贴职业教育培训发展。联邦法律规定：18周岁以前完成普通义务教育而未进普通高级中学就学的青年必须实行义务职业教育；国民生产总值的1.1%、工资总收入的2.5%用于职业教育。政府对开展职业培训的企业在税收上给予各种优惠。

第四，职业教育是一个开放的体系。"双元制"职业教育既面向所有有需求的初中毕业生，也面向高中毕业生和已经取得大学入学资格的学生。接受"双元制"培训的学生，也可以通过一定时间的文化课补习，进入高等学校学习。

第五，职业学校非常注重错位发展和实训。德国同一个地区的职业学校在专业设置上一般是错位的，州政府根据市场需求支持每个学校重点办好一至两个品牌专业，避免无序竞争。职业学校全部设有实训场所，甚至部分职业学校利用培训车间承担实际工程项目。

第六，职业教育发展靠多元主体共同推动。"双元制"职业培训是企业与职业学校、联邦与州、经济界（商会、行业协会）与工会等多方参与下进行的一种模式，有利于发挥各类主体的优势和积极性。

2. 实现高等教育突破发展

加强与惠州学院、香港科技大学及世界一流大学的合作，吸引领军机构投资办学，探索创建分校区、开展定向委托与联合培养，依托高等教育新突破形成人才培养和集聚新优势。

3. 加强劳动者技能培训

——建立覆盖城乡的职业培训公共服务体系。将职业培训和职业技能开发纳入公共服务体系并全面覆盖城乡劳动者，充分发挥公益性职业训练机构的基础功能作用，建立和完善远程职业培训平台和培训室，提高培训能力和培训质量。建立农村适龄劳动者基本就业免费培训制度，推进农村劳动力转移就业技能培训示范区建设，在示范区内设立职业培训服务机构，编制示范区职业培训规划，建立健全工作机制，开设特色化培训工种，对示范区内员工进行全员职业技能培训。

——充分发挥用人单位积极性。鼓励引导用人单位采取岗前培训、技能提升培训、转岗培训和导师带徒等多种形式开展职业技能培训，同时设计长远的职业生涯规划、清晰的职位上升通道、有竞争力的薪酬体系以吸引、激励和培育形成高层次应用型技能人才。

——构建和谐劳动关系，提高劳动积极性和有效性。以最低工资标准为底线、以工资集体协商为核心、以工资指导和劳动监察仲裁为重要手段，逐步实现体面劳动，努力形成工资增长与劳动生产率提高的良性循环。督导企业自觉落实《惠州市二、三产业各行业就业员工基本福利待遇暂行规定》中对工资待遇、工作环境、生活环境、工作强度、文化生活等方面做出的具体规定，促进企业不断改善员工生产和生活环境，可持续提高工资福利水平。引导和指导企业加强自身文化建设，打造"以人为本，健康和谐"的企业工作和生活氛围，提高员工对企业的认同感和归属感，稳定员工队伍。支持和指导行业协会等社会中介组织的工作，更好地发挥其在建立行业自律、规范员工福利、加强企业文化建设和促进行业健康发展等方面的作用。

4. 开展大规模干部培训

采取在职教育、脱产培训、集体学习、远程教育等多种形式，以各级党政领导干部和基层公务员为重点，全面开展国内外发展动态、高新技术应用、新区发展政策、外国语言文化交流、公共服务和社会管理创新等方面的教育培训，打造一支具有国际视野、精通政策法规、专业素质过硬的干部队伍。

（四）提升新区生活品质

1. 构建半小时公共服务圈

——夯实基层公共服务载体。坚持重心下移取向，实施社区"六个一"标准化建设工程，实现劳动就业、文化体育、健康计生、基本养老等公共服务的纵向到底。理顺基层政府与社区关系，废止居委会行政责任书，改为"依法委托管理"或"购买服务"新机制，同时取消社区经济考核指标，将公共服务和社会管理作为主要任务，整合服务管理职能，发展专兼职相结合的服务管理团队。加快实行社区无缝隙化服务，重点推进城乡接合部、城中村、大型企业、新建住宅区、流动人口聚居地的居委会组建，未达组建标准的地区明确纳入相邻社区居委会服务管理，打造"半小时服务圈"。

——健全基层劳动社会保障服务网络。加快推进社区和行政村公共就业和社会保障服务机构、服务信息网络全覆盖工作，加快在社区推广使用市人力资源市场信息公众服务平台，建立覆盖城乡、直达社区、互联互通的人力资源市场信息网络，在各主要街道和乡镇建立远程工服务点。

——推进中西医综合诊疗和职业病防治服务向社区延伸。加快建立涵盖预防、治疗、康复、保健、养生的基层中医药服务体系，全面完成基层医疗机构中医科中药房规范化建设。大力推广应用中医药适宜技术，实现中医药服务全覆盖。支持社区卫生服务中心和乡镇卫生院在县（区）级职业病防治机构指导下，开展基本职业卫生服务，形成覆盖城乡的职业病防治基层网络。

2. 提高公共服务信息化水平

——搭建覆盖全区域的数据共享总体框架。打破行政壁垒，大力推进区域内各镇街、各层级间公共服务信息的资源整合、交换共享与综合利用，积极纳入全市统一的公共服务和政务信息平台，以实有人口为服务对象建设公用基础数据库及配套设施设备，加强行政村公共服务信息网络建设。

——加快推进社会保障信息系统建设。逐步开展网上政务和网络问政，方便用人单位和参保人网上申报参保、实时查询、业务咨询、投诉建议，实时维护社保权益。加快推进社会保障卡"一卡通"发放工作，加载金融功能，并延伸到自助挂号、电子病历、健康档案等服务领域，实现参保人持卡享受参保缴费、看病就医、双向转诊、费用结算等"一条龙"服务。积极纳入全市联网的住房保障管理信息系统，实行网上建档、审核、公示动态管理，及时向社会公布保障性住房的相关信息。

——完善公共就业服务信息网络。全面使用省统一的就业失业登记信息系统和《就业失业登记证》，实现人力资源市场供求信息的统一采集和发布，统一汇集和分析，共享和共用。启用并完善农村劳动力资源信息库、技能培训信息库、技能鉴定信息库、农村实用人才信息库、求职信息库、积分制入户信息库、企业用工需求信息库和就业失业登记信息库，形成适应统筹城乡就业工作需要的实名制大信息库，为各类群体提供全方位的就业服务，促进各类群体更加充分就业。进一步加强人才信息网络、高校毕业生信息互联网络、人力资源市场信息网络的建设，在公共场所设立终端设备，方便求职和招聘，实现人岗无缝对接。

3. 丰富群众文体生活

——推动特色文体活动品牌化。借力旅游发展，推进特色民间文化、节庆文化、精品体育活动向品牌化方向发展。重点挖掘优秀民族民间艺术，开展研究与推介宣传，打造一批文化艺术活动品牌，提升民间艺术的品位和知名度。深入挖掘惠东渔歌等民俗资源，组织开展民俗文化巡游、农村文艺调演、民间节庆巡演等活动，扩大环大亚湾新区文化影响力。大力开展群众喜闻乐见的体育赛事活动和群众休闲健身活动，努力打造绿道体育等全民健身精品活动。

——打造基层文体阵地。按照不少于200平方米综合文化活动室、农家书屋或社区书屋、不少于500平方米的文体广场、文化信息共享工程服务网点或电子阅览室、有宣传橱窗或阅报栏以及建有1个篮球场、2张室外乒乓球台的要求，完善行政村公共文化体育设施建设。巩固广播电视"村村通"成果，积极推进"户户通"、"渔船通"工程。建设文体协管员队伍，积极扶持基层文体协会组织发展和文体志愿者活动。

——推进公共数字文化服务。充分运用现代数字技术、网络技术、信息技术等，推动优秀文化产品数字化、网络化传播，进一步拓展文化信息共享工程网络体系，参与打造四级联网、终端对接的公共文化服务新平台，推进图书馆（室）文化信息资源数字化及图书借阅通借通还"一卡通"服务。

——创造健康生活条件。组织开展适宜群众参与的各类体育赛事和公益性体育活动，努力打造绿道体育等全民健身精品。发展基层体育协会组织和专兼职体育指导员队伍，引导科学健身和倡导健康生活方式。积极开拓广场体育、滨海体育、社区体育、工间体育等适宜形式，显著增强城乡居民体质和健康水平。

专题十二

环大亚湾新区扩大对内对外开放

环大亚湾新区开发建设是惠州市扩大对内对外开放，实现发展方式根本转变，打造更具活力的新兴增长极，跻身珠三角"第二梯队"，建设广东省对外开放活力区，助力广东省"三个定位，两个率先"目标，培育国际合作和竞争新优势的战略平台。对内开放一是要加强与惠州主城区互动发展，使得环大亚湾新区开发建设与惠州主城区发展相互促进、共同发展。二是要积极推动深莞惠一体化发展，牢牢把握深莞惠一体化给环大亚湾新区开发建设带来的机会和动力。对外开放一是要全面对接香港，利用环大亚湾新区制造业基础和空间优势，对接香港的现代服务业，积极承接香港服务业的转移。二是要创新对外开放方式，利用港深的要素集聚能力，发挥环大亚湾新区的空间优势，承接发达国家研发和高端产业的转移，全面提升社会领域的对外开放水平。

一、强化与惠州主城区的互动发展

环大亚湾新区是惠州向南向海发展的战略性板块，不仅社会经济发展整体水平低于全市平均水平，而且其内部不同区块间经济发展条件和水平相差也很大，经济特点突出，互补性很强，具有联动发展，互相促进的潜力。因此，环大亚湾新区发展既要强化其内部沿东西海岸带的横向整合，也要重视与惠州主城区南北向的互动发展。

（一）强化与惠州主城区的互动发展

在惠州城市发展总体规划中，惠阳—大亚湾作为惠州城市发展副中心，使惠州城市发展从战略空间上向南向海延伸发展。未来 10 ~ 20 年，随着环大亚湾新区建设步伐的加快，有潜力形成以惠州主城区为核心，以惠阳和大亚湾为外延，面向海湾的城市化发展新格局。因此，环大亚湾新区的发展必须强化与惠州城区的同城化建设，既要面向海洋找空间，又要积极对接惠城区。首先，要将"惠州城区—仲恺—惠阳—大亚湾"作为惠州城市化的核心轴带，优先提升区内道路交通和公共服务的互联互通水平，实现公共交通体系的统一配置、均等化发展和"无缝对接"。其次，在城镇化发展中，要优化空间结构，围绕中心城镇和重点产业园区，大力发展公租房和社会保障房，优先布点学校、医院等公共服务设施，引导人口向这一轴线地带集中。最后，要深化环大亚湾新区与惠城区的产业分工和合作。发挥惠城区现代服务业和人才集聚优势，为环大亚湾新区发展高端制造、新兴产业和现代旅游业提供服务保障。发挥环大亚湾新区体制和政策优势，先行先试，创造和积累新经验，为推动惠城区和全市转型发展提供支撑。

（二）加强惠州两个国家级开发区的合作互动

环大亚湾新区的大亚湾开发区与惠州仲恺高新区产业发展存在明显的差异。大亚湾开发区以石化产业为龙头，电子信息、汽车零部件和医药等产业初具规模。仲恺高新区以电子信息、新能源、光机电一体化为主导产业，是国家电子信息产业基地、国家（惠州）视听产品产业园、国家火炬计划惠州仲恺激光头产业基地、广东省火炬计划高能环保电池特色产业基地、广东省知识产权试点园区以及广东省教育部产学研结合惠州仲恺高新区产业化基地，并通过国家环境管理体系认证，也是粤港惠科技创新和服务合作的示范区。因此，两个国家级开发区具有良好的互动基础和条件，互动和合作必将给惠州经济注入新的活力。

把环大亚湾新区和仲恺高新区作为惠州跻身珠三角第二梯队的重大战略平台，加强两大平台的经济技术合作。惠州市委市政府要把两个国家开发区合作和互动作为惠州产业升级和制度创新的抓手，站在全市产业升级和发展战略的高度来统一谋划，着力打造惠州跻身"珠三角"第二梯队的两大战略平台。大亚湾开发区及环大亚湾新区其他园区要充分利用仲恺高新区在电子信息、新能源和光机电一体化等产业方面形成的品牌、技术和人才集聚优势，鼓励企业间进行技术合作和产业对接，加强人才的交流、互动和培训，争取将仲恺高新区的优势产业延伸到环大亚湾新区，进而做大做强惠州市的优势产业，围绕战略性新兴产业，培育新的产业优势，提升惠州市整体的核心竞争力。仲恺高新区也要利用环大亚湾新区这一新平台，主动发挥其产业的辐射作用，利用环大亚湾新区正在形成的物流、港口、机场等优势，通过合作和竞争来不断提升其产业基础和创新能力。实际上，惠州市着力打造广东省石化数码产业名城，正是利用和整合了两个开发区各自的优势，来构建新的优势。同时，也要通过两个国家级开发区的互动和合作引领惠州市各类开发区的互动合作。

（三）发挥环大亚湾新区滨海旅游特色，全方位推进惠州旅游休闲度假基地一体化建设

环大亚湾新区滨海旅游资源特色明显、优势突出，巽寮湾、平海古城、海龟湾、双月湾、南门海、盐洲红树林、惠州海洋生态园、小径湾、东升渔村等自然、海洋、生态、人

文旅游景点争相辉映。以巽寮湾滨海旅游度假区为代表的滨海旅游在珠三角已形成一定影响，吸引了国内外一批有实力的企业投资经营。要利用好环大亚湾区域优良的生态环境资源，围绕滨海旅游度假这一品牌，加快环大亚湾休闲旅游度假基地建设，既是环大亚湾新区经济发展自身的需要，更是惠州全力推进粤港澳地区休闲旅游度假基地建设的需要。因此，环大亚湾新区旅游开发要突出惠州生态休闲旅游特色，围绕惠州三大旅游体系，五大旅游品牌和十条精品线路，紧扣"休闲惠州·度假胜地"形象。一要积极推动环大亚湾滨海旅游开发和罗浮山－南昆山－龙门温泉旅游开发的一体化建设，环大亚湾滨海旅游休闲度假基地建设要与罗浮山－南昆山－象头山森林度假品牌、龙门温泉养生旅游品牌统筹规划，共同开发。二要依托多家高尔夫球场，利用滨海资源开发水上运动等高端项目，打造运动休闲旅游品牌。三要发掘东坡寓惠文化、东樵宗教文化、东江惠州民俗文化和东江革命历史文化，打造惠州特色的文化旅游品牌。四要大力发展旅游主题公园和红色旅游、乡村特色旅游，完善旅游配套基础设施，开通联系主要景区的公交旅游专线。

二、积极推动深莞惠一体化建设

改革开放以来，深圳和东莞先后从惠阳独立出来，分别创造了深圳模式和东莞模式。随着《珠三角地区改革发展规划纲要2008～2020》的实施，珠三角一体化进程提速。2009年以来，深莞惠三市政府多次聚首，签订了一系列框架协议，深莞惠一体化正式起步。根据相关协议，深莞惠一体化建设将从发展战略、城市规划、基础设施、区域创新、市场体系、产业结构、社会管理、环境保护、资源保障、城市文化等十大方面全面推进。环大亚湾新区作为连接深莞惠的核心功能区，在深莞惠一体化进程中承担着重要的示范和引领作用。

（一）积极推进城市基础设施软硬件一体化

高起点编制《深圳龙岗、东莞清溪与惠州大亚湾西区基础设施一体化规划》，加快深莞惠相邻地区基础设施高标准对接和一体化建设步伐。加强在路网规划、征地拆迁、站场对接、建设标准、管理方式等方面的一体化建设，着力推进深莞惠城际线、厦深沿海铁路等骨干交通走廊建设，合理规划港口、机场功能，加强惠州港和盐田港、深圳机场和惠州机场的合作。

深化《深莞惠交通运输一体化协议》，加快环大亚湾区域交通运输与深圳一体化步伐。根据环大亚湾新区城镇特点和产业发展的要求，统筹公路、铁路、水运、航空、管道等多种运输方式，通过制度创新、管理创新和区域协调，提高综合运输效率，打造服务于深莞惠的区域性交通枢纽，实现货运"无缝衔接"，客运"零距离换乘"。

（二）积极推进"坪清新"产业示范区建设

高起点编制《坪新清产业合作示范区规划》，着力打造深莞惠产业合作示范区，带动环大亚湾新区产业率先与深莞对接。打破行政管理体制制约，从土地、税收、财政、投融资、城镇化和社会服务等方面入手，提升政府合作水平，以市场经营为主体，以大企业为桥梁，实现优势互补、资源共享、产业互动、利益分享，提高土地集约利用水平，推动城市化向更高的层次发展，实现城际、城镇、镇际之间产业互补和协调发展。

将"坪新清"国际低碳项目建设作为深莞惠合作的示范平台，积极发展绿色低碳产业，带动环大亚湾新区的可持续发展。2012年，深圳将绿色低碳作为城市化发展的一个重要战略，在龙岗区坪地镇规划建设"深圳国际低碳城"，与荷兰开展全面的技术和产业合作。环大亚湾新区的惠阳新墟镇与深圳坪地镇和东莞清溪镇已达成共识，共同参与国际低碳项目建设。同时，环大亚湾新区其他区块（园区）可以选择欧洲的英国、德国、瑞典、挪威和奥地利等国家开展产业、旅游、建筑节能、社区等方面的低碳合作，发展低碳、绿色、生态产业。导入清洁生产技术，建筑节能技术，大力发展循环经济，建设各具特色的低碳园区。

共建"坪新清"创新科技服务平台，带动环大亚湾新区发展转型。发挥区位优势、生态环境优势、公共服务优势、基础设施优势和制度创新优势，营造一个有利于高端人才集聚、创新型机构入驻和风险投资活跃的环境，吸引优质高端要素集聚。利用深圳、东莞、仲恺高新区和大亚湾开发区的产业基础，着力引进研发、设计、检测、鉴定、认证、培训等生产性服务环节，打造立足惠州、服务珠三角、辐射全国的科技转化和创新服务平台。

（三）共建环大亚湾滨海旅游休闲度假基地

统筹陆海旅游资源，以大亚湾、大鹏湾和红海湾为载体，全面整合深莞惠旅游资源，提升旅游服务水平，培育精品旅游线路，打造特色旅游品牌。共同开发旅游市场，全面推进环大亚湾滨海旅游休闲度假基地建设。

全面整合旅游资源，共同开发旅游市场。要将环大亚湾区域旅游开发作为深莞惠旅游合作的重要内容，全面整合旅游资源，统一规划旅游路线，统一旅游服务标准，主动引入深圳和东莞的旅游企业，鼓励旅游交通服务业的跨区域集团化发展、网络化经营，共同开发旅游市场。

发挥大亚湾滨海度假旅游特色优势，逐步形成以滨海度假旅游为基础、观光旅游和度假旅游融合发展、专项旅游为补充的旅游产品结构。根据市场需求，在推进旅游景区、度假区和特色旅游项目建设的同时，围绕环大亚湾新区旅游特色，着力培育几大旅游产品，推出几条精品旅游线路，打造面向珠三角，服务港澳台，与大亚湾自然环境和旅游资源优势相匹配的旅游品牌形象，逐步形成大亚湾度假旅游的特色竞争力。

建立与珠三角旅游市场发展相适应、具有惠州特色的住宿服务体系。深莞惠三地旅游管理部门要定期发布三地住宿业发展报告，加强价格服务监管，引导住宿业良性有序发展。大力发展滨海高端度假酒店、适度发展商务酒店、青年旅馆、乡村旅馆和汽车旅馆，鼓励家庭旅馆经营。突出惠州本地文化和美食特点，鼓励发展各类文化主题酒店。继续引进国内外著名酒店管理品牌，培育形成本土酒店管理品牌，推进经济型酒店连锁经营，品牌化运作。

三、积极推动与香港的经贸合作

深入贯彻落实《内地与香港关于建立更紧密经贸关系的安排》和《粤港合作框架协议》，进一步深化粤港合作，争取先行先试，提升惠港合作机制。利用环大亚湾新区这一区域"新平台、新品牌"，全面对接香港，积极推动港深惠一体化。

（一）积极利用和提升粤港合作机制

主动参与粤港联合举办的各种经贸活动。一是主动参加由粤港两地政府联合在香港举办的粤港经济技术贸易合作交流会、中小企业国际市场推广日、香港春季电子产品展、国际信息科技博览等，加强与香港在服务、物流、金融等领域的合作，推进资金、技术、人员、原材料、信息双向流动。二是主动参加两地政府联合在国外举办的活动，如粤港—欧洲经贸合作交流会、粤港—澳大利亚经贸合作交流会、粤港—印度经济技术贸易合作交流会、（孟买）粤港时尚生活展、粤港—波兰经济技术贸易合作交流会等，提升环大亚湾新区参与粤港和国际经贸合作能力。三是引导企业利用粤港网络平台开拓市场，鼓励当地企业参加由广东省外经贸厅与香港贸发局联手共建的"粤港国际商贸通"平台、"广东出口产品专区"，通过电子商务平台进一步拓展国际市场。

（二）开拓惠港合作新机制

在利用好现有惠港合作机制的基础上，将环大亚湾新区作为一个新兴"区域品牌"，努力拓展新的合作机制。惠州市已与香港世联顾问、香港贸发局、香港生产力促进局签署了合作协议，环大亚湾新区开发一定要争取和利用好这些协议。首先，要利用好与香港世联顾问签署的《合作招商协议》，将环大亚湾新区作为新的合作平台，提高招商引资的质量和水平。其次，利用好与香港贸发局签署的《战略合作框架协议》，引导和组织企业参加香港贸发局举办的专业展览和"区域品牌"推广计划，利用贸发局展会、刊物杂志和电子商务"三合一"的全方位推广平台，将环大亚湾新区作为一个特殊的"区域品牌"来推广。其三，利用好与香港生产力促进局签署的《推进惠州市加工贸易企业转型升级合作协议》，积极参与加工贸易企业转型升级辅导平台，通过多种形式的辅导培训班，促进加工贸易企业转型升级。最后，还要利用各种机会加强与香港投资推广署、香港工业总会、香港中华厂商会等机构的联系，逐步建立长期友好合作关系，共同探讨惠港两地合作开发环大亚湾新区的新模式。

（三）主动参与惠港高新技术产业合作试点

惠州市政府与香港生产力促进局、广东省科技厅已签署合作备忘录，将惠州仲恺高新区作为粤港联合推进高新技术产业开发区发展的试点，加快发展高新技术产业，促进产业优化升级。环大亚湾新区要依托大亚湾开发区，将相关合作试点的六项内容延伸过来。一是进行重点园区可持续发展模式研究。二是推进开发区公共服务平台建设。三是促进产业发展，以研发、设计、低碳、绿色、节能减排、清洁生产等为切入点，试点推动开发区 2 个重点产业（如精细化工和汽车零部件产业）发展。四是促进企业成长，首批试点扶持 2 家重点企业。五是完善相关金融环境，首批选择 2 家有潜力企业推荐给国际产业投资基金或风险投资基金。六是开展专题培训服务。每年组织 8 个培训班或专题研讨活动。

（四）全面对接深港，积极推动港深惠一体化

围绕《粤港合作框架协议》，全面对接深港。深圳作为全国改革开放排头兵，人均GDP 已经达到中等收入国家水平。深圳的发展不仅带动了珠三角经济快速发展，也为香港经济注入了活力。《粤港合作框架协议》签订以来，港深两地城市基础设施基本实现了对接，经济发展水平开始趋同，港深一体化已经起步，为两地经济发展开辟了新的空间。港深一体化带动了深圳经济转型，促进了科技创新能力的提高，研发、设计、品牌、市场营销方面的集聚能力和国际竞争力不断增强，经济辐射能力显著提高。深港合作和一体化进程不仅促进深港制造业和现代物流等服务业向惠州转移，也提升了惠州利用外资的质量和水平，一批技术起点高的外资项目开始落户惠州，环大亚湾新区已经成为惠州全面对接深港的核心功能区。环大亚湾新区应认真落实《粤港合作框架协议》，按照珠三角五个一体化规划的要求全面对接深港。

全面深化各种形式惠港合作机制，积极推动港深惠一体化。利用落实 CEPA 及先行先试政策重点城市的优势，拓展创新港深惠合作机制，争取签署惠、深、港三地《战略合作框架协议》，主动参与香港、深圳的各种合作机制、专业展览会和"区域品牌"推广计划，争取香港、深圳的部分专业展会和分会落户环大亚湾新区。将环大亚湾新区作为港深惠技术合作平台，整合三方优势，利用环大亚湾新区的空间，吸引欧美日韩精细化工、

汽车核心零部件、电子信息核心组件等行业世界 500 强企业的设计和研发中心进入。

（五）深化现代服务领域的惠港澳合作

围绕"粤港合作框架协议"，以港深惠社会服务一体化为目标，全面落实 CEPA 及先行先试政策重点城市，推动现代服务领域合作，全面提升社会服务领域的对外开放水平。

交通运输服务。依托香港国际航运中心、澳门旅游博彩业、深圳盐田港和惠州港高速发展的优势，通过优化口岸联检，促进港澳航线快速发展。创造条件，开通惠东港至香港和澳门的客轮和游船航线。增加粤港直通班车在惠州的停靠站、售票点和配客点，将停靠站延伸到稔平半岛的主要功能区。引导港澳投资者开展道路货物运输业务、机动车维修业务。

旅游度假服务。深化《惠港旅游紧密合作框架协议》的同时，尽快与澳门相关机构签订类似合作协议。加强惠港澳三地在信息共享、市场开拓、业务互助、开设分支机构方面的合作，全面提升环大亚湾区域的旅游服务标准和质量。进一步加强与港澳旅游署、旅游业协会的合作，将惠州和环大亚湾区域的旅游资源，纳入港澳市场，通过港澳的媒体和网络，宣传惠州和大亚湾的自然风光、人文环境和休闲度假基地，将惠州和大亚湾作为港澳旅游市场的新品牌。

医疗卫生服务。结合环大亚湾新区医疗卫生体制改革，积极推进与香港医疗卫生合作体社区医护联盟合作的"惠港全科医师培训"制度，建立惠港两地全科医师的长效培训机制。利用 2012 年 5 月建立的惠港国际医疗中心、惠港医疗卫生培训中心，围绕大亚湾开发区在建中心医院，报请省市和国家相关部门同意，探讨与香港有关机构合办医院，试点引入香港执业医师。同时，在环大亚湾新区全面试点引入香港社区诊所、私人诊所和中心医院的运作模式、管理体系和医护标准，为全国和省市医疗卫生改革积累实践经验。

教育科技。争取国家支持，争取香港高等教育机构（大学）与内地知名大学在环大亚湾新区联合办学，独立办学或设立研究院，在更高的层次支撑粤港高新技术产业合作，推动香港现代服务业和广东先进制造业的对接，为珠三角地区培养具有国际竞争能力的高端人才。创造条件鼓励国家科研院所和重点高校在环大亚湾新区设立研究机构，在精细化工、电子信息、节能环保和汽车零部件等方面与香港进行技术合作。

职业培训。在环大亚湾新区，试点引入香港的职业教育培训机构、培训教材和培训标准，与深莞惠大专院校和培训机构合作，利用惠州积极承接港澳现代服务业转移的契机，以商务服务、旅游服务、市场服务、卫生服务、社区服务、环境服务等培训为重点，有选择性地开展各种形式的职业培训和在岗培训，为珠三角发展转型培养专业人才。

文化产业。利用惠州与香港历史人文联系，围绕惠州文化、人文景观和粤港澳影视拍摄基地，挖掘整理惠州历史文化、民俗文化、客家文化、道教文化内涵，结合两岸四地传统现代文化特点，积极开展各种形式的人文交流，主动参与港澳的各种国际文化交流活动，举办环大亚湾新区惠州国际文化节（周），提升惠州大亚湾的文化知名度和国际影响力。

四、创新对外开放方式

依托珠三角、紧扣"港深惠"和"深莞惠"这两个重要区域合作平台，发挥环大亚湾新区的区位优势、空间优势和资源优势，创新对外开放方式，全面提升利用外资的水平，促进加工贸易的转型升级，加大社会领域的对外开放步伐。

（一）全面提升利用外资水平

优化利用外资结构。把承接国内外先进制造业转移和促进区域内产业结构升级相结合，积极引导外资投向高新技术、先进制造、节能环保、现代农业、新能源和新材料等产业，鼓励外商投资现代物流、信息技术服务、工程咨询、商务服务、信息咨询、科技服务和节能环保服务等现代服务业，严格限制高耗能、高污染和低水平、产能过剩项目。坚持以我为主，争取生态环境、绿色低碳、海洋保护和社会发展等领域的国外优惠贷款，适度借用国际商业贷款。

丰富利用外资方式。在符合外商投资产业政策的前提下，鼓励外资以参股、并购等方式参与当地企业兼并重组，促进外资股权投资和创业投资发展。有效利用香港和深圳资本市场，支持有条件的企业在境内外上市；鼓励符合条件的企业通过发行债券（包括可转换债券）方式到香港融资。先行先试，积极探索排放权交易、应对气候变化以及服务外包等领域的利用外资方式。

增强利用外资效应。更加注重择优选资，促进"引资"、"选资"与"引智"结合，进一步发挥外资作为引进先进技术、管理经验和高素质人才的载体作用。鼓励跨国公司在环大亚湾新区设立地区总部、研发中心、培训中心、采购中心、维修中心、财务管理中心；鼓励外资投向科技中介、创新孵化器、生产力中心、技术交易市场等公共科技服务平台建设，积极培育研发服务、信息服务、创业服务、知识产权和科技成果转化等高新技术服务业。

（二）促进加工贸易转型升级

环大亚湾新区对外依存度低于全市平均水平，具有促进加工贸易转型的条件。2011年，环大亚湾新区经济对出口的依存度为38.9%，明显低于惠州市69.4%的平均水平，也低于全省63.6%的平均水平。其中，大亚湾开发区出口额占环大亚湾区域的42.6%，其经济对出口的依存度仅为29.4%。惠东县环大亚湾新区7个镇区经济对外依存度平均仅为12.9%。惠阳区出口额占环大亚湾区域出口的半壁江山，其经济对出口的依存度高于全市平均水平，为72.1%。近年来，惠州加贸企业的内销比重已经开始超过出口，2010年大亚湾开发区主动申请撤销出口加工区，在很大程度上反映了环大亚湾地区加工贸易转型已经步入良性发展轨道。2011年大亚湾开发区出口额增长10.1%；其中，一般贸易增长50.3%，"三来一补"企业出口下降5.4%。

——通过市场、技术、品牌等多种方式推动加工贸易转型升级。首先，完善有利于加工贸易转型的信息化"加贸平台"，实现外经贸、工商、房产、海关、加贸企业的多方联网，方便企业办理转型手续。其次，优化加工贸易产业结构，鼓励加工贸易与国内产业融合，促进加工贸易向产业链高端拓展，增强加工贸易对技术创新的依赖和需求。第三，鼓励女鞋中小型加贸企业抱团发展，加强行业自律，集团化经营，实行品牌化运作。最后，政府搭台、企业唱戏，通过各种形式的展销会、推介会、贸促会，提高"惠州企业"、"惠州品牌"和"惠州制造"在国内外的知名度，帮助企业创建自主品牌，建立自己的营销网络，开拓国内外市场。

——依靠技术进步和产业升级培育国际竞争新优势。利用深港技术、人才、信息、市场和服务优势，主动实施技术、品牌、营销、服务带动战略，推动出口从传统的生产成本优势向新的核心竞争优势转化，鼓励由"惠州制造"向"惠州创造"和"惠州服务"跨越。完善贸易、产业、财税、金融、知识产权政策，增强企业技术创新、自我转型的内生动力，夯实出口的产业和技术基础。大力培育出口品牌，支持企业在境外注册商标，建立营销网络，开展国际通行的产品、服务和管理体系认证，提高国际综合竞争力。

（三）建设港深惠一体化重要功能区，承接发达国家中高端产业转移

——依托大亚湾开发区，利用港深影响力，打造世界石化基地。以大石化、大乙烯为依托，吸引美国、英国、法国、荷兰、新加坡、韩国和我国台湾等石化深加工项目，以全球石化百强为引资对象，重点发展下游技术密集的精细化工，利用港深全球金融中心、航运中心的影响力和服务业优势，依托大亚湾开发区和惠州港，建设石化产品综合交易平台，着力打造亚洲石化产品物流中心。利用深莞惠基础设施和制造业配套优势，积极培育石化装备制造产业。

——利用港深全球经济中心的影响力，发挥港深惠制度、服务、人才、科技和空间的集聚和互补优势，吸引欧、美、日非石化制造业中高端产业的转移。依托专业园区汽车零部件、电子信息、光学玻璃等方面的基础，提高技术准入门槛，重点发展产业链中高端技术密集环节，吸引世界500强和行业百强的设计、研发、维修和培训服务等功能性机构，积极培育相关装备制造产业。

——提升港深惠基础设施一体化水平，发挥环大亚湾新区特色生态、旅游资源，吸引港澳和海外游客，建设港深惠休闲度假功能区。利用大亚湾优良的海岸资源、特色生态资源、历史文化资源和区位优势，发展休闲旅游、度假旅游、文化旅游、海洋旅游和特色旅游，吸引港澳和海外游客，打造港深后花园和休闲度假功能区。

（四）改革创新，提升国际物流水平和综合服务能力

——依托石化基地和专业码头，申请设立华南地区成品油保税仓、原油和 LNG 国际期货交割仓，提升大亚湾石化基地国际化水平，拓展其服务功能。成品油（主要为调和油）保税仓用于为过往国际船只补给燃料，原油和 LNG 国际期货交割仓可作为上海（香港）期货交易所国际石油期货交割仓，带动现代专业港口物流业发展。

——推进海关特殊监管区建设，提升环大亚湾新区国际配套服务能力。在惠州港主港区荃湾港区附近划出 0.8 平方公里地块申报综合保税区，开展保税物流，重点是石化产品离岸交易，期货交割，汽车、电子核心零部件产品配送、展示、检测和维修等国际业务及相关配套服务。2005 年，大亚湾开发区曾获批惠州出口加工区，后于 2010 年申请撤销，因此在同一区域申报新的海关特殊监管区一定要充分论证，必须有非常清晰的功能定位。

瞄准深圳海关改革创新，将其新增功能和服务延伸到惠州港海关。环大亚湾新区惠州港海关、惠东海关隶属深圳海关。深圳海关已在深圳海关科技信息综合楼业务大厅建立了接单中心，提供跨口岸、一站式通关服务，集中办理一线口岸的报关手续。将深圳海关接单中心功能延伸到惠州港海关，建立接单分中心，提供环大亚湾区域及其腹地的跨口岸、一站式通关服务。统一规划游艇会所设施，尽快申报游艇码头口岸。

（五）创新社会领域的对外开放方式

以深港惠一体化为基础，发挥环大亚湾新区的后发优势，加强教育科技和医疗卫生等领域的国际合作，全面提升社会服务领域的对外开放水平。

——教育科技合作。借鉴国内其他城市的经验，积极创造条件，争取欧美日和新加坡知名大学与内地大学在环大亚湾新区联合办学、独立办学或设立研究院。鼓励国外知名的研究机构、跨国企业在环大亚湾新区设立研究机构。

——医疗卫生合作。利用惠港医疗卫生合作机制，试点引入欧、美、日和新加坡等发达经济体的执业医师，来惠州讲学和短期行医。同时，在环大亚湾新区试点引入西方社区诊所、私人诊所和中心医院的运作模式、管理体系和医护标准。

专题十三

环大亚湾新区体制机制创新的路径选择

国内外区域发展特别是新区建设的经验教训表明，体制机制创新是环大亚湾新区建设的关键和基础。综合分析带内外体制机制条件的差异和实现发展目标的需要，我们认为，建设环大亚湾新区，在体制机制创新上关键是要解决好以下三方面问题：一是消除 3 个区县之间的行政壁垒，建立起统一高效的行政管理体制；二是密切环大亚湾新区与深圳、香港之间的经济联系，建立起一体化发展的合作机制；三是加强对土地、海洋特别是岸线资源统一管理，建立起与主体功能相适应的资源保护开发机制。只有这样，才能为环大亚湾新区建设提供强大动力和有效保障，使环大亚湾新区成为惠州及珠三角地区最具活力的经济增长极。

一、环大亚湾新区体制机制存在的突出问题

将辖区内几个行政区统一"打包"开发建设，充分发挥其独有的整体优势，形成发展新动力，推动这一区域更好更快发展并带动更大区域发展，是国内新区建设的普遍而较为成功做法。惠州市决定以环大亚湾新区名义将辖区内的惠阳区、国家级大亚湾经济技术开发区和惠东县沿海近海 8 个镇街统一"打包"进行开发建设，并作为今后 5 年全市三大战略性任务之首要任务。这既符合区域发展的一般规律，也是实现区域发展战略新突破的现实需要，无疑是一项正确而及时的战略抉择。但这样的区域体制"本底"，也带来了一系列体制机制问题。如果不能及时处理好这些体制机制问题，就难以产生出"1+1 ＞ 2"的效应，甚至会出现严重的体制内耗，延误区域发展的战略机遇，因此，必须高度重视环大亚湾新区建设中的体制机制问题。综合起来，我们认为，当前环大亚湾新区建设中的体制机制问题主要体现在以下几方面：

一是区内外体制的不协调。环大亚湾新区紧邻深圳经济特区，而深圳经济特区的体制机制改革一直走在全国的最前列，有着中央政府赋予的巨大体制机制优势和较大的立法自主权，在全国发挥着体制改革的标杆作用。环大亚湾新区所在的惠州市，这么多年来虽然着力推进体制机制创新，在城乡统筹和惠及民生等体制改革上取得了明显成效，

但是与深圳特区仍然存在着较大的体制"势差"。在深莞惠一体化建设中，最难的就是体制的一体化，也充分说明了这一点。这样的体制"势差"，对环大亚湾新区体制机制创新来说，既是巨大的压力更是强大的动力。

二是区内体制的不统一。惠阳、大亚湾开发区和惠东三个行政区虽然同属惠州市管辖，但是却分别代表着我国地级市中最具特色的三类不同性质的行政区体制：一个是城区管理体制、一个是开发区管理体制，另一个则是县域管理体制。每一类型的管理体制，都分别享受着不同的经济社会管理权限。这些不同的经济社会管理权限，有些是法律法规规定的，有些则是体制机制创新的产物。作为主城区重要组成部分，惠阳区直接受惠州市一级的管理，经济社会管理权限自主性较小；作为国家级的经济技术开发区，大亚湾区有着地级市的经济管理权限，经济社会管理权限自主性较大，是全市财政收入最大来源地；作为传统县级代表单位，惠东县则是实行着财政直接受省政府直接管理体制，财政上与市里发生联系较少。如何将这三类不同体制的区域统一组织起来进行开发建设，这对环大亚湾新区建设来说无疑是一项严峻的挑战。

三是资源环境管理体制的分散。经过这么多年来的开发建设，邻近的深圳、东莞已经面临着越来越突出的资源环境问题。而作为后发展地区的惠州市，却显现出了越来越明显的资源环境优势。资源环境，既是环大亚湾新区最大的优势所在，更是开发建设的潜力所在，也是发展的希望所在。近些年来，深圳、东莞发展的外溢效应已经开始在惠州显现，惠州也开始成为缓解深圳、东莞资源环境压力的重要出口，这集中体现在环大亚湾新区。但是，从目前环大亚湾新区开发建设现状来看，资源环境优势没有得到充分有效的发挥。土地、海洋特别是岸线资源缺乏统一管理，三个行政区各自对外招商引资，而镇街往往又成为招商引资的主体，资源开发的开发秩序较为混乱。这样不但大大降低了开发效率和效益，而且还会给未来的发展形成巨大的成本和障碍。如何尽快形成统一高效的资源环境管理体制，是环大亚湾新区开发建设不可回避的重大体制改革任务。

四是缺乏更高层级的决策支持。现有的公开信息资料表明，环大亚湾新区建设目前只是惠州市一级的战略决策，还没有影响到更高行政层级的决策，更没有得到来自上级的明确改革创新授权。而作为地级市，在体制机制上的创新空间和回旋余地是十分有限的，所能组织动员的资源力量也是十分有限的。将环大亚湾新区建设尽快转变为省政府的战略决策，并积极争取上级的体制机制创新授权，是环大亚湾新区建设的一大关键因素。

二、创新环大亚湾新区建设管理体制

行政管理体制的调整和优化，是新区建设的关键因素和基本体制条件。环大亚湾新区行政区划较为复杂，包括一个副地级的国家级经济技术开发区，一个市辖区和一个县的部分镇街，国土面积与深圳相当，客观上需要有更高行政层次上的统筹协调。可以说，环大亚湾新区建设能否取得预期成效关键在于能否建立起一个统一高效的行政管理体制。

环大亚湾新区内各个区县、镇街的开发建设现状也充分表明迫切需要建立起强有力的统一领导协调机构。目前，惠阳区、大亚湾开发区、惠东县等三个县（区）均独立编制完成了各自的总体规划，正在积极推进控制性详细规划及各专项规划的编制工作，由于各自为政，三地的总体规划都侧重于内在系统的合理性，而疏于区域间的规划协调，在规划定位、产业布局、综合交通、基础设施及环境保护等诸多方面没有体现优势互补、错位发展、资源共享、互联互通的区域规划诉求。又由于三地经济发展的不平衡，也导致规划实施难以同步。

为此，建议近期在惠州市政府设立环大亚湾新区建设办公室（简称"湾办"）。湾办主任由市长兼任。湾办的主要职责是根据市委市政府的决策部署，讨论决定环大亚湾新区开发建设的重大事项，负责组织实施环大亚湾新区规划，突破行政区划约束，整合惠阳、惠东、大亚湾的资源优势，形成发展合力。

根据各地滨海地区开发建设的成功经验，在中远期应以大亚湾经济技术开发区为主体，将环大亚湾新区设置为一个单独的市辖区——大亚湾新区，与大亚湾经济技术开发区管理委员会合署办公，一个机构两块牌子。

专栏 13—1

天津滨海新区管理体制沿革

天津滨海新区是东北亚地区通往欧亚大陆桥距离最近的起点，是从太平洋彼岸到欧亚内陆的主要陆路通道，也是华北、西北以至于中亚地区最重要、最便捷的海上通道。滨海新区拥有海岸线 153 公里，陆域面积 2270 平方公里，海域面积 3000 平方公里。

天津滨海新区的管理体制随经济发展而设置：1994 年，天津市决定 10 年基本建成滨海新区，成立了新区领导小组，翌年，成立了新区领导小组办公室；2000 年设立了滨海新区工委和管委会，并赋予组织编制规划、确定产业布局等职责；2002 年，天津市人大常委会颁布了新区条例。

原来的天津滨海新区包括塘沽区、汉沽区、大港区 3 个行政区和天津滨海高新技术产业开发区（滨海高新区）、天津经济技术开发区、天津港保税区、南港工业区、东疆保税港区、中新天津生态城、天津港、滨海旅游区 8 个功能区以及东丽区、津南区的部分区域，近年功能区拓展为 9 个。

"大"区套"小"区，"区"中有"区"，自家人讲不清楚，外来客更听不明白。有人曾把这里称为"三方四国"的"独联体"。原来的新区里共有7个公安分局、5个工商局、6个国税局和5个地税局、6个法院机构、5个检察院机构。新区的核心区塘沽重叠机构更多，造成了管理效能难以提高，协调难度大，行政效率低，运行成本高等问题。

首先是规划难以统一实施。塘沽区、汉沽区、大港区总体规划由天津市审批，控制性详规由各区自行审批，项目和土地按权限分别由市主管部门和各区审批，缺乏与新区整体规划的衔接，影响整体规划的统一、严肃和权威。

其次是产业聚集效应难以实现。功能区与行政区的职能分工交叉，各区域相互独立，大而全、小而全、各自为政，不同程度存在重复建设和产业雷同。

此外，新区各功能区、行政区的经济政策和审批权限不统一，招商引资存在无序竞争现象，使整体优势难以发挥。功能区拥有财力优势，但不掌握土地等要素，行政区拥有土地资源，但缺乏财力支撑，造成土地、资金、人才、技术等生产要素流动不畅，影响了新区的整体竞争力。

2008年3月，国务院批复的《天津滨海新区综合配套改革试验总体方案》要求："推进行政管理体制改革，转变政府职能，建立既集中统一领导又发挥各方优势、充满生机与活力的管理体制"。

2009年11月，国务院批复同意天津市调整部分行政区划，撤销天津市塘沽区、汉沽区、大港区，设立天津市滨海新区，以原三个区的行政区域为滨海新区的行政区域。国务院要求，上述行政区划调整涉及的各类机构要按照"精简、统一、效能"的原则设置，严格执行中央关于厉行节约的规定和国家土地管理法规政策，加大区域资源整合力度，优化总体布局，促进区域经济社会协调健康发展。

这次天津滨海新区管理体制改革的主要内容：

1. 建立统一的行政架构。撤销滨海新区工委、管委会，撤销塘沽、汉沽、大港现行建制，建立滨海新区行政区，辖区包括塘沽区、汉沽区、大港区全境。

2. 构建精简高效的管理机构。建立滨海新区区委、区人大、区政府、区政协，同级机构比原有3个行政区大幅度精简，领导职数和行政编制也相应减少。

3. 组建两类区委、区政府的派出机构。一类是城区管理机构，成立塘沽、汉沽、大港3个工委和管委会，主要行使社会管理职能，保留经济管理职能。一类是功能区管理机构，成立9个功能区党组和管委会，主要行使经济发展职能。

4. 形成新区的事在新区办的运行机制。赋予新区更大的自主发展权、自主改革权、自主创新权。凡属于天津市权限范围内的，新区可以自行决定的事情，原则上都下放给新区。凡新区能办的事，支持先行先试。凡新区需要报送国家审批的事项，市有关职能部门不再审批，按程序报送。

专栏 13-2

陕西省西咸新区开发建设体制变化

根据国务院批准实施的《关中——天水经济区发展规划》，为加快推进西咸一体化建设，着力打造西安国际化大都市，陕西省政府决定设立西咸新区，确定范围为西安和咸阳两市接合部，规划面积为 882 平方公里，其中建设用地 272 平方公里。

2011 年 5 月 31 日，陕西省省委、省政府决定，西咸新区开发建设体制由原来的"省市共建，以市为主"调整为"省市共建，以省为主"，原推进西咸新区建设委员会办公室调整为西咸新区管委会及党工委。这一重大调整主要是基于西咸新区规划制定后进入了全面开发建设新阶段的要求，也是为了顺应广大干部群众要求加快新区建设的新期待。

陕西省省委、省政府认为，在西咸新区建设规划批准通过后，要加快开发建设步伐。但开发建设如果仍然沿袭原有的方式和模式就会有问题，因此，省委、省政府决定，西咸新区由原来的协调机构变成现在的实体机构，作为一个实体开发区，在省委、省政府的直接领导下，在西安、咸阳市委、市政府的鼎力支持下进行开发建设，而且选调了一些党性好、实践能力强、有开发建设经验的同志参加开发区的领导工作。

陕西省省委、省政府的决定，由省委常委、副省长江泽林同志兼任管委会主任和党工委书记，由西安市委常委王军同志做常务副主任、党工委常务副书记，协助江泽林同志主管管委会的日常开发建设工作。省发改委副主任，西安市委常委、副市长和咸阳市委常委、副市长三位同志为兼职副主任。基于未来西咸新区土地开发管理工作的极端重要性，既要大力开发建设，又要不违反国家法规政策，还要处理好城乡统筹，解决好征地农民的利益等，将省国土资源厅一名副厅长调任到管委会工作。省住房和城乡建设厅总工程师也被任命为管委会副主任兼总规划师，负责西咸新区规划的实施和分组团规划的制订。

三、优化与深圳、香港的合作机制

毗邻深圳、香港，是环大亚湾新区最大的地缘优势。充分发挥好这一地缘优势，是建设好环大亚湾新区的希望所在。紧紧抓住深圳、香港产业转型升级的历史机遇，积极参与新一轮产业分工合作，努力缩小与深圳、香港的体制"势差"，形成人才、资金、技术和信息等生产要素的交流机制，推动在环境保护、公共服务等方面的全方位合作。

——设立与深圳、香港合作专项引导资金。在市财政预算中专门安排与深圳、香港合作引导资金，支持惠州基础设施与深圳的无缝化对接，推动与深圳、香港的产业发展合作，积极打造珠三角经济一体化先行区。

——落实环保联防机制。以规划为先导，以推进坪山河、淡澳河综合整治为突破口，健全流域联合管理机制。构建大气污染综合防治体系，切实改善大气环境质量。共建对接环境基础设施，建立完整的区域生态安全体系，建立统一的环境信息披露、跨区域联合执法、环境事故应急处理协调联动机制，提升区域环境监测预警与应急能力。

——建立公共服务合作机制。推动实施珠三角区域统一的就业服务政策，推进与深圳的公共就业服务待遇互认，加强区域间在教育、科技、卫生、文化体育、社会福利、社会救助和公共安全保障等领域的合作，探索区域间在社会公共服务设施上的共享机制，有效提高各地居民生活水平。

四、积极筹建与惠州港定位相适应的保税物流港区

保税物流港区，是中国特色的自由港，是目前国内开放层次最高、优惠政策最多、运行规则基本与国际接轨的一种新的自由贸易港区模式。近年来，惠州市政府和惠州地区海关已经为保税物流园区建设进行了大量的前期工作，为建设大亚湾保税物流港区的顺利开展打下了较好的基础。

——明确建设保税物流港区的重要意义。建设保税物流港区，是破解惠州地区海关自身发展瓶颈、推动惠州深化改革开放的现实需要。在现行海关通关监管模式下，惠州地区货物流转手续比较复杂，区域的整体效能没有得到很好发挥，急切需要建设与惠州港定位相适应的保税物流港区，提高惠州地区物流发展水平。

——明确保税物流港区的功能定位。大亚湾保税物流港区的功能定位：在保持出口加工发展规模的基础上，把国际贸易、保税物流和石化数码基地等功能作为今后的发展重点，进而为中外贸易和生产企业构建一个快速集并、拆装、中转、分送的服务平台，形成以现代物流产业为核心的大流通、大经贸、大辐射、大市场的发展格局。

——优化保税物流港区的区域布局。 以惠州港集装箱码头为中心，科学布局码头作业区、保税物流区、保税加工区和管理服务区等功能区，保障整个税物流港区的最大化发挥。

五、创新海洋及岸线资源管理体制

海洋及岸线资源，是环大亚湾新区开发建设的最宝贵资源和核心竞争力所在。目前，环大亚湾新区开发建设中最突出的问题就是海洋及岸线资源的无序和低效开发，必须尽快扭转这种不利局面。创新设计出一整套海洋及岸线资源保护开发新机制，使海洋及岸线资源得到合理有序、高效永续利用，对环大亚湾新区建设具有极其重要的现实意义。

——建立与主体功能相适应的激励型财政机制。在合理划分生产、生活、生态和旅游四类岸线的基础上，加大财政资金对生活、生态岸线的支持保护力度。

——创新海域保护与开发利用新机制。探索开展用海项目凭海域使用权证书按程序办理项目建设手续试点。推进建立海域使用并联审核机制，项目用海的海域使用论证、环境影响评价等同时进行，提高审批效率。

——创新海洋管理体制。充分发挥《广东海洋经济综合试验区发展规划》赋予的先行先试的政策，在区域建设用海、海域使用直通车制度、海域使用审批制度等方面先行先试。

六、推进金融体制改革创新

推进金融体制改革创新，既是环大亚湾新区建设的重要内容，也是解决环大亚湾新区建设面临的资金投入问题的根本途径。必须利用全新理念和手段，丰富环大亚湾新区的金融资源，优化金融资源利用方式，提高金融资源的开发利用效率。

——吸引更多金融机构落户。鼓励引导银行、证券、期货、保险、信托、金融租赁等金融机构在环大亚湾新区设立分支机构，开展业务合作，加大对环大亚湾新区重点基础设施和重点企业的支持力度。

——设立产业投资基金。积极争取国家批准设立产业投资基金，吸引企业和机构投资人参与环大亚湾新区建设，为环大亚湾新区建设提供稳定的资金来源。

——规范发展民间金融。合理引导民间资金流向，推动民间金融的正规化、合法化。建立包括各类企业法人和自然人在内的信用数据库，健全社会信用体系。拓宽民间资本参与环大亚湾新区建设的投资渠道。

——积极开展金融创新试点。大力开展担保方式创新，拓宽贷款担保物范围，积极开展应收账款质押贷款业务，探索开展土地使用权、林权和海域使用权抵押及股权、专利权质押融资试点。创新融资方式，支持在战略性新兴产业、小企业自主创新和技术改造等领域开展小企业集合信托债权基金试点工作，拓宽区域内小企业融资渠道。鼓励开展建设—经营—移交（BOT）、建设—移交（BT）、融资租赁等多种形式的项目融资，为环大亚湾新区重点项目建设服务。

——培育良好的金融生态环境。综合运用法律和经济手段，加强宣传舆论监督，建立和完善社会信用的正向激励和逆向惩戒机制，培育良好的信用环境。广泛开展企业信用评级和信用社区、信用企业建设，营造重信用、讲诚信的社会风气。建立健全征信体系，广泛向金融、税务、公安、房管、土地、车管、保险、商家采集客户信用数据，鼓励发展专业中介机构，提升服务水平和社会信誉。

七、创新城乡一体化发展体制机制

推进统筹城乡发展综合改革试点，是《珠三角规划纲要》赋予惠州的光荣使命，也是环大亚湾新区建设的重要内容。在环大亚湾新区推进统筹城乡发展综合改革试点，应以实施城乡基本公共服务均等化为重点，并力争通过 3 年的努力，将环大亚湾新区建成全省基本公共服务均等化示范区。

——完善城乡基本公共服务均等化制度。建立健全促进城乡基本公共服务均等化的资金投入保障机制、均衡配置机制、多元参与供给机制和考核监督评价机制。

——建立城乡均等的社会保障制度。积极推动城乡养老和医疗等基本保障制度的并轨，建立城乡同一标准的基本社会保险制度。

——加快户籍制度改革。进一步放宽环大亚湾新区进城落户条件，允许符合一定条件的农村本地居民在环大亚湾新区城镇落户。

——深化土地管理制度改革。推动农村集体建设用地使用权流转，逐步实现集体建设用地与国有土地同地同价，建立统一的土地市场。允许港澳资企业与内地企业成立项目公司，依法进行土地一级开发。

——探索发行"义务教育券"和"住房保障券"。面向符合一定条件的人口，发行"义务教育券"和"住房保障券"，以推动义务教育资源、保障性住房资源公平合理配置和利用。

——推动外来人口本地化。完善流动人口管理，提高社会管理服务水平，逐步实现具备一定条件的外来务工人员享受与本地居民同等待遇。

八、强化经济发展的微观基础

在环大亚湾新区建设中，既要重视宏观经济管理体制的改革创新，更需要强化经济发展的微观基础。进一步优化投资软环境，努力减轻企业各种负担，形成国有资本、民营资本和外商资本有序竞争活力尽现的发展新格局。

——发挥好国有资本的战略作用。加快环大亚湾新区的国有资源整合，推动国有资产资本化，更好地发挥国有资本在产业发展、基础设施建设中的引导和带动作用。进一步完善国有资产监督管理制度，规范国有产权交易，确保国有资产保值增值。推进市政公用事业改革，扩大环大亚湾新区供水供气、污水和垃圾处理等特许经营范围。

——增强民营企业的生机和活力。全面落实和完善促进中小企业和非公有制经济发展的各项政策措施，深入推进商事制度改革，确保中小企业及非公有制企业在市场准入、财政税收、信用担保和投融资等方面，与国有企业享受同等待遇。健全中小企业多层次信用担保体系及信用担保风险补偿机制，推进区域性再担保试点。大力实施企业成长计划，推进环大亚湾新区重点产业集群示范建设。

九、创新基层社会管理体制

环大亚湾新区建设的重点无疑是经济发展和经济体制的改革，但是决不能忽视社会发展和社会管理体制的创新。坚持经济社会协调发展，探索建立适合环大亚湾新区特色的社会管理体制，是环大亚湾新区建设的重要任务之一。我们认为，创新基层社会管理体制，是环大亚湾新区创新社会管理体制的重要突破口，也是比较容易形成特色和亮点的地方。

——完善村（居）民自治制度。探索村（居）民自治组织与集体经济组织相分离，实行"职能、资产、财务、机构、人员"五分开，推动村（居）委会和农村"两委"主要职责转向公共服务、社会管理和维护社会稳定。探索非户籍常住人口参与城乡社区自治的途径。

——推进社会工作者制度。大力发展城乡社区社会组织，推进社区社会工作者和志愿者服务队伍，为社区居民提供专业化的规范服务。

——探索物业管理新模式。根据社区发展的新需要，探索物业管理与社区管理相结合的新模式。

专题十四

十大战略性工程

环大亚湾新区是惠州具有重要支撑引领作用的新兴增长极，也是珠江口东岸地区正在崛起的具有巨大开发潜力的战略性板块。为加快环大亚湾新区发展，再造一个新惠州，需要按照"产业—城市—海域"联动开发建设模式，合理安排开发时序、开发重点和开发方式，选准一些事关经济社会发展全局的关键项目，集中有限资金和资源，力求实现重点突破，从容有序发展。

一、世界级生态型石化产业基地建设工程

石化工业是惠州市重要的支柱产业和新的经济增长点，在国民经济中占有十分重要的地位，也是形成环大亚湾新区的重要推力。

（一）发展思路

充分利用新区港口和区位优势，发挥石化园区各自产业分工和区域内要素资源配置的综合优势，按照循环经济理念，以基地化、园区化和一体化的布局原则，以大亚湾石化产业园区为核心，以中海油炼化一体化项目为重点，以提升石化产业价值链为导向，以加强生态环保建设为手段，全力推进世界级生态型石化基地建设。到 2015 年左右，石油炼制、乙烯和芳烃生产能力分别达到 2200 万吨、220 万吨和 100 万吨，规模进入世界30 强行列，世界级生态型石化产业基地初步形成。到 2020 年，石油炼制、乙烯和芳烃生产能力分别达到 4000 万吨、350 万吨和 200 万吨，进入世界石化行业 10 强行列，建成世界级生态型石化产业基地。

（二）重点工程

——加快建设中海油二期 1000 万吨／年炼油和 120 万吨／年乙烯项目，落实中海油炼化一体化三期项目用海、用地，加强资源和环境综合评估，积极推动项目申报实施，

全面提升石化区产业整体规模，奠定建设世界级生态型石化产业基地的基础。

——严格标准，优选入区企业，完善乙烯下游系列产品、丙烯下游系列产品、C4下游系列产品、芳烃下游系列产品四条产业链，壮大石化下游深加工产业集群，为高端精细化工和化工新材料产业集群提供原料和中间体。

——积极发展高端精细化工和化工新材料产业，逐步提高环大亚湾新区石化产业的精细化工率，使环大亚湾新区初步形成高端精细化工和化工新材料产业集群。

——开发利用国际一流的资源循环利用和环境保护技术，推动产业清洁低碳化发展，加强环境保护与综合整治。

二、百里国际滨海旅游长廊建设工程

环大亚湾新区依山旁湖，沿河滨海，温泉、森林、海滨等旅游资源丰富，是珠江口东岸发展休闲度假旅游条件最好的区域，也是粤港澳生活圈的后花园。

（一）发展思路
以稔平半岛、霞涌滨海旅游资源为依托，以商务休闲度假旅游为特色，强化滨海旅游资源开发管制和生态环境建设，构建"百里国际滨海旅游长廊"。

（二）重点工程
——以规模开发、整体开发和合作开发等方式，打造稔平半岛巽寮湾休闲旅游度假区、双月湾文化生态观光体验区、范和湾海洋生态度假区、考洲洋海洋生物观赏区和大亚湾区霞涌商务会议疗养度假区等一批精品景区，发展会议培训、商务休闲、疗养度假、生态体验、海上运动等一批高端旅游项目。

——加快推进霞涌海滨路、范和湾海滨路、稔平半岛海滨路、港口至盐洲公路，改扩建县道210和213等工程，建设环大亚湾百里滨海景观廊道。

三、珠三角现代化高端制造基地建设工程

环大亚湾新区是惠州市重要的制造业板块之一，也是珠三角地区具有较大发展潜力的区域之一。在国内经济结构调整升级的大背景下，立足现实，着眼未来，打造珠三角制造业转型升级的新平台，是珠三角制造业率先转型升级的必然要求，也是环大亚湾新区实现又好又快发展的必然抉择。

（一）发展思路

依托"珠三角"，辐射带动粤东和粤北地区，大力实施高端化、品牌化、绿色化、国际化战略，率先实现制造业由主要依靠资源消耗向创新驱动转变、一般制造向高端制造转变、粗放式增长向集约型发展转变。按照"提升发展高端电子信息产业——优化发展先进制造业——培育发展战略性新兴产业"的基本构想，建设特色鲜明的全球先进制造业研发与制造基地，打造具有国际影响力的产业集群。

（二）重点工程

——按照高端化、集聚化的原则，优化提升传统优势产业和培育壮大新兴产业相结合，大力发展高端电子信息产业、先进制造业和战略性新兴产业，打造汽车零部件、高端电子信息制造、先进装备制造三大具有国际影响力的产业集群。

——建设大亚湾西部综合产业区、镇（隆）新（墟）新兴产业区、坪山－惠阳（秀水）经济合作区、白花加工制造区等一批具有专业化特色产业园区，培育和壮大一批具有核心竞争力的本地企业，扶持一批具有自主知识产权的知名企业和产品品牌，打造一批百亿级企业集团。

——强化与深港和国际合作，以大亚湾开发区科技创新园、新兴产业园和惠阳经济实验区等科技园区为载体，加强企业孵化器和加速器建设，培育重大科技成果转化示范企业，构建富有活力的技术创新和人才支撑体系，建设特色鲜明的珠三角现代化高端制造基地。

四、惠阳现代服务业建设工程

环大亚湾新区建设与发展不仅需要做好现代制造、石化基地这篇老文章，更要谋划、谱写好现代服务这篇新文章，使惠州在不断做大经济总量的同时，为珠江口东岸地区、港澳特区及整个珠三角地区提供更多、更完备的现代服务，在珠三角世界级城市群建设中发挥惠州的独特作用。

（一）发展思路

以淡水河流域为重点，紧紧依托珠三角地区服务市场，突出比较优势，突出重点行业，深入实施"突破发展、借力发展和聚集发展"三大战略，抓重大现代服务业功能区建设，抓重点服务行业发展，不断优化服务业的空间布局，不断深化深惠、港惠服务业合作，构建生产性服务全价值链为核心，打造惠阳工业商谷和现代物流城。至 2020 年，新区服务业增加值占 GDP 的比重超过 30%，增加值占全市服务业比重超过 30%。

（二）重点工程

——深化深惠、港惠服务业合作，着力引进一批现代服务业重大项目，培育壮大一批现代服务企业，重点发展商务服务、商贸物流、服务外包、餐饮文化娱乐等行业，着力构建现代物流信息、创意产业、现代商贸餐饮服务三大服务聚集区。

——积极推进淡水河流域综合整治，加快建设滨水广场、步行系统、生态驳岸和洋纳湿地公园，融运动项目、场地设计与滨水景观设计于一体，打造城市滨水景观长廊。

五、两港枢纽建设工程

惠州海空两港是惠州市未来经济发展非常重要的战略资源，将发展成为环大亚湾新区打造世界级现代化石化基地、完善化工产业链和承担国家战略原油储备的重要依托；提升城市功能和地位，建设环大亚湾新区、率先实现现代化的重要支撑；也是拓展纵深腹地空间，带动辐射粤东、粤北的重要支点。

（一）发展思路

以临港工业为依托，大力拓展腹地空间，全面提升港口现代物流和综合服务水平，区港联动、物流兴港，把惠州港建设成为珠江口东岸重要港口和现代物流基地。

以机场复航为突破口，以深惠机场合作共赢为方向，打造成为深莞惠经济圈第二机场、珠江口东岸及粤东地区的重要航空枢纽和广东省重要的通用航空发展基地。

（二）重点工程

——重点推进东马港区马鞭洲 30 万吨级航道、华瀛 30 万吨级原料油泊位，以及中海油、欧德油储等一批液体化工品泊位建设。以集装箱和散货泊位为重点，加快荃湾港区 5 万吨级集装箱、7 万吨级深能煤炭、5 万吨级 LPG、7 万吨级通用散杂货等一批公用泊位建设，配套建设荃湾 10 万吨级以上航道、锚地及港口支持保障系统。

——完善惠东港区陆岛交通基础设施建设和航线航班配置，大力建设"游艇会"，规划研究发展邮轮挂靠港。

——完善涉港集疏运体系和铁海联运系统，积极引进国内外大型物流企业集团，有序布局内陆港，适时申报保税港区，做强做精石化物流，做优做大集装箱物流和干散货物流。

——按照 4C 标准对惠州机场进行扩建改造，尽快实现复航，重点发展旅游航线或季节性包机等航运业务，促进深惠航空物流联动发展，适时推进惠州机场整体改扩建工程。

——积极拓展私人航空、工业航空、农业航空、航空体育运动、飞行训练等通用航空业务，统筹规划建设大亚湾开发区和巽寮度假区直升机机场。

六、快速交通网建设工程

快速交通网在经济发展中具有基础性、先导性和服务性作用。积极推进快速交通网工程成为惠州市，尤其是环大亚湾新区当前和今后一段时期重要战略任务。

（一）发展思路

按照"西融、东拓、北连"的战略方向，加快建设对外大通道，推进深莞惠一体化发展，融入珠三角高速交通网，增强对粤东、粤北及内陆地区的辐射能力，拓展腹地空间。

围绕惠城区和环大亚湾新区惠阳区、大亚湾高新区和稔平半岛旅游休闲区，以高速公路、城际轨道为主体，构筑"△"快速交通通道，密切组团之间交通联系，实现环大亚湾新区半小时交通圈。

（二）重点工程

——新建、改扩建一批高速公路，重点实施沈海高速惠州段改扩建、长深高速惠河段和惠盐段改扩建、国道205陈江至深圳市界和国道324惠州段改扩建，新建潮莞高速公路惠东段、沙田－清溪高速公路、仁深高速公路龙博－博深段、惠城至龙门和莞惠河高速公路等。续建新建一批轨道工程，加快续建厦深沿海铁路，新建北京－深圳客专惠州段、广汕铁路惠州段、惠阳－龙岗城际轨道、莞惠城际轨道，规划实施惠阳至东莞城际轨道等。

——加快推动城际和城市轨道建设，新建惠城－惠阳－大亚湾城市轻轨、惠城－机场－惠东城市轨道、惠阳－惠东城市轻轨，规划惠东－稔山城市轨道衔接线和稔山－巽寮度假区城市轻轨，扩能改造惠大铁路等。完善高快公路网建设，续建惠澳高速公路，新建疏港大道、广惠高速公路东延线，改扩建惠南大道惠阳段及淡澳路快速路，改扩建国道324、县道121、211和新建巽寮至铁涌公路等。

七、海洋经济综合试验区建设工程

发展海洋经济是国家制定的"十二五"规划中的重大战略之一。环大亚湾新区具有发展海洋经济的先天优势，兼具毗邻深港的地理区位和海洋经济发展基础较好的优势。加快推进海洋经济综合试验区建设，是新区海陆经济联动，提升海洋经济总体实力和综合竞争力的重要抓手，也是充分发挥在深莞惠经济圈中自身优势，加快融入珠三角一体化的重大举措。

（一）发展思路

按照集约化、生态化的原则，统筹陆岛一体化开发，以大力提升传统优势海洋产业为基础，以培育发展海洋生物、海水淡化等战略性新兴产业为支撑，以集约发展游艇装备制造、海洋能源等高端临海产业为重点，打造湾区战略性蓝色增长引擎，建设具有国际竞争力的现代海洋产业体系。

（二）重点工程

——集成创新海产品加工技术，优化生产工艺和设备，提高大宗海洋低值鱼类、海珍品精深加工和综合利用水平。加大海洋生物新产品研发力度，开发市场前景广阔、附加值高的新型水产品、海洋功能食品和生物制品。

——大力引进国内外游艇制造企业，积极发展游艇制造、艇用发动机、艇用通信导航和控制设备等产业，打造集游艇制造、产品研发为一体的游艇产业基地，构建游艇研发设计、生产制造和旅游服务的全产业链。

——积极利用电厂余热发展海水淡化，推广浓海水制盐技术，推进海水提取钾、溴、镁等系列产品及深加工品规模化生产，配套开发海洋精细化工产品，构建海水利用和海水资源综合开发产业链。

——合理开发沿海陆上风能，加快推进东山海上风电等项目建设。积极参与海洋油气资源开发，推进海洋油气资源勘探开发后勤基地建设。在平海湾海域规划建设潮汐能、潮流能、波浪能、海洋生物质能等海洋新能源和可再生能源发电示范项目。

八、海—业—城绿色生态湾区建设工程

环大亚湾新区是粤港澳地区的后花园，加强生态环境保护与建设是提升湾区品位，实现经济与人口、资源、环境可持续发展的重要途径。

（一）发展思路

集约节约利用资源能源，有效提升环境质量和加强环境保护，重点推进环大亚湾海洋生态景观、石化区工业生态景观、淡水河绿色沿河景观带和国际化旅游城市景观工程建设，构建协调融合的海—业—城生态体系，打造天蓝、地绿、海碧、河清的绿色生态湾区。

（二）重点工程

——建设稔山蟹洲红树林海洋生态园，打造滨海湿地公园。建立考洲洋红树林自然保护区，把盐洲岛建设成为生态滨海旅游岛。

——塑造石化园区与生态栖地共存理念，构建石化区工业与生态景观相融合的空间格局。

——建设滨水广场、步行系统、生态驳岸和洋纳湿地公园，融运动项目、场地设计与滨水景观设计于一体，打造特色鲜明的人性化生活岸线，建设淡水河流域城市滨水景观长廊。

——建设标志性建筑和城市雕塑，对巽寮、平海、港口等旅游发展重点镇区建筑形象进行统一设计、改造和包装，提升旅游城市形象。

九、特色农产品生产供应基地建设工程

惠州是广东重要的外向型农业生产基地和我国最大的供港蔬菜基地。发挥优势，推动环大亚湾新区特色农业加快发展，加快形成优质农产品供应基地。

（一）发展思路

以优质、高效、安全、生态为方向，以惠阳和惠东为主，做优做精绿色生态种植业、优质高效畜牧业、现代海洋渔业、休闲观光农业等四大特色产业，建设面向港澳、服务深莞惠的特色农产品生产供应基地。

（二）重点工程

——以现代农业园区为平台，加快 10 个以上万亩大顶苦瓜、青椒、淮山等特色蔬菜现代农业示范基地建设；

——以白花、稔山等镇绿色生态畜牧养殖基地为依托，瘦肉型猪、三黄鸡、麻黄鸡为重点，大力推进畜禽标准化规模养殖。

——加快建设惠东稔山、铁涌、平海等镇 10 万亩以上冬种马铃薯生产基地和惠阳秋长、平潭等镇一批万亩连片甜玉米生产基地。

——依托考洲洋和大亚湾西部海洋渔业养殖基地，重点发展鲍鱼、多宝鱼、金鲳、牡蛎等名贵鱼类。

十、公共服务优质均衡化建设工程

公共服务是保障和改善民生的直接途径，也是经济和产业发展的配套支撑。高标准建设公共服务体系,对于提高环大亚湾新区城乡居民生活水平,对于全面推动转型升级,都具有重要意义。

(一)发展思路

统筹城乡公共服务制度,统一公共服务标准,实现基层社会管理和公共服务设施全覆盖,推进服务政策普惠化、服务资源共享化、服务手段信息化、服务提供多元化,在深莞惠率先对接社保关系,率先互认社会保障待遇。到2020年,公共服务走上优质均衡轨道,优质公共服务公平、便捷地向全体居民提供。

(二)重点工程

——加快统筹城乡公共服务制度建设,统一新区范围内社会保障标准,构建互联互通的人力资源市场信息平台,高标准建设具备三级甲等医院设施条件的综合性医院,打造职业教育特色品牌专业和国家级重点校,在基本公共服务网络覆盖全域的基础上,推进优质公共服务逐步惠及全体城乡居民,实现服务政策普惠化、服务资源共享化、服务手段信息化、服务提供多元化。

——重点加快普及政府主导的学前教育,推进小学至高中12年免费教育,健全完善异地务工人员随迁子女就读民办学校(幼儿园)财政补贴机制,探索随迁子女平等接受高中阶段教育新机制。积极推进新区公立医院建设,深化与中山大学惠亚医院等机构的合作,打造2~3家按三甲标准建设和管理的综合医院。